노인교육론

임구원

KNOWLEDGE COMMUNITY 공동체

머리말

21세기는 인공지능 지식기반의 평생학습 사회이며, 언제 어디서나 자기성장을 위해 끊임없이 노력하고 배우는 사회이다.

미래학자 앨빈 토플러(Alvin Toffler)는 21세기의 문맹자는 '배우려 하지 않고, 낡은 지식을 버리지 않고, 학습하지 않는 자'라고 주장하고 있다. 최근 후기 정보화 사회에서도 미래시대가 어떠한 사회를 맞이하고, 무엇을 준비해야 하는지는 교육의 영향력에 달려 있기 때문에 '요람에서 무덤까지' 계속되어야 할 삶의 중요한 양식으로 부각되면서 평생교육, 평생직업 시대를 외치고 있다.

인간은 누구나 노인이 된다. 인생의 길을 아는 것과 걷는 것이 다르다고 한다. 길을 알고 있으면서 걷지 않는다면 과연 노년기의 인생이 보물이 될지 고물이 될지 아무도 모른다.

최근 우리 사회는 평균수명의 증가와 가족구조의 변화, 복지욕구의 확대 등으로 인하여 다양한 노인문제들이 등장하고 있다.

이러한 노인문제들이 사회문제로 등장하게 된 배경도 노인인구의 급격한 증가와 복지욕구의 질적 성장을 다양하게 요구하고 있는 것으로 나타났다. 또한 노년기 세대들은 그동안 국가와 사회의 발전을 위하여 산업화 과정 속에서 많은 희생과 노고가 있었다. 어느덧 국가 발전의 산업화의 주역들이 정년퇴직을 하고, 노년기가 되면서 노후 준비에 대한 설계조차 못하며, 국가의 사회보장제도에 의존하면서 개인의 삶을 영위하고 있지만 그 삶의 질이 점점 떨어지고 있다.

이러한 현실 속에 노년기 삶의 변화와 질적 향상을 위해서는 국가와 개인의 노력도 필요하지만 이를 극복하기 위해서 전반적으로 노인교육의 역할이 새롭게 조명될 필요가 있다.

특히 노년 세대들이 사회변화에 적응하고 안정적인 삶을 보내기 위해서는 새로운 지식과 기술을 습득해야 한다. 또한 개인의 역량을 키우고 자아실현을 위해서 실질적인 교육에 접근하고 도움받기 위해서는 노인교육의 안내서와 지침서가 필요하다. '인공지능 시대의 최고의 교육은 무엇일까? 정년 없는 100세

시대를 어떻게 준비할까?'라는 문제 제기 속에 본 저자는 개개인과 사회를 변화시키고, 인생 재도전을 위해서 생산적인 혁신을 줄 수 있는 것이 바로 새로운 교육의 도전과 역할이라고 보고 있다.

따라서 노인교육이 왜 중요하고 필요한지를 인식하고, 우리나라 노인들이 원하는 교육이 무엇인지를 파악하기 위하여 노인교육에 관련된 학문분야의 체계 정립과 보다 새롭고 다양한 실천응용 분야의 개척을 위해서 집필해야 할 필요성이 제기되어 이 책을 출간한 것이다.

아울러 본 교재는 노인교육의 이해를 위해서 융합적인 학문적 이론을 시도하였고, 오늘날 노인들을 위하여, 노인에 의하여 향후 노인교육의 역할을 어떻게 진행하고 제시해야 되는지와 노년기의 삶의 질 향상을 위한 대안이 무엇인지를 고민하며 접근하였다.

이러한 내용들을 고려해 볼 때 이 책의 주요내용 구성은 다음과 같다.

제1부 노인교육의 이해, 제2부 노인교육의 실제, 제3부 노인교육의 응용과 과제로 구성되어 크게 3부, 15장으로 나누었다. 제1부는 노인교육 이해의 기초이론으로서 노인교육의 이론적 함의, 노인교육의 목표와 노인문제에 대한 내용, 노인교육의 필요성과 노인교육의 변천, 노인교육의 철학과 죽음학, 노인에 대한 심리학적 이해 등으로 총 5장으로 구성되었다. 제2부로는 노인교육의 실제로서 주로 노인교육 방법과 노인학습자의 내용, 노인교육의 내용원리와 기관사례, 노인대학과 사회적응교육, 노인일자리와 재취업 등으로 나누어 총 4장으로 구성하였다. 마지막으로 제3부로는 노인교육의 응용과 과제로서 종교기관과 노인교육, 노인교육과 환경교육, 노인교육과 평생교육, 노인상담과 노인 성교육, 노인학대와 노인치매 예방교육, 노인의 자원봉사와 한국 노인교육의 방향 등 6장으로 구성되어 전체 총 15장으로 나누어 집필하였다.

또한 본 교재의 내용구성은 노인교육론을 평생교육적 차원에서 새롭게 접근해 보려고 시도하였지만 다소 부족하였다. 다음 기회 개정판을 통하여 실천영역을 수정 보완하고자 하며, 그동안 강의와 연구논문을 통해 모아놓은 자료와 기존 인터넷 자료 및 관련 교재 내용들을 분석하여 하나의 교재로 만들었다. 특히 노인복지 분야와 평생교육 분야를 전공하는 모든 분들과 평생교육사 자격증을 취득하는 분들에게 도움이 되었으면 하는 바람이며, 이 책의 내용에 대해 많은 비판과 충고를 제시해 주기를 바란다.

끝으로 이 교재가 출판되기까지 온갖 수고를 아끼지 않은 도서출판 공동체 가족 여러분께 감사드리며, 좋은 교재를 만들기 위해 많은 관심을 주시고 성원해 주신 분들께도 진심으로 감사를 드린다.

2023년 9월

임 구 원

차 례

제2부 노인교육의 실제

제3부 노인교육의 응용과 과제

차 례

제1부

노인교육의 이해

01 CHAPTER 노인교육의 이론적 함의

1. 노인에 대한 이해

1) 노인의 개념과 의의

노인에 대한 개념은 국가의 사회적·문화적·정치적·경제적 배경과 사회의 관습 또는 규범과 그 사회의 전통이나 역사, 그리고 학자의 시각에 따라 다르다.

일반적으로 노인이란 히브리어로 '지혜로운 사람'을 뜻하며, 우리나라에서는 '어르신', '나이 많은 사람', '늙은이' 등으로 불리고 있다.

학문적 시각에서 노인이란 65세 이상으로 생물학적인 면에서 쇠퇴기에 있으면서 심리적인 면에서도 정신기능과 성격이 변화되고 있고, 사회적인 면에서도 지위와 역할이 상실되고 있는 상태에 있어 신체·심리·사회적인 변화와 행동의 변화가 상호작용하는 복합적인 형태의 쇠퇴과정에 있는 사람이라 칭하고 있다.

구체적으로 노인 개념의 정의를 다양한 접근에서 살펴보면 다음과 같다.

(1) 어학사전의 정의

노인(老人)이란 나이가 많이 들어 늙은 사람을 의미한다(https://search.daum. net/어학사전).

(2) 법률적 정의

노인복지법에서는 노인을 65세 이상인 자(노인복지법 제26조, 제28조)라 칭한다.

(3) 사회복지학사전의 정의

노인이란 출생 후 한 평생을 사는 동안 성장기, 청년기, 장년기를 거쳐 노년기에 접어든 사람을 말하며, 노년기는 생물학적, 생리학적, 심리학적으로 개인 간에 서로 차이는 있지만 젊은 세대에 비해 육체적, 정신적 기능이 쇠퇴하는 시기이다(https://terms.naver.com/지식백과/사회복지학사전).

(4) 국제노년학회의 정의

국제노년학회에서는 크게 다섯 가지로 세분화하여 노인의 정의를 내리고 있다(현외성, 2011).

① 환경의 변화에 적절히 반응할 수 있는 생리적 조직기능이 쇠퇴하고 있는 사람
② 생체의 자체 통합력이 쇠퇴하고 있는 사람
③ 생체의 기관, 조직, 기능이 감퇴기에 있는 사람
④ 생체의 적응능력이 감퇴하고 있는 사람
⑤ 생체조직의 예비능력이 감퇴하여 적응력이 떨어지는 사람

2) 노인을 지칭하는 용어

우리나라에서는 노인의 용어를 노인, 노년, 고령자, 어르신이라고 칭하고 있으며, 외국에서는 늙은 사람(older person), 나이든 사람(aged), 연장자(elderly), 황금연령(golden age), old people, senior citizen이라 칭하고 있다.

실질적으로 노인복지 실천현장에서는 '어르신'이라는 용어가 가장 무난하게 사용하고 있다.

3) 노인의 구분

노인의 구분을 생물학적 연령인 65세 이상으로 유엔에서 결정하였다. 65세

이상 인구가 총 인구 중 차지하는 비율에 따라 용어 개념이 다르게 사용되고 있다.

① **고령화 사회**(aging society, 7% 이상 14% 미만) : 우리나라의 경우 노인인구가 전체 인구의 7% 이상을 차지한 것은 2000년도부터이다.
② **고령사회**(aged society, 14% 이상 20% 미만) : 우리나라의 경우 노인인구가 전체 인구의 14% 이상을 차지한 것은 2018년도부터이다.
③ **초고령사회**(superaged society, 20% 이상) : 노인인구가 전체 인구의 20% 이상을 차지하는 국가를 의미하며, 우리나라는 2025년도부터 초고령사회가 시작될 예정이다.

좀 더 구체적으로 유엔에서 결정한 연령에 따라 노인구분의 세분화를 살펴보면 다음과 같이 나누어진다.

① **연소노인**(young-old) : 65~74세
② **중고령노인**(middle-old) : 75~84세
③ **고령노인**(old-old) : 85~99세
④ **초고령노인**(oldest-old) : 100세 이상

2. 인구고령화와 환경변화

1) 평균수명의 연장(https://100.daum.net/encyclopedia)

평균수명이란 1년 사이에 죽은 사람의 모든 나이를 합하여 이를 죽은 사람의 수효로 나눈 수를 의미한다. 먼저 지구상에서 평균수명의 역사를 살펴보면 전 근대에서의 평균수명은 위생시설과 의료시설의 미비로 25~30세 정도였을 것으로 추정된다. 당시는 신생아의 20%가 생후 12개월 안에 죽었고, 5세가 되기 전에 또 다른 30%가 죽었다. 1980년대 개발도상국의 평균수명은 55~60세

였는데, 선진국의 평균수명은 75세였고, 또한 20세기 후반 선진국에서는 여자의 평균수명이 여성 78세, 남성 71세로 남성보다 여성이 7세 높았다. 우리나라에서도 경제성장에 따른 영양개선과 운동활동, 의료기술의 발달로 평균수명이 해마다 연장되어 1900년대에는 23세, 1960년대 53세, 1970년대 61세, 1980년대 65.9세, 1990년대 71.3세, 2019년도에는 82세(남성 79.3세, 여성 85.4세)인 것으로 나타났다.

2) 고령화 속도(https://100.daum.net/encyclopedia)

고령화 속도란 고령화가 진척되는 속도를 의미한다.

우리나라의 65세 이상 고령인구는 2000년에 총인구의 7.2%로 고령화 사회로 진입하였고, 2018년부터는 14.3%로 고령사회에 진행 중이며, 2025년에는 20%로 초고령사회에 진입할 것으로 전망된다. 즉, 현재 우리나라는 고령화 사회를 지나 고령사회가 진행 중이며, 초고령사회를 향해 나아가고 있다.

빠른 고령화 속도는 노동력 부족과 생산성 저하와 같은 노동시장의 변화와 경제성장을 둔화시킬 수 있고, 노인부양 부담을 증가시킴으로써 저축률을 줄어들게 하는 등 금융시장의 변화를 가져올 수 있다. 그뿐만 아니라 노인인구가 급증할수록 연금, 의료 및 복지비용 등이 증가함으로써 국가의 재정위기를 야기할 수 있다. 또한, 농촌지역이 공동화되고 농업생산성이 낮아져 지역 간 불균형문제, 연금 등의 문제로 세대 간 갈등이 심화되고 정책우선 순위 결정에서 갈등과 사회적 분쟁이 표출될 수 있다.

급격한 노인인구의 증가는 노인의 정치적 영향력 확대, 여가 및 레저활동 주도계층 변화, 교육제도 재편 등의 파급효과를 일으킬 수 있고, 건강산업, 보건의료서비스, 금융서비스, 레저 또는 노인주택산업 등 고령친화산업 분야의 성장 등 산업구조 변화를 가져올 수 있으며, 노인복지 주거시설 및 공동체의 확대, 주택연금제도의 활성화 등 다양한 사회 정책적인 변화를 가져올 수 있다.

그리고 우리나라의 고령화 속도는 전 세계적으로 유래가 없을 정도로 빠르게 진행되고 있다. 선진국들이 완만하게 노인인구가 증가하여 고령화를 대비하였던 것에 비해 한국은 고령화 사회로 진입한 2000년에서 불과 18년 만인 2018년에 고령사회로 진행되었고, 현재 초고령사회에 진입할 것으로 예상되는 2025년까지는 얼마 남지 않았다. 따라서 고령사회에서 초고령사회로 진입하는 데 불과 8년밖에 소요되지 않아 저출산 고령화로 인한 심각한 사회적인 문제에 직면해 있다.

이에 비해 선진국인 일본은 고령사회(1994)에서 초고령사회(2006)로 진입하는데 12년 밖에 안 걸렸고, 미국은 고령사회(2015)에서 초고령사회(2036)로 진입하는 데 21년이 소요될 예정이다. 아울러 유럽의 복지선진국인 스웨덴은 고령사회(1972)에서 초고령사회(2014)로 진입하는 데 42년이 소요되었다. 이에 대한 세계 국가별 인구 고령화 속도 비교현황은 <표 1-1>과 같이 정리할 수 있겠다.

〈표 1-1〉 세계 국가별 인구 고령화 속도 현황 비교

국 가	도달 년도			증가 소요 연수	
	고령화(7%)	고령(14%)	초고령(20%)	7→14%	14→20%
한 국	2000	2018	2025	18	8
일 본	1970	1994	2006	25	12
프랑스	1864	1979	2018	115	39
이태리	1927	1988	2006	61	18
미 국	1942	2015	2036	73	21
스웨덴	1887	1972	2014	85	42

자료 : 박성희(2011). 노인교육론. 양서원, p. 42.

우리나라의 고령화 속도는 세계에서 가장 빨라 현재의 경제수준이나 사회복지제도로는 감당하기 어려운 사회적 부담을 초래하여 사회발전의 저해요인이 될 수 있고, 사회적 위기와 재앙을 초래할 수 있다.

앞으로 우리 사회는 사회적 보호가 필요한 노인들을 위해 기본적 생활을 사회보장하고, 건강하고 여유 있는 노인들의 삶의 질을 향상시켜 나가야 한다. 이를 위해서는 베이비 붐 세대 712만 명의 노인인구 진입에 따라 사회적, 경제적 측면에서의 부정적 영향력을 최소화하고, 안정적인 노후생활을 지원하기 위한 시급한 대책 마련이 필요하다.

3) 저출산 사회

현재 우리나라는 장기적인 경기침체로 인한 일자리 감소가 큰 문제로 떠오르고 있으며, 소비시장의 감소와 함께 자국 내의 경기가 위축되거나 차례로 기업이 무너지는 경제 도미노 현상을 야기시킬 가능성이 대두되고 있다.

특히 우리나라는 초저출산이 현재 진행되고 있어 문제가 심각하고 그 동안 저출산 문제를 해결하기 위하여 5년간 100조 원이라는 막대한 예산을 투입하고도 전혀 실효성이 나타나지 않았다.

출산율은 1960년대 6명에서 1983년에는 2.1명, 2001년에는 1.29명, 2010년에 1.22명, 2017년 1.18명, 2019년에는 0.9명으로 점점 떨어지고 있다. 특히 경제개발협력기구(OECD)의 출산율은 평균 1.7명이며, 1.3명 이하 국가는 초저출산 국가라고 칭하고 있다.

이에 우리나라는 초저출산 국가로서 위기가 심각하며, 저출산의 원인을 살펴보면 다양하게 나타나고 있다. 예를 들어, 도시화로 인한 개인주의가 팽창하고 있고, 경제 사정의 악화와 고용률이 감소하고 있으며, 독신으로 생활할 수 있는 사회적 여건과 환경이 증가(1인 가구 증가, 인스턴트 식품 생산, 세탁소, 빨래방, 의류가게 등과 각종 온라인 서비스업의 확산 등)하고 있다. 또한 사교육비 등 육아 양육비 부담 증가와 아이를 낳을 수 있는 사회적 여건이 부족하고, 학력과 경제력으로 인한 또는 집값 상승으로 인한 결혼 포기가 증가하고 있으며, 결혼과 육아를 필수가 아닌 선택으로 보는 시각이 확대되고 있고, 성격 문제와 인간관계 스트레스가 증가하고 있다.

그리고 정보화 사회로 인하여 사회성이나 대인관계에 미숙한 인구가 증가하고 있고, 독신을 선호하는 인구수의 증가와 만혼(晩婚)으로 인해 여성이 평생 낳는 아기수가 감소하고 있으며, 자녀 양육에 대한 가치관이 변화하고 있다.

이에 대하여 우리나라는 저출산에 대한 대책이 시급한 것으로 나타나 그 대책을 살펴보면 다음과 같다.

먼저 특정 분야의 개별 정책만으로는 저출산 추세 완화 효과를 거두기 어려우며, 생애주기 전반에 걸친 종합적 정책 마련이 필요하다. 특히 청년·여성 일자리 분야 신설 및 확대와 주거복지 개선, 노동조건 및 환경의 개선, 양육 환경 개선, 의료복지 서비스 확대, 교육 시스템 개편, 모든 출생 존중 등 사회 전반에 걸친 구조개혁이 필요하다.

구체적인 예로 자영업자 등 고용보험 미적용자 대책과 출산 휴가 급여 사각지대를 해소하고, 1세 아동 의료비 사실상 제로화와 아이돌보미 지원대상 확대 및 정부지원 강화가 필요하며, 임금삭감 없는 육아기 근로 시간 단축을 추진해야 한다. 또한 아빠 육아휴직 보너스제 급여 상한액을 인상하고, 배우자 유급출산 휴가 확대와 정부지원 신설이 필요하며, 한부모 양육비 지원액도 확대해야 한다.

그리고 비혼 출산·양육에 대한 제도적 차별을 정비하고 원스톱 상담 지원을 확대해야 한다. 아울러 신혼부부 주거지원을 강화하여 내 집 마련 기회를 확대해 나가야 한다.

또한 저출산을 예방하기 위한 거시적인 사회적 통합 정책이 필요하며, 출생부터 아동의 건강한 성장 지원과 아이와 함께 하는 일과 생활을 균형 있게 추진하고, 모든 아동과 가족에 대한 차별 없는 지원을 하며, 청년의 평등한 출발 지원과 제대로 쓰는 재정과 효율적 행정 지원체계의 확립이 필요하다.

이제 저출산 문제를 개인의 문제가 아닌 사회적 문제로 인식하고, 지속적인 지원과 함께 끊임없는 관심이 필요하다.

4) 노인인구가 급속히 증가하는 원인

우리나라 노인인구가 급격하게 증가하는 원인을 살펴보면 다음과 같다.

① 경제성장에 따른 국민소득 및 생활수준의 향상과 베이비 붐 세대의 노년기 진입이다.

② 보건위생의 개선과 의료기술의 발달로 인한 평균수명의 연장 때문이다.

③ 여성의 사회참여 증가 및 자녀부양비와 학비부담률 증가 등으로 인한 출산율의 지속적인 감소 현상 등이다.

5) 1인 가구의 증가

(1) 변화하는 가족문화

현재 우리나라는 가족구조가 심각하게 변화되고 있는데, 그 배경에는 주로 노부모 부양의식의 변화와 가족해체화 현상의 심화, 노년기의 양극화, 건강하고 경제력 있는 노인 증가와 더불어 저출산사회의 1인 가구의 증가가 확대되고 있다.

(2) 연령별 1인 가구 비율

우리나라의 국내 1인 가구는 1990년에는 9%, 2016년에 27.8%, 2032년에는 34%로 성장할 것으로 보고 있다.

특히 70세 이상 고령자의 1인 가구 비율이 19.2%로 가장 높은 것은 독거 노인이 증가하고 있음을 보여준다. 1인 가구 비율은 남성 30대, 여성은 70대 이상에서 가장 높게 나타나고 있다.

또한 노인 여성의 경우 남편 사망으로 인한 독거노인이 증가하고 있다. 30대 1인 가구 증가 원인은 신세대 교육기간이 길어졌고, 대학 졸업 후 취업 준비기간이 길어지고, 결혼연령도 높아지면서 혼자 생활하는 시간이 길어진 것이다. 평균 결혼연령은 남성 35세, 여성은 32세로 점점 결혼연령이 늦어지고 있다.

6) 출산율 및 노인부양비

우리나라 65세 이상 노인인구가 많아진다는 것은 아이를 덜 낳고 있다는 반증이다. 또한 총 인구구조에서 노인인구가 많아진다는 것은 출산율이 떨어지고 경제활동을 하는 생산가능 인구가 적어진다는 것을 의미하고 있다. 2005년에는 생산가능 인구 7.9명당 노인 1명을 부양하였지만, 2030년에는 2.7명당 노인 1명, 2050년에는 1.4명당 노인 1명을 부양해야 한다.

7) 노인에 따른 특성변화

(1) 노인의 신체적 변화

① 외모의 변화

노인의 신체적인 외모의 변화를 살펴보면 노화과정에서 신장은 감소하는데, 60세 이후 신장감소 속도가 가속화되고, 관절상태 변화나 발바닥 변형으로 대퇴부의 길이가 줄면서 신장이 감소한다. 또한 어깨 넓이가 좁아지며, 골밀도 감소로 신장이 감소한다.

② 체중 변화

노인들의 신체적인 체중 변화를 살펴보면 먼저 피하지방이 감소하고, 근육량이 감소하며, 각 장기의 중량이 감소하지만 복부지방은 증가한다.

(2) 노인의 신체적 특성

노인의 신체적인 특성을 간단히 살펴보면 씹음과 삼킴 기능이 저하되고, 소화나 흡수 기능이 떨어지며, 대사기능이 저하되고, 신체조성의 변화로 수분이나 근육과 뼈가 감소된다. 아울러 골밀도가 감소되고 장기의 중량감소와 혈당량이 높아지며, 연골조직 퇴화로 인한 신장감소와 관절염 및 운동능력이 감퇴된다.

(3) 노인의 생리적 특성

노인의 생리적인 특성을 살펴보면 몸을 구성하는 세포수가 감소하고, 개개세포의 활동력 쇠퇴로 신체 수행력이 감소된다. 또한 미네랄양의 부족과 같은 뼈 구성의 변화로 골절 상해의 위험도가 증가하며, 골격근 양과 근력감소로 유연성, 민첩성, 속도 및 평형성이 저하된다. 그리고 호르몬 역할 저하로 근육이 손실되며, 대뇌와 신경세포의 감소로 뇌 체중이 감소한다.

(4) 노인의 심리적 특성

노인의 심리적 특성을 정리하면 건강쇠퇴, 경제불안, 생활상의 부적응에서 오는 불안과 초조가 나타나며, 정신적 흥미의 편협에서 오는 폐쇄성과 신체적 쾌락에 대한 흥미감소 현상이 나타나며, 과거의 생각에 대한 집착이 나타난다.

(5) 노인의 심리적 욕구 현상

노인의 심리적 욕구 현상을 살펴보면 안정된 노후를 희망하고, 자신의 존재가치를 인정받고 싶어 하며, 신체활동을 요구하고, 많은 사람과 상호작용을 원하고 있다.

(6) 노인의 사회적 특성

노인의 사회적 특성을 분석해 보면 사회적 지위와 권위가 하락하고 있고, 권력의 감퇴와 경제적 능력이 약화되고 있으며, 사별 등으로 인한 사회적 고독감이 발생하고 있다.

또한 신체적으로 건강하지 못한 노인은 여가생활에서 소외되고 있으며, 건강을 위한 노인운동은 노인사회의 건강유지의 핵심이 되고 있다.

3. 노화의 주요 측면과 관련이론

1) 노화의 개념과 노화현상

우리 인간은 태어나서 성장과정을 거치면서 노화과정을 통해 때가 되면 죽는다.

그렇다면 노화(aging)란 무엇인지 그 정의를 살펴보면 다음과 같다.

① 노화란 생물학적 자연현상으로 시간이 지남에 따라 신체가 겪게 되는 육체적, 심리적, 사회적 변화의 포괄적 개념을 의미한다.
② 노화란 나이가 들면서 쇠퇴적인 변화 현상이다.
③ 노화란 육체적으로 나이가 들어가는 연대기적 과정이다.
④ 노화란 생체효율이 떨어져 모든 생리적 기능이 감소되는 것이다.

이상의 내용을 종합해 보면 노화란 나이가 들면서 신체의 구조와 기능이 점진적으로 저하되고, 질병과 사망에 대한 감수성이 급격하게 증가하면서 쇠약해지는 과정을 말하며, 시간의 경과에 따라 세포 기관 또는 개체에 나타나는 진행적인 변화를 말한다(https://search.daum.net/search/백과사전).

아울러 노화현상이라는 것도 인간의 생리적·신체적·심리적·사회적 영역에서 상호적이고 복합적으로 진행이 되며, 사람마다 개인차를 보이고 있다.

2) 노화의 신체적 변화 현상

인간의 신체적인 특성으로 노화에 따른 신체의 일반적 변화를 살펴보면 다음과 같다.

(1) 신체적 일반 변화

① 세포의 노화현상

신체가 노화가 되면 뼈와 근육의 위축으로 키가 줄어들고, 등이 굽어지며, 피하 지방이 감소하여 전신이 마르고 체중도 감소하며 주름이 많아진다.

② 방어능력의 저하 현상

신체기관에 잠재하고 있던 질병이 출현되거나 질병이 발생할 경우, 면역력이 떨어져 방어능력이 약화될 경우 급격하게 상황이 악화되어 죽음을 맞이할 수 있다.

③ 예비능력의 저하 현상

신체기관의 조직 예비능력이 저하되어 일상생활의 적응능력이 떨어져 힘든 상황이 발생할 수 있다.

④ 회복능력의 저하 현상

만성적인 질환을 가진 노인은 다른 합병증도 쉽게 올 수 있어 사소한 원인으로도 중증 상태에 빠지는 경우가 발생하며, 특히 패혈증이 올 수 있다.

(2) 소화기계의 변화

소화기계는 길고 근육으로 된, 입에서 시작하여 항문으로 끝나는 관으로 구강, 인후, 식도, 위, 소장 및 대장을 포함한다. 침샘, 간, 담낭, 췌장과 같은 기관은 위장관의 외부에 위치한 분비샘으로 관내로 소화에 필요한 소화효소를 분비하고 저장한다. 이러한 소화기계의 기능이 떨어진다.

(3) 호흡기계의 변화

노년기에 이르면 폐에 여러 가지 구조적, 생리적인 변화가 생기고, 지난 성장 발달 기간 중의 일상생활 양식에 따라 만성 호흡기계 질환이 발생하여, 노인의 사망률을 높이는 원인 중의 하나가 된다.

또한 호흡기계 근육의 위축과 근력감소, 흉곽의 전후경 증가, 폐 순환량 감소, 폐기능 저하, 기도저항 증가, 기침반사 저하, 섬모운동 저하 등이 나타나고, 최근에는 공기오염, 흡연, 스트레스, 운동부족, 비만 등의 문제가 늘어나 노인의 건강을 악화시키고 삶의 질까지 저하시킨다. 노년기에 흔히 나타나는 호흡기계 건강문제는 기침, 만성 기관지염, 천식, 폐기종, 만성 폐쇄성 폐질환, 폐렴, 폐결핵 등이 있다.

(4) 심혈관계의 변화

심장은 노화에 따라 심근섬유의 탄력성 반동 작용이 감소되어, 에너지 잠재력이 감소되고 심실 분출과 심실 충만의 속력도 감소한다. 감염, 환경 오염물질, 좋지 못한 생활습관 등에 의해 심장이 쉽게 손상받으며 동맥 경화증 발생률도 높다.

(5) 근 골격계의 변화

근 골격계의 변화는 겉으로 현저하게 나타나며, 전형적인 노인의 모습은 굽은 허리, 가늘고 긴 팔과 다리, 다리를 넓게 벌리고 비틀거리는 걸음 등이다. 근골격계의 구조와 기능상의 변화를 지표로 근 골격계의 노화는 외모의 변화는 물론 일상생활 기능에 크게 영향을 미칠 수 있다.

(6) 생식 및 비뇨기계의 변화

비뇨기계 질환의 대부분은 연령 증가에 따라 유병률이 증가하는 양상을 보이며, 특히 요로감염, 요실금, 전립선 비대증, 악성종양, 전립선 암 등은 노화에 따라 증상이 빈발한다.

(7) 피부계의 변화

피부는 나이가 들어가면서 주름이 생기고 늘어지며, 또한 피하지방의 감소로 기온에 민감해진다. 그뿐만 아니라 손톱과 발톱이 두꺼워지고 잘 부서지며, 소위 노인성 반점이라 불리는 갈색 반점이 생긴다.

그리고 피부의 건조, 주름, 이완, 검버섯, 다양한 증식성 병소는 정상적인 노화와 개인의 유전적 성질, 태양 노출과 같은 환경적 요인에도 기인한다.

머리카락은 전반적으로 가늘어지고 탈색이 되는 반면 여성에게서 얼굴의 털이 증가하며, 손톱이 누렇게 되고 두꺼워지며 세로로 융기된 줄이 생긴다.

또한 머리털이 희어지는 것은 모근의 멜라닌 생성 세포가 소실되기 때문이며, 머리털은 흰머리가 생길뿐 아니라 성장속도도 줄고 굵기도 가늘어지며, 머리가 벗겨지기 시작한다.

(8) 신경계의 변화

신경계의 구조와 기능의 변화는 개인의 유전적 특성과 외상이나 질환에 침범받은 특정 뇌 부위에 따라 요인들의 복합적인 작용에 의해 일어난다.

또한 노화와 더불어 신경계는 노인에게 경미한 기억력 손상, 인지능력 감퇴를 초래하고, 수면 양상, 시각, 청각, 걸음걸이, 자세의 변화를 일으킨다.

(9) 내분비계의 질환

갑상선 질환과 당뇨병과 같은 내분비계 질환이 발생한다.

(10) 감각기계의 변화

시각, 청각, 후각, 미각, 촉각 등 오감각 기능이 떨어진다.

3) 노화의 심리적 변화 현상

노화의 심리적 특성을 다양한 시각에서 살펴보면 다음과 같다. 먼저 노인의 정신적 문제에서 오는 기인 문제의 특성은 여러 요인이 있다.

(1) 정신적 고통

① 질병의 고통

노인들의 노화로 인한 신체 질환인 고통, 기능 장애, 신체손상, 외모의 축소 등이 나타나면 정신적 고통이 수반되고, 아울러 신체적 기능 쇠퇴로 인하여 쉽게 넘어지거나 다치게 되면서 손상을 입거나 면역력이 떨어져 심리적 위축 같은 현상이 나타난다.

② 사망의 영향

노인들의 가장 큰 스트레스와 정신적 충격은 가장 가까운 배우자의 사망이며, 이로 인한 상실감과 좌절감이 크다. 또한 친한 친구나 가족의 사망, 중요한 지지자 등의 사망으로 인한 충격이 크다.

③ 정년퇴직

열심히 살아오다가 어느 날 갑자기 정년퇴직을 하게 되면 그 역할상실로 인하여 심리적 공황상태에 빠지게 된다. 퇴직에 대한 아무런 준비 없이 갑자기 명예퇴직을 당하게 될 경우 당사자의 자존심이 무너지고 분노감과 상실감, 자괴감이 밀려와 삶에 대한 목적과 비전이 없어지고 살아온 과거에 대한 후회감이 발생하여 결국 그 심리적 고통은 말로 표현하기 어렵다.

④ 경제적인 어려움과 사회적 고립

정년퇴직과 노화로 인하여 사회성이 떨어지고 경제적 능력도 부족하다 보니 자괴감이 엄습하여 범죄, 약물남용, 알코올 및 흡연 등에 빠져들어 더 불안하고 외롭고 고통스러운 나날을 보낼 수 있다.

또한 가정의 가장으로서 젊었을 때는 경제적 능력과 집안의 가부장적 권위 속에 살아왔지만 이런 것들을 잃게 되면 재정의 부족, 소외, 건강악화, 친구의 부족, 자녀의 별거 등으로 사회적으로 고립되거나 고독하게 소외되면서 살아야 하는 고통이 있다.

⑤ 치매위험 노출과 의존성 증가

경제력은 없고 나이는 먹어가면서 노화로 인하여 만성질환에 점점 시달리고, 모든 것이 귀찮고 심한 우울증을 앓기도 하며, 가족이나 배우자에게 의존하고 집착하게 된다. 또한 인지기능이 점점 떨어져 치매로 인하여 스스로 일상생활 동작이 어렵게 되면 결국 요양등급을 받아 요양원이나 요양병원 시설에 입소하여 중증 환자 취급된다. 이때는 그 어떤 것도 자기 의지대로 할 수 없는 상태가 되어 죽는 날만 기다리게 된다.

(2) 지각 및 정신기능의 변화

① 우울증 경향의 증가

노인 우울증의 원인은 신경전달물질인 세로토닌 호르몬이 줄어들거나 다양한 환경적인 원인들이 있다. 특히 가족의 해체와 질병·퇴직 등으로 인한 경제력 상실, 배우자의 죽음이나 신체적인 능력 저하, 사회적인 위치 변화, 죽음에 대한 두려움 등 우울증이 나타나게 되는 환경적인 원인이 다양하게 나타나고 있다.

주요 노인 우울증 증상은 뇌기능 저하에 따른 신체 기능 저하 증상으로 인한 좌절감이나 무력감을 동반한다. 예를 들어, 식욕이나 의욕이 급격하게 떨어지거나 일시적인 기억력 감퇴를 보인다. 또한 생각이나 행동이 느려지거나 망상과 같은 정신과적 증상들을 보인다든지 수면에 어려움을 느끼고 불안, 초조해 한다. 그리고 알코올에 의존하며, 가슴이 답답하거나 두통을 호소하기도 한다.

② 내향성 및 수동성의 증가

체력이 저하되고 거동이 불편해짐에 따라 사회적 활동이 감소하고, 실내 활동을 선호하게 되며, 능동적이기 보다는 수동적인 태도를 취하게 된다.

③ 경직성과 조심성의 증가

노인들은 시각과 청각 등 오감각 기능이 떨어져 신체적, 심리적 기능쇠퇴로 인하여 불안심리가 발생하여 자신만을 믿게 되고 남을 쉽게 믿지 않는 조심성이 증가하고 되고 남의 말을 잘 듣지 않는 경직성을 보이게 된다.

또한 노인은 문제를 해결함에 있어서 어떤 해결방법이나 행동이 옳지 않거나 이익이 없음에도 불구하고 자신의 생각대로 행동하는 경향을 보인다.

④ 의존성 및 애착심의 증가

노인들은 의욕 저하로 인하여 어떠한 일들을 해결하기 위해 본인이 아닌 타인의 힘에 의존하게 되는 성향이 강하고 자신의 부족한 능력을 종교의 힘에 의지하는 경우가 많이 발생한다.

또한 노인이 될수록 오래 사용해 온 물건에 대한 애착심이 강하여 집착한다. 집, 가재도구, 사진, 골동품, 일용품, 본인의 애장품 등 여러 가지 친밀한 물건들을 통해 지나온 과거를 회상하고 마음의 안락과 만족을 느끼기 때문에 이에 대한 애착심이 강하다.

⑤ 성역할 지각의 변화

성역할의 양성화 경향이 강하고 남성노인은 점점 여성화되면서 수동적이고 의존적으로 되어가며, 관계 지향적이면서 친밀감이 강하다. 반면 여성노인은 능동적이고 권위적으로 되어가고 공격적이며, 독립성이 강하고 자기주장이 뚜렷하다.

4) 노화의 사회적 변화 현상

(1) 직업 상실과 경제적 빈곤

자의든 타의든 열심히 직장생활을 하다가 일정 나이가 들면 정년이 되어 퇴직을 하게 됨으로써 경제소득의 상실뿐만 아니라 직장 주변인과의 유대관계가 어려워지고 퇴직과 동시에 소득뿐 아니라 사회적 신분과 지위도 상실하게 된다.

① 은퇴에 대한 두려움

한창 일할 나이에 가정을 이끌어 가야 하고 중추적 역할을 해야 함에도 불구하고 어떤 여건에 의해서 퇴직이라는 영향을 받게 되면 본인뿐만 아니라 가족들도 정서적 고통과 더불어 경제적 고통에 시달리게 된다. 은퇴 전에 충분한 사전 정년교육을 통해 준비했다면 고통과 충격이 덜하지만 전혀 준비되지 못한 상황하에 퇴직이라는 큰 도전에 직면하면 두려움을 느끼고 당황하게 된다.

은퇴는 우울증, 소외와 고독감, 무력감, 정서적 불안감을 가져올 수 있어 퇴직후 긍정적인 생활을 할 수 있는 여건을 만들어야 한다.

(2) 배우자의 상실, 자녀의 결혼

오랫동안 동고동락을 같이해 온 가족 중 배우자가 노화나 질병 또는 사고로 인하여 일찍 별세한다면 배우자의 상실에 대한 고통이 오래가기 때문에 그 후유증이 심각하다. 또한 자녀가 성장하여 결혼을 하여 독립하면 배우자의 상실과 아울러 의존의 대상이 없어지게 되므로 심한 허무감, 절망감, 고독감을 갖게 되어 고독사나 고립사로 연결될 수 있다.

5) 노후준비와 노후단계

1) 은퇴 전 중년기(40~50대)

결혼연령이 높아지면서 자녀출산이 늦어져 한창 일해야 될 시기이며, 가족을 위해서 투자하는 비용과 자녀교육비가 가장 많이 들어가는 시기이다. 또한 중년기에 부부관계의 위기가 올 수 있고, 직업적으로도 가장 탄력 있으며 안정적인 생활이 이루어지는 시기이지만 정년퇴임이라는 큰 복병이 있는 시기이다. 그리고 이 시기에는 은퇴 전 준비교육이 철저히 이루어져야 하는 시기이기도 하다.

2) 은퇴기(60대)

이 시기에는 신체적, 정신적으로 기능이 쇠퇴하는 시기로서 은퇴와 더불어 비생산적이고 의존적이며, 중심인에서 주변인으로 밀려나는 시기이다. 특히 은퇴로 말미암아 경제적인 고통과 상실감이 밀려와 남은 노후생활을 어떻게 보내야 할지 보유자산을 점검해 보고 은퇴 후에 할 수 있는 새로운 직업도전과 건강관리에 신경써야 할 시기이다.

3) 노년기(70~80대)

70대 이후에는 건강이 가장 악화되는 시기이며, 경제적 상황에 따라 노인빈곤이 증가하는 시기이다. 도움을 받지 않고서 혼자서 활동하기 어렵고, 경제적으로나 사회적으로 소외되며, 미래의 죽음에 대해 고민하는 시기이다. 본인이 좋아하는 각종 다양한 프로그램들에 참여하여 건강관리를 신경써야 한다.

4) 임종기(90대 이후~)

급격한 노화로 인하여 신체적, 심리적, 사회적으로 격리되며 혼자서는 활동할 수 없고 누군가로부터 도움을 받는 시기로서 질병이 악화되는 시기로 고통 속에 죽음을 맞이하는 시기이다. 인생을 정리하면서 고통 없이 가족들이 지켜

보는 가운데 임종을 맞이할 준비와 아름다운 죽음이 무엇인지를 배워야 하는 시기이다.

6) 노후의 성격 적응유형

은퇴 후 성격적응 유형을 크게 여섯 가지로 정리하여 살펴보면 다음과 같다(파인뉴스, 2019).

① 성숙형

자신들의 삶이 잘 보상 받았다고 느끼고 과거에 대해 후회하지도 않으며 현재에도 별 상실감 없이 살아가며, 은퇴와 노화의 장단점을 모두 고려하여 많은 활동과 인간관계를 통해 참된 만족감을 찾아 살아가는 현실 직시형이다.

또한 비교적 어려움 없이 노년기에 접어들고 질병에 대한 증세가 별로 없으며 늙어가는 자기 자신을 그대로 받아들이고 일상적인 의식주 활동이나 대인관계에 대해 소통하는 데 만족을 느끼는 유형으로 과거에 대한 후회나 미래에 대한 두려움 등이 없는 활동적인 유형이다.

② 은둔형

은퇴와 더불어 일생 지녔던 힘들었던 짐을 벗어던지고 복잡한 대인관계와 사회적 책임감에서 벗어난 것을 홀가분하게 생각하는 유형으로 평생 동안 열심히 살아왔던 중압감을 벗어던지고 조용히 지내게 된 것을 다행스럽게 여기는 유형이다. 또한 노년기에는 신경쓰지 않고 조용히 살고 싶은 욕구 유형이다.

③ 무장형

무장형은 방어형이라고도 하며, 노후에서 오는 나약함과 소극성, 그리고 무력감, 신체적 저하를 막아보기 위해 적극적으로 활동하는 노년층으로 활동의 양이나 활동의 질에서 보람을 느끼고 생의 만족감을 느끼는 유형이다.

④ 분노형

인생의 실패를 자신의 과거를 탓하면서 모든 실패의 원인을 남의 탓으로 돌리는 유형으로 젊었을 때의 성공목표를 달성하지 못하고 현재의 자기 자신의 처지에 비관하고 절망감에 대해 비통해하는 유형이다.

⑤ 자학형

젊은 시절 인생의 목표를 달성하지 못해 모든 책임을 자기 자신에 돌리고 현재의 실패와 불행에 대해 자신을 질책하는 유형이며, 심한 우울증과 소외감으로 비관하다가 자살을 시도하는 유형이다.

7) 성공적인 노후 생활지침

꿈이 후회를 덮으면 늙지 않는데 후회가 꿈을 덮으면 빨리 노화가 찾아온다.

우리가 어떻게 나이 들어갈 때 가장 성공적으로 노후한다고 말할 수 있을까?

다양한 영역에서 조화로운 기능을 할 수 있을 때 우리는 성공적인 노후를 맞이할 수 있을 것이다.

성공적인 노후를 이끌 수 있는 생활 지침을 소개하면 다음과 같다.
(http://blog.naver.com/khy7985)

① 규칙적인 신체적 활동

노화가 진행되면서, 신체의 근육의 양이 줄어들게 되는데, 적절한 운동과 꾸준한 신체활동을 통해 이를 억제하고 일주일에 3회 이상의 유산소 운동과 함께 근육운동, 평형운동, 유연성운동을 함께 하면 운동효과가 나타나고 인지 기능의 향상, 우울증 예방에도 효과가 있다.

② 신선하고 균형 잡힌 영양식사 관리

적절한 양과 균형 있는 식단으로 필수 영양소를 골고루 섭취하는 식사가 건강을 유지한다. 특히 노년기에는 적절한 양의 식사와 단백질 섭취를 규칙적으로 하는 것이 좋다. 기름진 음식과 짠 음식은 피하는 것이 좋으며, 신선한 채소와 과일 그리고 항산화 물질로 알려진 비타민 종류와 셀레늄, 각종 무기질을 충분히 섭취하는 것은 노화방지와 성공적인 노화에 있어서 중요한 식습관이다.

③ 적절한 수면

노년기에는 적절한 수면 시간을 유지하고, 숙면을 취하는 것이 보약이다. 낮에는 낮잠을 피하도록 하면서 활동량을 늘리는 것은 야간 수면에 도움이 되며, 잠이 오지 않는다고 약과 술에 의존하지 않아야 하며, 전립선 질병로 인한 야간의 잦은 화장실 출입도 수면을 방해하므로 치료를 받는 것이 좋다.

④ 교육

갈수록 신체적 기능이 쇠퇴하여 80대가 되면 뇌세포가 이미 80%가 죽기 때문에 뇌를 자극해 줄 수 있는 지적 활동이 지속적으로 이루어져야 한다. 규칙적인 교육활동은 인지 기능의 유지뿐만 아니라, 금연이나 금주, 자기 절제와 같은 건강에 도움이 되기 때문에 여러 가지 행동 지침을 이행하는 데 있어서 매우 중요하며, 치매예방에도 도움을 준다.

⑤ 금연

흡연은 만병의 근원이다. 노년기에 담배는 폐암이나 구강암과 각종 심혈관계 질환에 지대한 영향을 미치기 때문에 금연을 통해서 사전 예방해야 한다. 또한 금연은 신체적 건강뿐만 아니라, 사회적 생활에서도 자신감을 부여하고, 대인관계에서도 긍정적인 효과를 줄 수 있으며, 가족의 건강에도 영향을 미칠 수 있다.

⑥ 질병의 조기 치료

질병의 예방과 조기 치료를 위해서는 예방 접종과 함께 나이에 맞는 적절한 건강 검진을 받도록 해야 한다. 예를 들어, 폐렴 예방주사와 대상포진 예방주사, 독감 예방 접종과 같이 예방 접종을 통해 미리 질병을 예방하는 것이 최선의 방법이지만, 그렇지 못한 질병은 최대한 빨리 발견하여 조기 치료를 하는 것이 필요하며, 정기검진을 해야 한다.

⑦ 기타

규칙적인 건강한 성생활과 치아 관리 및 각종 안전사고에 미리 대비하는 것이 중요하다. 또한 정신적인 스트레스를 받지 않도록 하고, 건전하게 스트레스를 해소할 수 있어야 하며, 본인이 좋아하는 일과 취미생활을 하는 것이 노년기 건강에 중요한 영향을 미친다.

이외에도 노인들 스스로 자기개발을 위하여 새로운 역할에 도전하고, 대인관계 활동, 종교생활 활동과 친목단체 활동, 자원봉사 활동, 노인교육 활동 등에 참여하는 것도 건강에 많은 도움이 된다.

핵심정리

1. 고령화사회의 구분

① 고령화사회 : 65세 이상 노인인구가 전체 인구의 7% 이상을 차지 (aging society, 2000년도)

② 고령사회 : 노인인구가 전체 인구의 14% 이상을 차지 (aged society, 2018년도)

③ 초고령사회 : 노인인구가 전체 인구의 20% 이상을 차지 (superaged society, 2025년도)

2. 노후의 성격 적응유형

① 성숙형

② 은둔형

③ 무장형

④ 분노형

⑤ 자학형

3. 성공적인 노후 생활지침

① 규칙적인 신체적 활동

② 신선하고 균형 잡힌 영양식사 관리

③ 적절한 수면

④ 교육

⑤ 금연

⑥ 질병의 조기 치료

⑦ 기타

02
CHAPTER

노인교육의 목표와 노인문제에 대한 내용

1. 고령사회의 특징과 노년기의 고통

1) 고령사회의 환경 영향

유엔에서 정한 고령사회란 65세 이상자가 전체 인구의 14% 이상인 국가를 말한다. 먼저 고령사회에 대한 사회 전반의 환경을 살펴보면 다음과 같다.

① 노동시장 환경의 변화 : 저출산 고령화 사회로 진행되면서 노동시장의 취업구조 환경이 점점 고령화되고 있고, 노동의 생산성이 떨어지면서 경제활동이 둔화되고 있다.

② 실버산업의 팽창 : 노인인구의 급격한 증가로 인하여 새로운 시니어 소비트렌드의 등장과 고령친화 실버산업의 성장, 실버용품의 IT연계 등장, 실버주택의 확대, 케어서비스의 전문화 등이 발전되고 있다.

③ 노인복지 서비스의 수요 증가 : 평균수명의 증가로 인하여 의료 및 사회보장 등 수요의 증가, 가족의 부양부담의 증가, 맞춤형 노인복지 서비스의 수요가 증가하고 있다.

④ 사회 문화적 영향 : 장수가 사회적으로 축복인지 재앙인지 논쟁 속에서 노인문제가 다양하게 등장하고 있고, 노인의 6가지 고통(빈고, 병고, 무위고, 고독고, 여가고, 부양고)의 확대 및 노인빈곤층의 증가와 더불어 새로운 노인문화가 만들어지고 있다.

⑤ 사회보장 정책의 영향 : 노인인구 증가에 따른 복지수요와 예산이 급격하게 증가하고 있어 보편적 복지로 가느냐 선별적 복지로 가느냐의 정책 변

화의 갈림길에 있다. 특히 전 국민의 4대 보험정책의 재정압박과 공적연금의 확대로 인한 재정 불균형, 특수연금의 재정고갈, 복지수요에 대한 재정의 어려움이 심화되고 있다.

⑥ **기업의 환경영향** : 실버세대의 소비욕구 확대로 인하여 실버시장에 대한 마케팅 활동에 영향을 주고 있고 건강산업이 발달하고 있다. 그리고 기업체의 인적자원들이 고령화되어 가고 있고, 저출산 고령화 현상이 노동력 생산 저하와 더불어 향후 제조업에 많은 변화를 가져올 것이며, 인공지능화로 인한 직업의 재구조화가 일어날 것이다.

2) 고령사회의 특징

① 노인인구의 폭발적 증가

2023년에 노인인구가 우리나라 전체 인구 중 1천만 명이 넘어서고, 베이비붐 세대의 약 712만 명이 노인인구 편입으로 인하여 노인부양비가 폭발적으로 증가할 것이다.

아울러 평균수명의 증가로 인하여 건강하고 경제력 있는 노인인구가 증가할 것이며, 실버세대의 인구 증가로 힘 있는 세대가 나타날 것이고, 베이비 붐 세대들을 겨냥한 실버산업 등장과 실버 마케팅 경쟁이 치열할 것이다.

② 세대 간의 양극화 현상

노인인구의 증가로 인하여 노년기의 사회보장 대책의 욕구 수요가 증가할 것이며, 노년기 삶의 질 격차와 소득이 양극화 현상이 확대되고 노인 빈곤층이 증가하면서 사회적으로 독거노인 증가와 고독사와 고립사 현상이 늘어날 것이다.

또한 청년세대와 노년세대 간의 일자리와 보장요구가 서로 충돌하여 사회적으로 큰 갈등문제가 발생하며, 사회보장 요구에 따른 재정부족과 저출산으로 인한 노동생산력 저하와 보편적 복지 확대정책이 한계에 부딪힐 것이다.

이를 위해 노인복지 정책의 변화 대처가 필요하며, 노인인구들이 평생교육차원에서 자기개발을 지속적으로 추구하여 스스로 새로운 변화를 주어야 할 것이다.

③ 여성들의 의식 변화

우리나라 여성들의 사회적 참여가 높아지면서 의식의 변화가 일어나고 있고, 양성평등의 사회가 형성되면서 가사 분담과 맞벌이가 증가하고 있다.

특히 여성의 교육수준이 높아지면서 경제활동 욕구가 강해지고 있으며, 여성인권신장과 아울러 가정해체화로 인한 1인 가구 증가와 비혼 및 만혼가구 증가로 인하여 소비 트렌드도 변화하고 있다. 그뿐만 아니라 남녀 간에 직업적인 차이가 줄어들고 있으며, 다양한 인공지능 가전제품들이 등장하여 여성의 가사 부담을 줄이고 있고, 재택근무 등 고용형태가 유연화되고, SNS 발달 등으로 인하여 여성 친화적 산업이 성장함에 따라 여성의 일자리 참여가 늘어나고 있다.

3) 노년기의 고통

(1) 경제적 고통(빈고)

노인의 경제적 빈곤은 젊은 시절 가족과 자녀를 부양하기 위해 정신없이 살아오면서 정작 본인의 노후를 준비하지 못해 나타나는 고통이다. 다시 말해 노인들은 자녀들의 성공을 위하여 자신의 모든 것을 희생한 세대라고 볼 수 있다. 그리고 가족 내 부양 체계의 와해, 노인 자신의 노후 생활에 대한 심리적·자산적 준비 부족, 정부의 노후 생활을 위한 경제 대책의 미흡 등으로 인하여 정년퇴직 후 경제적인 소득문제가 발생하여 기본적인 생활에 어려움이 발생하고 있다.

(2) 질병의 고통(병고)

노인이 되면 노화에 따른 신체적 기능쇠퇴와 질병에서 오는 고통이 따른다. 질병 또한 거부할 수 없이 받아들여야 할 불쾌한 손님이며, 신진대사의 불균형과 각종 질환은 신체뿐만 아니라 정신능력까지 잠식한다. 사는 것이 죽는 것보다 못한 고통 속에서의 생활은 자신뿐만 아니라 가족과 주변의 모든 사람들까지 어렵게 한다. 아울러 노년기에는 만성질환에 시달리는데 이는 빈곤문제와도 밀접한 관계가 있다.

(3) 역할 상실의 고통(무위고)

노인이라고 해서 할 일이 없다면 사는 보람을 상실하게 되고, 할 일이 없으면 만들어서라도 해야 하며, 주위사람들에게 살아 있음을 과시할 수 있어야 한다.

노인의 역할 상실의 문제는 은퇴 이후 사회적 역할의 상실과 사회에서나 가정에서 대접을 받다가 퇴직 이후 주변인으로 밀려나 대접을 받지 못하는 상실감, 가정해체화가 진행될수록 1인 가구의 등장과 소가족화 등으로 가정 내 역할의 상실이 크게 발생하고 있는 실정이다. 또한 은퇴 후의 노동기회의 상실 및 자기역할의 상실감이 문제로 등장하고 있다.

(4) 소외감의 고통(고독고)

노후에는 노쇠에 따른 심정의 약화로 배우자나 친지 등과의 사별에서 오는 슬픔을 느낀다. 또한 자식들은 모두 독립하고 두 부부만 혹은 배우자마저 죽고 나서 혼자 살 때 일어나는 고독감과 거기서 오는 외로움과 소외감 등을 느끼며, 죽음을 앞두고 느끼는 두려움과 인생의 허무감 등에서 오는 고통을 느낀다.

특히 노인의 사회적 소외는 노후 생활을 하면서 사회로부터 여러 가지 따돌림을 받는 현상을 말하며, 노인에 대한 거부, 천시, 냉대, 무관심, 무례함 등의 여러 형태로 나타나고 있다.

(5) 여가의 고통

노인 연령이 높아질수록 경제적 부담으로 여가생활에 만족도가 떨어진다. 노인이 되어 가장 하고 싶은 여가생활들은 여행 및 관광활동과 취미활동, 문화생활, 자기개발인데 휴식시간의 부족과 질병으로 인한 고통 및 신체적 노쇠로 인한 활동장애, 경제적인 문제로 어려움을 호소하고 있다.

(6) 부양의 고통

가정해체화가 빨리 진행되면서 소가족화가 진행되고, 자녀들의 취업과 결혼이 늦어짐으로써 퇴직 후 부모들이 자녀들까지 부양해야 하는 현상들이 나타나고 있다.

그뿐만 아니라 노인들의 질환으로 인하여 가족 부양자들은 사회적 관계망과의 접촉 및 사회적 역할수행에 필요한 개인적 시간과 자유를 가질 수가 없게 됨으로써 사회적 활동에 많은 제한을 받게 된다.

이로 인하여 주로 가족에게 주는 부담과 고통, 가족에 대한 친밀감과 유대감의 상실, 재정 및 경제활동의 부담, 피로 누적 등이 고통으로 다가오고 있다.

4) 노인의 성격과 문제

(1) 노인의 성격유형

노인의 성격 변화에 영향을 주는 요인은 다양하다. 개인의 건강상태 유무, 경제적인 영향과 일상생활의 부적응에서 오는 불안과 초조, 사회생활의 어려움, 과거에 대한 집착과 미래의 불확실성과 배우자나 친구의 사망으로 인한 고독감의 증대, 새로운 학습이나 적응의 어려움 등이 그 주요 요인이다.

샤만(Shaman)이 제시한 노인 성격유형을 살펴보면 크게 네 가지 유형으로 살펴 볼 수 있다(http://cafe.daum.net/tntedu).

① 적극적 통합형

노인이 매우 긍정적인 자기 이미지를 가지고 있으며, 일하는 것을 즐거워하는 성숙한 사람으로 건강함과 안정감이 있는 유형이다.

② 의존적 수동형

어려운 난관에 부딪쳤을 때 그 난관을 극복하기보다는 회피하며, 자신감이 없고, 보수적이며, 행동이나 사고가 조심스럽고 신중하면서 가족과 함께 하기를 바라는 유형이다.

③ 실패 과장형

외롭고 자신의 성취에 대해 만족하지 못하며, 화를 잘 내고, 성격이 급하며, 친구를 쉽게 사귀지 못하는 유형으로 심리적으로 불안정하며, 우울해하는 유형이다.

④ 자기 부정형

다른 사람에게 복종적이며, 조심스럽고 대인관계에서 소외되어 있고, 우울하고 쓸쓸해하며 일상생활을 소극적으로 받아들이고 자기주장을 하는 대신에 사회규범 등을 잘 지키는 유형이다.

2. 노인교육의 목표와 유형

1) 노인교육의 목표와 목적

노인교육의 목표와 목적은 어느 기관에서 운영하느냐의 주체에 따라 그 내용들이 다르다. 대부분 노인들의 잠재력을 개발하여 지속적인 성장을 목표로 하여 건강하고 생산적인 삶을 영위할 수 있도록 필요한 지식을 제공해 주어야 한다.

① 세대 간의 소통과 갈등 해소

평균수명의 증가로 인하여 노년층과 젊은 층의 세대 간의 갈등이 점점 증가할 것이다. 노인인구의 증가로 집단화가 되면서 사회적 요구가 많아짐에 따라 젊은 세대와의 국가정책과 개개인 간의 이해관계 충돌이 증가하게 된다. 이를 위해서는 서로 공감대를 찾을 수 있는 대화와 소통이 필요하며, 세대 간의 이해 증진을 위해서 프로그램을 통해 교육의 기회를 확대해야 한다.

또한 노후세대들이 현 젊은 세대들에게 역사의 지식전달과 좋은 전통문화의 전수, 장인정신의 전문적 지식과 기술의 이전 등을 위해서 적극적으로 솔선수범해야 하며, 아울러 세대 간의 고착화된 고정관념들을 개선해 나갈 수 있는 교육 프로그램도 발굴해 나가야 한다.

② 평생교육을 통한 인생 재도전

노년기에는 인생의 재도전을 시도하면서 본인이 하고 싶은 자아실현을 위해서 끊임없는 자기개발을 주도적으로 만들어 가야 한다. 급속한 사회변화에 대처하고 적응할 수 있는 기회를 교육이 제공해야 한다. 지적 욕구를 자극하여 새로운 지식과 기술을 흡수하고 교양을 쌓아 올리려는 기회를 제공하고, 노인들의 사회성 향상을 위한 대인관계 지원서비스를 확대 제공해야 한다.

그리고 삶의 의지에 대하여 열정을 가지고 도전을 하도록 적극적으로 교육을 통해 변화를 주어야 하고, 취미생활에 참가하여 여가활동을 즐겁게 보내기 위한 프로그램 개발과 사회성 향상을 위해 또래 집단과 친밀한 심리적 유대를 가지면서 어울리려는 태도를 가지도록 목표를 세워야 한다.

③ 다양한 분야의 노인 전문가 육성

노인 한 분이 돌아가시면 지역사회의 도서관이 하나가 없어진다는 명언이 있다. 노인들 중에는 오랜 세월 동안 다양한 경험과 세상의 지식을 두루 갖추고 있는 전문가들이 많이 있다. 지역사회에서 이들을 활용하여 지식을 전수받을 수 있는 기회를 마련해야 한다.

또한 노후에 지역사회를 위해서 사회공헌할 수 있는 기회를 제공해 주고, 지역사회 유관기관들이 상호 연대하여 전문 인적자원을 활용할 수 있는 네트워크를 형성해야 한다.

④ 은퇴 전후의 준비교육

전 생애에 걸쳐 노년기에 대한 구체적인 준비교육이 필요하고 은퇴 전 준비

교육과 은퇴 후 교육 등이 필요하다. 또한 자신의 위치를 파악하여 당면 문제에 적극적으로 대응하는 교육과 노후에 따른 경제소득 감소에 따른 대안교육, 건강과 질병에 대한 기본적인 지식교육과 정년 없는 100세 준비교육이 필요하다.

아울러 노인들이 보다 폭넓은 세대들과 대인관계를 구축할 수 있는 관계형성 동기부여를 해야 하며, 남은 인생을 어떻게 보낼 것인지, 삶의 질을 어떻게 높여나갈지에 대한 노인교육 목적을 세워야 한다.

⑤ 보람 있는 사회참여와 죽음준비 교육

노년기는 새로운 인생 이모작을 도전하는 시기이다. 성공적인 노년을 위하여 자기개발에 투자해야 하고, 후회 없는 인생을 마감할 때까지 행복한 노후의 생활을 보내기 위해 끊임없이 노력해야 한다.

또한 노인복지에 대한 각종 정책과 수혜, 복지서비스가 무엇인지 교육적 서비스를 제공해야 하고, 국제적 상황변화 교육을 통해서 세계관을 넓힐 수 있는 가치관을 제시하는 교육목표와 목적이 되어야 한다.

그리고 지역사회를 위해 봉사하면서 삶의 의미를 재발견할 수 있도록 사회참여 프로그램 개발과 고통 없이 인생을 잘 마무리할 수 있는 재교육, 사후관리를 어떻게 해야 하는지에 대한 체계적인 교육 프로그램들이 마련되어야 한다.

⑥ 노후 자산관리와 직업 재도전 교육

노년이 되면 역할 상실과 경제적인 고통이 오기 때문에 노후에 맞는 경제정보 제공과 이에 필요로 하는 전문지식과 기술을 습득할 수 있도록 교육 제공이 이루어져야 한다.

아울러 각종 자격증 취득을 위한 연결과 연령과 성별에 맞는 직업 재도전을 위한 정보 서비스 제공이 필요하며, 유관기관과의 연대를 통한 시니어 일자리 통합서비스 이용방법 등을 안내하는 교육이 필요하다. 또한 노후에 재산을 어떻게 관리하는지를 비롯하여, 금융, 보험, 부동산, 채무관계, 재산상속 등의 다양한 교육 프로그램을 개발하여 노인교육에 맞도록 목표를 철저히 세워 나가야 한다.

(1) 대한노인회 노인학교의 노인교육 목적

대한노인회에서 운영하는 노인학교의 교육목적을 네 가지로 살펴보면 다음과 같다(www.koreapeople.co.kr).

① 동·서양의 지식의 격차에서 야기되는 문제점을 해소하고 올바른 식견을 터득한다.
② 현대사회에 적응할 수 있는 가치관과 윤리관을 소지한다.
③ 노인 각자가 소유한 잠재력을 재개발한다.
④ 노후 건강관리에 대한 지식을 부여함으로써 여생을 보람 있게 보낼 수 있는 제2의 인생을 만들어 간다.

(2) 대한적십자사 노인학교의 노인교육 목적

대한적십자사 노인학교의 노인교육 목적을 다섯 가지로 살펴보면 다음과 같다(www.redcross.or.kr).

① 노인의 건강증진에 도움을 주고 지원한다.
② 인간중심의 정신을 바탕으로 관용과 겸양의 미덕을 길러 만나는 기쁨을 나누고 서로 돕는 인화의 기풍을 진작한다.
③ 겸허한 마음으로 시대정신을 올바로 이해함으로써 역사발전의 앞날을 거시적으로 전망하는 안목을 육성한다.
④ 전통문화 계승자로서 경험과 기술을 창조적으로 후대에게 전수해야 할 책임을 담당한다.
⑤ 스스로 정신을 개혁하고 삶의 의욕을 생활에서 실천 및 발견한다.

이외에도 현재 노인교육은 노인복지관과 노인학교, 경로당 중심으로 이루어지고 있고, 교육 목적은 운영기관의 주체에 따라 다르지만 노인교육의 질적 향상이 필요하다.

2) 노인교육의 유형

(1) 주체적 삶을 주도하는 노인교육

인생 중반기 50대에 이르면 은퇴 전의 준비교육과 은퇴 후의 준비교육이 필요하다. 일부 대기업에서는 근로자 대상으로 은퇴교육이 이루어지고 있지만 대부분 은퇴교육을 받지 못하고 퇴직하고 있다. 은퇴 후 다가오는 인생의 변화과정을 살펴보면 다음과 같다.

① **은퇴기대 및 충격단계** : 평생 한 직장만 보고 열심히 일하고, 가족을 위해 희생하면서 쉬고 싶은 기대와 이루지 못한 꿈을 펼쳐 보려는 기대가 있다. 반면에 한창 일할 나이이며, 가정에 경제적인 지출이 많아지는 시기에 준비 없이 갑자기 명예퇴직이나 직장을 퇴직하면서 인생에서 충격을 경험하는 단계이다.

② **은퇴의 환상 단계** : 은퇴를 하게 되면 그동안 고생하면서 하고 싶은 일들을 못했던 부분들을 이루고자 하는 희망목록을 만들어 환상에 빠지는 단계이다.
다시 말해 자신을 합리화하고 집에서 쉬면서, 눈치 안 보고 하고 싶어 하는 것을 이루고자 하는 단계이다.

③ **절망 및 비관 단계** : 은퇴 후 환상을 실천 현장에서 이루지 못하면서 일정 기간이 지나면 자기 뜻대로 되지 않고 사소한 싸움과 의사불통, 경제력 상실, 주변인 대접, 가족의 눈치, 지인들의 죽음에 대한 두려움의 증가 등을 경험하며 자기 뜻대로 안되어 우울감에 빠지는 단계이다.

④ **삶의 재전환 단계** : 일정 기간 무료한 일상의 반복에 따른 우울단계가 지나면 희망목록을 포기하게 되고, 현실에 눈을 뜨면서 어떻게 살아야 하는지의 삶의 도전과 방향을 다시 설계하는 단계이다.

(2) 맞춤형 수요중심의 노인교육

노인들의 건강욕구와 배움의 지식욕구가 증가하면서 다양한 만족을 위한 프로그램들이 요구되고 있다.

① 지역특성에 맞는 노인교육 프로그램을 양성하고 노인들의 일상생활에서 어려운 문제들을 직면했을 때 자기 주도하에 해결할 수 있는 능력을 지원해 줄 수 있는 교육내용들이 만들어져야 한다.
② 노년기에는 욕구가 강하기 때문에 삶의 질 향상을 위한 다양한 프로그램 학습내용들이 필요하다.
③ 사회변화의 적응을 위해 노인들에게 국내 및 해외 정보를 제공하고 인생 재도전을 위한 맞춤형 지식과 기술을 지원해야 한다.
④ 노후에 외로움과 소외감을 예방하기 위해서는 인간관계를 원만하게 유지할 수 있는 의사소통 능력과 상담복지 지원서비스를 이용할 수 있는 정보들을 제공해야 한다.
⑤ 노년기에 보람 있는 삶을 살 수 있도록 사회봉사나 체험활동, 취미활동, 건강여가 활동 등에 쉽게 접근하고 참여할 수 있도록 다양한 정보를 제공해야 한다.

(3) 역량강화 중심의 노인교육

노인들은 오랜 인생생활을 통해 다양한 경험과 체험, 연륜을 쌓아 왔으며, 잠재력을 가지고 있어서 노인 개개인의 의지와 열정이 강하다.

① 노인들의 개성과 전문성 능력을 자원화할 수 있고 연계할 수 있는 교육내용들이 지원되어야 한다.
② 노년기에는 다양한 사고들이 등장하기 때문에 문제 발생 시 대비 할 수 있는 내용들이 사전에 제공되어야 한다.
③ 사회의 오랜 경험과 노하우를 노인들이 지니고 있어 잠재되어 있는 역량과 성과를 높일 수 있도록 동기부여를 해야 한다.

④ 노인들의 욕구가 다양하고 강하기 때문에 수요 충족을 위한 프로그램들이 개설되어야 한다.

⑤ 노년기에는 모든 기능이 떨어지기 때문에 악화되지 않도록 다양한 활동의 교육 프로그램들이 만들어져야 한다.

⑥ 노인들 스스로 인생을 멋지고 행복하게 마무리 하는 교육과 자기 주도적 학습능력 배양을 함양하고 삶의 질 향상을 위해 평생교육적 차원에서 학습역량을 강화시켜 나가야 한다.

3) 노인교육의 방향

우리나라 노인교육의 새로운 방향을 살펴보면 다음과 같다.

① 고령사회에서는 노인이 사회의 중요한 주체 집단이 되기 때문에 이에 대한 새로운 패러다임을 만들어야 할 것이다.

② 노인인구의 증가로 인하여 성공적인 노화를 위한 평생교육 전략이 모색되어야 할 것이다.

③ 고령사회에서는 노인교육이 삶의 질 향상에 맞추어져야 할 것이다.

④ 초고령사회에 대비하여 노인생애별 노인교육의 영역을 새롭게 개척해야 할 것이다.

3. 노인복지와 노인문제

1) 노인문제의 현안

한국사회는 고령사회가 진행되면서 초고령사회를 향해 달려가고 있다. 특히 우리 사회는 급속하게 도시화와 산업화 및 정보화에 따라 변하면서 사회전반에 다양한 수요 욕구들이 표출되고 있다. 삶의 질을 추구하는 이 시대에 사회복지 욕구가 급증하고 있고 욕구를 지닌 사회복지 대상자도 다양하게 등장하고 있다.

최근 우리나라는 다른 선진국에 비해 인구 고령화 현상이 매우 빠른 속도로 진행되고 있는 실정이다. 특히 고령사회 전개로 앞으로 우리사회에서는 인간의 생활패턴이 많이 달라질 것이다. 또한 인간의 수명이 연장되는 고령 사회에서는 정년퇴직 이후의 노후생활 기간이 대체로 20년 이상 되는 경우가 발생할 것이며, 평균수명도 늘어날 전망이다.

이에 따라 노인인구의 증가는 경제, 의료, 사회 심리적 측면 등에서 많은 노인문제들을 야기시키고 있으며, 그간의 산업화 과정이 소가족화를 촉진시키고 가족의 부양의식 및 가치관에 큰 변화를 초래하게 됨에 따라 노인문제는 이제 더 이상 가정 내에서 해결될 수 있는 문제로서가 아닌 사회적 문제로 대두되고 있으며 앞으로 더욱 심각해질 것으로 예측되고 있다.

특히 국민의 소득증대와 함께 급격한 노인인구의 증가 및 사회구조 및 가족구조의 변화와 가치관의 변화 등으로 이제 노인들도 노후생활이 변해야 한다는 인식을 국민 모두가 공감하고 있는 실정이다.

그뿐만 아니라 오늘날 현대사회는 인공지능화 사회가 진행되면서 그 변화의 정도와 속도가 엄청나게 빨라 대다수의 노인들은 이러한 변화에 충분히 적응하지 못하고 있으며, 그동안의 도시화와 산업화 과정 속에서 노인들의 지위약화와 노부모 부양기능 저하 등 노인들은 자신의 노년기를 위한 준비가 거의 안 되어 있다. 또한 노인들은 인공지능화 사회에서 요구하는 지식 및 기술의 능력을 보유하지 못하고 있어 이러한 노인들을 위해 노인복지 정책이 제대로 따라가지 못하고 있는 실정이다.

이제 노인문제는 개인이나 가족의 책임을 넘어 사회적, 경제적, 정치적 문제로 다루어지지 않으면 안 될 시점에 이르러, 국가가 적극적으로 관심을 기울여야 할 때이다.

2) 노인복지의 개념과 유형

(1) 노인복지의 개념

노인복지라는 의미는 시대의 흐름과 학자들의 시각에 따라 개념이 다르다. 노인복지라는 개념은 노인들을 대상으로 위기가 발생했을 때 휴먼 서비스를 제공하는 복지서비스 의미가 강하다.

먼저 노인복지란 말 그대로 노인을 위한 복지를 말하며, 백과사전에 의하면 노인이 인간다운 생활을 유지하면서 자기가 속한 가족과 사회에 적응하고 통합될 수 있도록 필요한 자원과 서비스를 제공하는 데 관련된 공적 및 사적 차원의 조직적 제반 활동이다(https://search.daum.net/백과사전).

따라서 노인복지라는 개념을 정리해 보면 노인의 생활상의 곤란에 대하여 생활의 안정, 심신의 건강유지, 사회적 참여와 역할의 수행 및 취업의 기회와 여가의 향유 등에 걸쳐 정책 및 제도와 서비스 등을 통하여 노인이 하나의 독립된 인간으로서의 기본적 욕구와 문화적 생활을 유지할 수 있도록 지원하는 것이라 할 수 있다.

(2) 노인복지의 특성과 유형

노인복지의 특성으로는 노인들의 욕구가 다양하며, 고령화되고 있고, 노인이면 누구나 복지대상이 될 수 있으며, 노인복지 수혜대상도 급증하고 있다는 것이다.

또한 노인문제의 유형도 개별적인 문제로 경제적인 소득감소 문제, 신체기능의 약화로 인한 질병 관련 문제, 가족해체로 인한 보호기능 약화문제, 역할 상실문제, 고독감과 소외문제, 노인 자살문제, 노인학대 문제 등 다양하게 나타나고 있다.

그리고 사회적 측면에서 노인문제도 노후에 대한 사회보장 대책이 미흡하고, 저출산 고령화로 사회부양비 증가와 평균수명 증가로 인한 보건의료비 증가, 노인들의 사회참여 활동욕구 미 충족 문제 등 그 유형이 다양하게 등장하고 있다.

(3) 노인복지의 목표와 욕구

노인복지의 목표도 성공적인 노년기의 삶을 추구하는 욕구에 충족해야 하고, 세대 간의 갈등 속에 사회통합을 유지해야 하며, 가장 기본적인 삶의 질 향상에 초점이 맞추어져야 한다.

① 노인복지 욕구의 양적 확대

의료기술의 발전과 정보화기술의 발전에 힘입어 평균수명은 연장되고, 저출산 고령화로 인한 노동생산 인구의 저하와 더불어 가족 해체화가 빠르게 진행되며, 가족부양의 기능이 떨어지면서 다양한 노인문제가 발생하고 있다. 그 중 만성질환으로 인한 치매환자 증가로 국가가 책임져야 하는 노인복지 욕구는 양적으로 계속 확대되고 있다.

② 노인복지 욕구의 질적 확대

이제는 장수가 축복인지 재앙인지 고민해야 할 문제로 등장하면서 경제적인 영향에 따라 시각이 달라지고 있다. 특히 노년기에 삶의 질을 높이기 위해서는 노인복지 서비스의 질을 향상시켜 나가야 하고, 노인을 단순히 보호 대상자로 보는 것이 아니라 노인들이 어떻게 하면 일상생활에서 스스로 문제들을 해결하는 주체자가 될 수 있는지 방법을 제시해 주는 역할이 요구되고 있다.

따라서 앞으로 노인복지의 욕구는 보다 다양하고 광범위하게 확대될 전망이다.

3) 노인문제의 발생 요인

노인문제는 가족관계의 원인과 인구학적 요인, 그리고 사회문화적 요인 등이 상호연계 되어 있다. 특히 노인문제 발생은 고령화와 평균수명의 연장, 시설보호대상 노인인구의 증가, 정보화 사회와 인공지능화, 여성 노인인구의 비중 증가 등 다양하게 연관되어 있다.

(1) 노인생활과 관련된 문제

① 노인문제의 사회경제적 영향

노인인구 비율 증가에 따른 사회적 제도가 미비하고, 가족구조 기능이 변화되고 있으며, 인공지능화로 인한 탈산업사회의 영향과 노후생활에 대하여 사회경제적으로 충분한 대처를 준비하지 못하고 있다.

② 사회변화가 노인생활에 미치는 영향

과학 의료기술의 발달로 평균수명이 연장되고 있고, 가족부양 기능의 약화와 노후생활 보장에 대한 미래가 불안하며, 역할 상실과 사회심리적 고립으로 인한 외로움과 소외감이 증가하고 있다.

③ 노인부양 인구의 감소 영향

저출산으로 인한 출생률이 감소하고 있어 초저출산 국가로 진행되고 있고, 양성평등에 따른 여성들의 사회참여 증가와 가족해체에 따른 1인 가구 증가 및 노인부양에 대한 가치관이 변화하고 있다.

(2) 노인생활과 관련된 구체적 문제

① **사회차별** : 마음은 청춘인데 신체나이 65세 이상 노인이라는 이유만으로 차별하고, 편견을 갖고 부정적으로 보는 시각이다.

② **조기퇴직** : 아직 육체적으로 건강하고 전문적인 지식과 기술 능력을 보유하고 있음에도 불구하고 사회적인 퇴직제도에 따라 강제적으로 은퇴하여 일할 기회를 상실하게 된다.

③ **고용문제** : 65세가 되면 자동퇴직이 되어 기업들은 대체로 젊은 사람을 선호하고, 나이 든 사람은 정규직으로 연장 채용이 어렵고 보호받기도 힘들다.

④ **질병** : 노인이 되면 신체적·정신적 기능이 쇠퇴되어 각종 만성질환과 퇴행성 질환, 성인병 등 여러 질병에 시달리게 된다.

⑤ **경제적 소득빈곤** : 정년퇴직 후 소득에 대한 보장이 없고 기본적인 의식주

생활을 유지하는 데 어려움이 발생하며, 국가의 사회보장 정책도 한계가 있어서 노후에 대한 빈곤이 심각하다.

⑥ **배우자 및 지인의 상실** : 자녀들은 독립하고 배우자가 어느 날 별세하고 가족과 가까운 친구나 지인을 잃게 되면 더욱 더 외로움과 소외감이 발생한다.

⑦ **주거조건** : 자기소유 주택을 가진 노인은 주택연금이라도 받지만 무소유자의 독거노인이나 빈곤층의 노인은 주거조건이 열악하다.

⑧ **성문제** : 노인의 성적욕구는 죽을 때까지 있으나 해결이나 충족이 어렵고, 노인의 성에 대한 사회적 인식은 부정적이며, 건강한 노인이 증가하면서 이성 간의 접촉이 많아지고 노인 성병이나 노인 성범죄가 증가하고 있다.

⑨ **영양상태** : 경제적으로 힘든 노인들의 경우 일상생활이 어려운데, 빈곤노인, 독거노인 등 최저생활이 어려우면서 만성질환에 노출된 노인일수록 영양상태가 심각하다.

⑩ **심리 정서적 문제** : 가족관계가 해체되거나 배우자의 상실, 경제적인 빈곤, 삶의 질의 저하로 인하여 심리적, 사회적 상실감과 인생목표 상실감으로 비관적 문제가 발생하고 있다.

⑪ **죽음** : 만성질환이나 질병의 고통이 심하거나 삶의 의욕이 없거나 또는 치매로 인한 요양원 등 시설에서 사망하는 노인이 증가하고 있고, 더 이상 낙이 없거나 삶이 고달프면 죽음을 선택하고 있다.

⑫ **노인학대 및 노인자살** : 노인학대는 노인에 대한 신체적, 언어정서적, 경제적, 방임, 유기 등으로 노인을 부양하는 가족이나 노인시설의 직원종사자들에 의해 발생하고 있지만, 최근 언어정서적 학대가 증가하면서 특히 자녀인 아들에 의해 노인학대가 가장 많이 발생하고 있고, 삶의 의욕이 한계에 다다르면 심한 우울증과 동시에 자살을 선택한다.

핵심정리

1. 노년기의 고통

① 경제적 고통(빈고)
② 질병의 고통(병고)
③ 역할 상실의 고통(무위고)
④ 외로움과 소외감의 고통(고독고)
⑤ 여가의 고통
⑥ 부양의 고통

2. 노인의 성격유형

① 적극적 통합형
② 의존적 수동형
③ 실패 과장형
④ 자기 부정형

3. 노인생활과 관련된 구체적 문제

① 사회차별
② 조기퇴직
③ 고용문제
④ 질병
⑤ 경제적 소득빈곤
⑥ 배우자 및 지인의 상실
⑦ 주거조건
⑧ 성문제
⑨ 영양상태
⑩ 심리 정서적 문제
⑪ 죽음
⑫ 노인학대 및 노인자살

03
CHAPTER

노인교육의 필요성과 노인교육의 변천

1. 노인교육의 필요성

1) 노년기에 노인교육이 필요한 이유

인공지능시대에 급속한 사회변화 속에 사회적응을 따라가지 못하고 피해를 보는 계층이 노인 계층이다.

전통적인 사회구조 속에서 오로지 자녀 교육과 가족을 위해 희생한 대가가 경제적 빈곤과 육체적 건강의 노화뿐이다. 이러한 상황 속에 지금 자기개발을 위해 도전하려 해도 배운 것이 없고, 전문적인 기술이나 능력이 전혀 없다는 데 문제의 심각성이 있다. 그렇다고 해도 정부의 노인들을 위한 사회보장 대책이 안전하게 세워져 있는 것도 아니다.

결국 스스로 새로운 노년기를 창조해 나가기 위해서 노인교육이 필요한 것이다.

① 급속한 사회변화로 인하여 사회적응과 소통이 필요하다.
② 평균수명의 연장으로 인하여 평생교육을 통하여 자기개발을 해나가야 한다.
③ 노년기에는 다양한 학습을 통한 지식을 요구하고 있다.
④ 노년기에는 모든 삶의 측면에서 사전 위기예방 목적으로 교육이 필요하다.
⑤ 인생 재도전을 위한 삶의 질 향상을 위해 노인교육이 필요하다.

즉, 노인교육의 의미는 개인과 사회의 행복추구, 평생학습을 통한 사회실현과 노인들의 평생학습권 보장, 노인들의 삶의 질 향상에 있다.

그렇다면 미래사회일수록 왜 노인교육의 중요성이 부각되는지를 살펴보면 다음과 같다.

(1) 배움의 주체, 삶의 주체자로서의 노인교육의 중요성 부각

기존의 복지 위주의 노인교육에서 탈피하여 스스로 삶을 주관하는 노인교육 체제로 변화가 필요하다. 급속한 사회변화에 대한 적응과 대처를 위해서 지식과 기술이 필요하고 인생 재도전을 위한 끊임없는 자기노력과 개발이 요구되고 있다.

① 경제력이 있는 노인과 학력이 높은 노인인구가 증가할 것이다.
② 향후 10년 내에 노인들의 교육수준도 급속히 높아질 것이다.
③ 조기퇴직과 명예퇴직으로 인한 장년층이 증가할 것이다.

(2) 성공적인 노후준비와 삶의 질 향상

노인의 인구가 급증하면서 우리사회에 다양한 사회문제 현안들이 부각되어 나타날 것이다.

① 노년부양비 증가 및 고령화 속도가 빨라질 것이다.
② 저출산 고령화로 경제활동 인구가 감소할 것이다.
저출산 고령화로 노동생산력 인구가 감소하고 젊은 세대의 결혼과 직업, 양육에 대한 가치관이 변해갈 것이다.
③ 가정해체의 가속화로 부양기능이 점점 약화될 것이다.
소가족 1인 가구 증가와 출산율 저하, 여성의 사회참여 활동 증가, 주거문화의 변화와 더불어 자녀들의 부양책임의 한계를 직면하고 있고, 노인 단독세대와 독거 노인인구가 증가하면서 부양부담이 심화되고 있다.

이러한 사회적 문제를 직시하고 노인교육은 배움을 주는 자발적인 교육이 되어야 한다. 은퇴 전후의 준비교육과 인생의 성장과 발전에 도움이 되기 위해서 인생이 살아가는 데 필요한 지식과 기술을 습득할 수 있는 교육들이 제공되어야 한다. 특히 노후에도 정년 없는 100세를 위해 성공적인 노년기를 보낼 수 있는 프로그램들이 제공되어야 한다.

또한 노인들의 잠재능력을 개발하고 자신감을 향상시키면서 노인의 지위향상과 더불어 적극적인 자기개발이 요구되고 있고, 노후준비를 위해 삶의 만족도를 높이고자 질적인 변화를 요구하고 있다.

(3) 인공지능 사회의 평생교육 요구증가

① 인공지능 사회의 도래로 사회변화가 가속화되면서 노인들은 사회에 적응하고 문제해결 능력을 위한 노인교육의 필요성이 증가할 것이다.

② 노인들은 사회보장에 대한 수혜적 복지서비스 확충을 통하여 해결하고자 하는 욕구가 증가할 것이며, 노인교육과 취업에 중점을 두는 정책변화로의 방향전환이 요구되고 있다.

또한 취미생활을 넘어서 안정적인 취업활동을 위한 다양한 자격증 취득과 전문적인 지식과 기술들을 습득하고자 하는 요구가 강해질 것이다.

(4) 노인교육에 대한 맞춤형 수요증대

① 고령사회는 개인적으로는 성공적인 노후를 보내기 위해서 노인교육의 중요성이 더욱 확대될 것이다.
또한 지역사회 노인들은 연령, 학력 정도, 소득 정도 등의 특성에 따라 다양한 유형의 노인교육 서비스에 대한 맞춤형 교육요구를 할 것이다.

② 자녀들의 부양의식 감소로 인한 노인들의 자립성이 필요하고 노동력의 감소로 인한 고령자 전문 인력 자원화의 필요성이 증가할 것이다.

③ 학령인구의 감소로 성인학습자가 전문대학 및 대학교, 사이버대학교의 새로운 교육자원으로 등장할 것이다.

④ 노인들의 사회적 참여 증가와 정치세력화의 확대 그리고 각종 노인단체의 정치적 압력단체화 가능성이 높아질 것이다.

(5) 온라인 학습화에 따른 질적 변화 추구

미래사회 패러다임 전환에 따른 인공지능사회에서 평생교육의 중요성이 부각된다. 공간제약 없이 언제 어디서나 쉽게 노인교육에 접근할 수 있고, 다양한 노인교육 콘텐츠 프로그램을 통해서 개인의 질적 변화를 추구할 것이다.

그리고 노인교육은 모든 노인이 자유롭게 학습할 수 있는 학습사회로 가야 할 것이다.

2. 노인교육의 욕구

1) 노인교육의 욕구

노인인구의 증가에 따라 노인들의 학습권 보장을 요구하는 욕구가 증가할 것이다. 인공지능 사회에서는 모든 연령층의 평생학습 사회를 요구한다. 평생을 통한 자기개발과 생존을 위해 다양한 전문 지식과 기술을 요구하고 있다.

또한 이제는 노인 스스로 노후에 대한 책임을 지고 성공적인 노년기를 보내기 위해서는 창조적이고 효율적인 자기주도 학습이 필수적이다.

사회에서 보는 노인에 대한 시각도 보호대상자의 성격이 아니라 사회를 위해 공헌하고 봉사할 수 있는 잠재력을 지닌 자원으로 보아야 한다는 시각이 대두되고 있다.

이러한 상황하에 맥클러스키(McClusky)는 노인들이 왜 교육에 참여하게 되며, 교육을 통해 무엇을 얻고자 하는가에 대하여 "노인문제에 대한 백악관회의"에 제출한 보고서에서 다음과 같이 다섯 가지의 교육 욕구를 제시한 바 있다(http://blog.daum.net/vip1234).

① **환경적응 욕구** : 노인들은 자신의 노화에 따라 능력과 지식이 감퇴하여 일상생활에 곤란을 겪게 되기 때문에 이를 만회하고 사회에서 정상적인 기능을 유지하기 위한 교육을 받으려고 한다.

② **표현적 욕구** : 노인들은 자발적인 신체운동과 사회적 활동 그리고 새로운 경험 그 자체로부터 만족감을 얻으려고 한다. 또한 노인들은 여러 가지 활동을 통해서 친구를 사귀고 그 친교관계를 장기간 유지시킴으로써 심리적 적응과 보다 높은 정신건강 수준의 유지를 바라고 있다.
그리고 노인들은 어떤 목적을 달성하기 위한 수단으로 참여하는 것이 아니라 활동 그 자체가 좋아서 참여하는 것이다.

③ **사회에 공헌하고자 하는 욕구** : 노인들은 새로운 교육을 통하여 어떤 기관이나 방향으로 자신의 에너지를 투입할 수 있는가에 대한 정보를 얻고 사회봉사활동에 필요한 기능훈련을 받음으로써 자신뿐만 아니라 다른 사람을 위해서 헌신하고자 하는 욕구를 가지고 있다.
그리고 쓸모 있는 사람이 되려는 소원, 의미 있는 역할을 찾으려는 소원, 타인에게 봉사하려는 소원, 새로운 능력을 발달시키려는 소원을 충족시키려는 욕구를 가지고 있다.

④ **영향을 주려는 욕구** : 노인들은 교육을 통하여 지역사회에 대해 자신들이 할 수 있는 사회적 역할, 개인적 또는 집단적 활동을 통한 기술훈련, 사회적인 지지, 그리고 그 활동에 대한 평가 등을 제공해 주려고 하는 욕구가 있다.
또한 노인들이 자신들을 위한 프로그램과 봉사활동을 하게 되면 자기 생활을 통제하고 조정 할 수 있는 더 많은 힘을 가질 뿐만 아니라 사회변혁에 참여할 수 있게 되는 것이다.

⑤ **초월적 욕구** : 노인들은 노년기에 현저하게 나타나는 신체적 퇴락을 경험하면서 신체적 젊음보다 더 중요한 인생의 본질적 의미를 찾으려 하는 욕구가 있다.
또한 개인적인 욕구나 욕망의 만족을 벗어나 자기를 초월하여 신에게 나아가고자 하는 욕구가 강하다.

3. 노인교육학의 학문적 성향과 변천

1) 노인교육학의 발전 과정

노인교육이 언제부터 생겨났는지 그 개념을 파악하기 위하여 교육학적 개념을 정리하면 다음과 같다(https://search.daum.net/백과사전).

(1) 페다고지(Pedagogy)

페다고지라는 의미는 정확하지는 않지만 아동을 안내한다는 뜻으로, 아동 및 청소년을 대상으로 19세기 전반까지 전통적 의미의 교육학적 학문의미를 내포하고 있다. 주로 공교육에 의한 학습방법과 학교를 중심으로 교사에 의해 이루어지는 교육방식이다.

(2) 안드라고지(Andragogy)

안드라고지는 1934년 베를린에서 로젠스톡(Rosenstock)이 처음으로 사용하였고, 1960년대에 본격적으로 사용하기 시작하였으며, 1977년 말콤 노울즈(Malcom S. Knowles)에 의해 페다고지의 원리와 실천이 성인교육에 적절하지 않다는 의미로 사용하면서 중요 개념으로 부각되기 시작하였다.

안드라고지라는 의미는 성인 학습자를 대상으로 하여 교육의 이론, 방법 따위를 연구하는 학문이며, 성인학습은 경험중심과 자기주도의 학습자중심으로 이루어지는 학습형태의 특징을 가지고 있다.

(3) 제라고지(Geragogy)

제라고지는 노인에 대한 교육이라는 의미로 여러 가지 학문을 통합하여 노인의 성공적 노화를 지지하고 행복한 삶의 주인공이 되도록 안내하는 학문이며, 미국에서 최초로 제라고지라는 용어를 사용하였다.

(4) 휴마나고지(Humanagogy)

휴마나고지는 인간의 학습이론을 의미하며, 개인의 경험과 학습상황에 의해 배우는 방식을 말한다.

(5) 트라이고지(Trygogy)

트라이고지란 페다고지와 안드라고지 및 제라고지를 합한 개념으로 아동, 청소년, 노인교육을 합성한 교육으로 세대를 초월하는 평생학습의 개념이다.

2) 노인교육의 역사적 변천

노인교육의 시작은 1919년 영국의 성인교육위원회가 제출한 보고서가 세상에 발표되면서 인간은 평생공부를 계속해야 한다고 강조하기 시작하였다. 이후 프랑스의 교육학자인 폴 랑그랑(Paul Langrand)이 주장한 생애교육론에서 시작하여 1965년 유네스코 성인교육 국제 위원회에서 평생교육을 강조하면서 노인교육이 전 세계적으로 사회적 지지를 얻기 시작하였으며, 1973년 유네스코 한국위원회에서 평생교육 발전을 위한 전국 세미나를 개최하며 한국에서 노인교육에 대한 본격적인 논의를 시작하게 되었다(http://blog.naver.com/PostView/두꿈학교).

노인교육의 세계적 조류를 타고 1980년에 헌법 제29조 제5항에 "국가는 평생교육을 진흥해야 한다"고 명문화되었고, 1981년 한국평생교육기구라는 지원단체가 만들어졌으며, 1982년 국회에서 사회교육법이 통과되어 노인교육은 사회교육법에 바탕을 두고 발전하기 시작하였다.

1995년 교육 개혁안에서 평생학습사회를 교육개혁 이념으로 설정하였고, 1999년 사회교육법이 평생교육법으로 개정되어 2000년 평생교육법 및 시행령이 제정되어 법적으로 제도화가 되었다.

당시 평생교육법 개정으로 노인 여가복지 시설 중 노인교실을 노인의 사회활동 참여 욕구를 충족시키기 위해 건전한 취미 활동, 노후 건강 유지, 소득보장 및 기타 일상생활에 관련된 학습 프로그램을 제공함을 목적으로 한 시설로 규정하게 되었다. 우리나라 노인학교는 1972년 종로 태화사회복지관에서 처음으로 시작되어 각종 노인단체, 사회봉사단체, 종교단체, 시민단체, 교육기관, 민간기관으로 확대되어 발전해 왔다.

3) 노인교육학의 실천원리

노인교육학을 구성하는 세 가지 노인교육의 실천원리를 살펴보면 다음과 같다(허정무, 2007 : 112-116).

(1) 노인을 위한 교육(Education for Older People)

노인을 위한 교육은 노인들로 하여금 보다 성공적이고 창조적인 노년기를 영위할 수 있도록 돕는 것을 목적으로 노인학습자들에게 노년기 생활에 필요한 지식과 정보, 노인들의 관심사와 취미, 취업과 봉사를 위한 지식과 기술, 사회변화에 적응하기 위한 정보와 학습지식 등에 관하여 체계적으로 교수하는 활동이다.

노인을 위한 교육 목적을 정리하면 다음과 같다.

① 노년기에는 자신의 위치를 확인하고 노인 및 노화의 특성을 정확히 이해하게 함으로써 노화에 대해 보다 효율적으로 적응하고 노년기에 요구되는 발달과업들을 성취할 뿐만 아니라 자신의 문제를 스스로 해결해 나갈 수 있도록 도와주어야 한다.

② 노인들로 하여금 사회의 변화를 이해하고 적응할 수 있도록 도우며, 노인들도 변화하는 사회에 한 일원으로서 능동적으로 참여할 수 있도록 도와주어야 한다.

③ 노인들의 학습과 자기개발에 대한 욕구를 충족시킬 수 있도록 인간으로서 당면한 지속적인 자기개발과 학습의 기회를 제공해 주어야 한다.

④ 교육의 장을 통하여 노인들이 보다 다양한 인간관계를 구축하고, 정보교

환을 위한 대인관계망을 확대시킬 수 있도록 도와주어야 한다.

⑤ 교육에의 참여를 통하여 노인들로 하여금 보다 적극적이고 능동적인 삶의 태도를 고취시킬 수 있도록 도와주어야 한다.

⑥ 노인들의 사회참여와 취업에 필요한 지식과 기술을 제공함으로써 노인들이 경제적으로 자립하고 사회에 능동적으로 참여할 수 있도록 기회를 제공해 주어야 한다.

(2) 노인에 관한 교육(Education about Older People)

노인에 관한 교육은 노화과정과 노인의 특성에 관한 다양한 지식과 정보들을 제공함으로써 젊은 세대들로 하여금 노인을 보다 깊이 이해할 수 있도록 하고, 미래에 그들 자신에게 다가올 노화에 대하여 적절하게 대비할 수 있게 하며, 노화과정에 보다 잘 적응할 수 있도록 돕고, 노인과 관련된 직업에 종사하는 사람들에게 노인을 보다 잘 이해할 수 있도록 도움을 주는 데 있다.

노인에 관한 교육 목적을 살펴보면 다음과 같다.

① 인간의 전 생애에 걸친 발달에 관한 지식과 이해의 확대를 통하여 세대 간의 갈등예방을 위해 이해 증진에 도움을 주어야 한다.

② 노인의 다양한 특성과 노화과정에 관한 지식의 습득과 이해를 통하여 각자 자신의 노후에 대하여 보다 구체적이고 합리적인 준비와 계획을 실행할 수 있도록 돕는 데 있다.

③ 은퇴 전 준비교육과 은퇴 후의 교육에 대한 지식과 정보 등을 제공함으로써 은퇴 후 생활에 관한 구체적이고 실질적인 계획을 세우고 그 변화에 능동적으로 적응해 나갈 수 있도록 도움을 주는 데 있다.

④ 노인이 되면 현재 자신에게 일어날 변화들에 대하여 보다 깊은 이해를 가지게 함으로써 현재의 생활과 향후 노화의 진전에 따른 변화에 보다 잘 적응해 나가도록 도움을 준다.

⑤ 인생 재도전을 위해 노인과 관련된 직업에 종사하는 이들에게 노인에 관

한 올바른 지식과 이해를 제공함으로써 그 분야에서의 직업적 성과와 효율성을 제고하고 노인들에게 보다 나은 서비스를 제공할 수 있도록 지원한다.

(3) 노인에 의한 교육(Education by Older People)

노인에 의한 교육은 노인들이 가진 지식, 기능, 경험, 장인정신을 통하여 후세대의 교육과 지역사회의 발전에 공헌 및 기여할 수 있도록 도움을 주는 데 목적이 있다.

구체적인 노인에 의한 교육 목적을 살펴보면 다음과 같다.

① 노인들로 하여금 자신의 경험과 기술, 전문성, 지식, 장인정신을 활용하여 사회에 기여할 수 있는 기회를 제공함으로써 삶의 보람과 자신의 가치를 발견할 수 있는 기회를 주는 데 목적이 있다.

② 노인들이 교육활동과 지역사회활동에 적극적으로 참여함으로써 사회에 대한 소속감과 참여의식을 갖도록 하는 데 있다.

③ 젊은 세대들에게는 노인들로부터 역사적 시각과 구체적인 역사적 지식, 그리고 그들이 아직 경험하지 못한 시기의 구체적인 삶과 경험을 배울 수 있는 기회와 인생을 보는 시각을 제공하는 데 있다.

④ 지역사회에서는 풍부한 인적자원을 제공받을 수 있을 뿐만 아니라 그 인적자원의 활용을 통하여 지역사회의 부족한 부분들까지 영향을 미치게 할 수 있으며, 사회 구성원들 간의 연대의식을 구축하는 데 목적이 있다.

핵심정리

1. 노인교육의 필요성

① 급속한 사회변화로 인하여 사회적응과 소통이 필요하다.

② 평균수명의 연장으로 인하여 평생교육을 통하여 자기개발을 해나가야 한다.

③ 노년기에는 다양한 학습을 통한 지식을 요구하고 있다.

④ 노년기에는 모든 삶의 측면에서 사전 위기예방 목적으로 교육이 필요하다.

⑤ 인생 재도전을 위한 삶의 질 향상을 위해 노인교육이 필요하다.

2. 노인교육의 욕구

① 환경적응 욕구

② 표현적 욕구

③ 사회에 공헌하고자 하는 욕구

④ 영향을 주려는 욕구

⑤ 초월적 욕구

3. 노인교육학의 실천원리

① 노인을 위한 교육(education for older people)

② 노인에 관한 교육(education about older people)

③ 노인에 의한 교육(education by older people)

04 CHAPTER 노인교육의 철학과 죽음학

1. 노인교육철학의 유형

성인교육이 실질적으로 학문으로서 기본과 철학을 가지고 있는지에 따라 성인교육의 철학이 갖는 의미는 매우 크며, 역사적 흐름의 발전 속에 평생교육적 차원에서 노인교육 철학을 정립하는 데 그 의미가 있다. 성인교육 철학유형의 변천을 살펴보면 다음과 같다.

① 인문주의 성인교육

고대 그리스 철학자 소크라테스(Socrates)에서 아리스토텔레스(Aristoteles)에 이르기까지의 철학이론과 종교와 관련된 교육이론을 중심으로 고전읽기 운동 등을 통해서 선량하고 인성을 만드는 교양 교육적 의미로 자유로운 학습과 지식의 습득과 능력 개발 등을 강조하고 있다.

② 진보주의 성인교육

산업혁명 이후 20세기까지 산업화의 발달과 더불어 미국의 새로운 교육운동의 주축으로 교육 혁신운동, 민주화 운동, 과학운동으로 발전하면서, 교양주의와 실용주의 조화를 통한 학습자 교육을 중시하면서 경험 중심교육, 직업교육, 민주주의 교육 등과 같은 개념이 강조되어 인문학의 영향력이 감소하였다.

③ 행동주의 성인교육

철학과 과학의 영향으로 모든 행동은 인생경험 근거에서 출발하고 있고, 교사의 역할이 중심이 되면서 통제, 행동변화, 강화학습 등이 강조되고 있다. 따라서 행동주의 성인교육은 능력중심의 교사교육에 의해 학습자의 영향이 미치게 되고, 이로 인하여 행동주의적 교육은 인간 행동이 기계적이며, 개개인의 자유와 행동의 선택이 없고, 창의성이 없다는 비판을 받고 있다.

④ 인본주의 성인교육

인본주의 교육은 개개인 학습자에게 초점을 맞추어 학습자의 지적인 발달을 중시하고 있고, 일반 교양교육에서부터 고전, 역사, 철학, 종교학, 윤리학, 사회학, 심리학, 과학의 학습을 중요시하고 있다. 또한 자율적인 학습환경과 능동적인 참여를 통해 자기 주도적 학습을 강조하고 있다.

⑤ 급진주의 성인교육

급진주의 성인교육은 마르크스주의, 사회주의 등을 역사적 근거로 두고 있으며, 억압받는 사람들을 급진적으로 의식화시키는 것이 진정한 교육이라는 의미로 강조되고 있고, 성인학습자의 행동의 변화를 불러내는 과정을 학습의 개조과정이라고 지칭하면서 학습의 의식화와 정치화의 필요성을 주장하고 있다.

⑥ 분석주의 성인교육

분석주의 성인교육은 논리주의와 과학 실증주의에 근거를 두고 있으며, 추상적이고 형이상학적인 부분을 배격하고 모든 과학과 일상적 지식의 개념을 분석적으로 밝히는 것을 강조하고 있다.

2. 죽음학의 기초

1) 노인 죽음의 역사

죽음에 대한 관심은 인류의 역사와 함께 시작하였다. 고대 로마시대에는 노인을 '폰타니'라고 불렀고, 이 말의 의미는 나이든 노인을 다리에 데리고 가 강물에 밀어 죽여버렸던 것을 뜻한다. 이는 로마제국에서 행해진 더럽고 비인간적인 행위로 멸망의 한 원인이었다.

또한 고대 그리스에서는 60세가 된 노인을 집단 음독시켜 살해하였고, 게르만 고대 법률에서도 일정 노령에 이르면 천길 벼랑에서 떼밀어 죽인다는 제도가 있었으며, 우리나라 조선 초 문헌 '용재총화' 기록에 의하면 여진인들은 부모가 늙으면 가죽포대에 담아 나무에 걸어 매고 활을 쏴서 살해하였다라고 기록이 나와 있다.

이처럼 고대국가 시대에는 비생산적인 노인을 살해하는 풍습이 관습화 되었고, 식량의 부족이 악습의 원인이 되었다.

그러나 공자는 '한 나라의 생김새가 제대로 되어 있나'를 알고자 한다면 노인을 얼마나 우대하는지 봐야 한다고 했다.

현대에 이르러 세계대전 후 실존주의자들이 죽음에 대해 관심을 갖게 되었으며, 프로이드(Freud)는 '삶이란 삶과 죽음의 두 본능 간의 투쟁이다'라고 주장하였고, 하이데거(Heidegger)는 '죽음은 노인이 도달해야 할 마지막 역이 아니라, 우리가 실존으로서 자기를 자각하는 적극적인 기회이다'라고 주장하였다.

1970년대 이후 퀴블러로스는 인간의 죽음의 5단계를 주장하였다.

2) 죽음의 정의 및 인식

(1) 죽음의 정의와 이해

죽음은 각 나라마다 국가의 환경, 개인들의 가치관 및 이념, 성격 및 생태, 종교 및 철학 등 여러 조건에 따라 다르게 느끼기 때문에 죽음에 대한 개념을 정의 내리기가 쉽지 않다.

세계보건기구(WHO)에서는 죽음을 '소생할 수 없는 삶의 영원한 종말'이라고 정의하였다. 죽음에 대한 정의를 다양한 시각에서 살펴보면 다음과 같다.

① 의학

심장 및 호흡기능과 뇌 반사의 정지 또는 손실을 죽음이라 말한다.

② 법학

죽음이란 혈액순환의 완전한 정지와 호흡이나 맥박과 같은 생명기능의 정지를 말한다.

③ 종교적 이해

각 나라마다 죽음에 대한 문화적 인식과 종교적 가치관이 각각 다르지만, 영적인 관점에서의 죽음은 영혼과 육체의 분리로 생명의 원리로서의 초월적인 어떤 것이 육체를 떠나는 것이 죽음이다.

④ 심리적 이해

심리학적으로 죽음이란 어떤 사람이 완전히 자기 자신의 내면으로 몰입되어 어떠한 타인과의 인간적인 접촉도 원하지 않는 것을 말한다.

⑤ 과학적 의미

기존의 과학적 입장으로는 심장이 뛰지 않으면 사망이라고 하였으나 최근에는 인공적 기계에 의해 심장이 뛰게 하는 기술이 있어, 육체적으로는 아직 살아있는 것이지만 정신적으로는 이미 사망한 것을 말한다.

(2) 죽음의 인식

인간은 죽음 앞에 두려울 수밖에 없다. 그러나 삶에 대한 태도가 긍정적이거나 교육수준이 높거나 종교생활을 하고 있는 사람은 죽음에 대한 불안 인식이 낮은 것으로 나타났다.

하지만 인간의 죽음이라는 것은 두려움과 부정적 변화를 가져오게 한다.

① 미지에 대한 두려움으로 나는 어디로 가고 있는가에 대한 두려움이 있다.
② 외로움에 대한 두려움으로 혼자 죽음을 맞는 것이다.
③ 가족과 친구의 상실에 대한 두려움이다.
④ 육체의 상실과 무력감에 대한 두려움이다.
⑤ 고통과 괴로움에 대한 두려움이다.

⑥ 정체성 상실에 대한 두려움이다.
⑦ 자기조절 능력의 상실에 대한 두려움이다.

(3) 좋은 죽음의 인식

① 고통 없이 편안하게 죽는 죽음이다.
② 자신의 죽음을 예상하거나 임종할 곳을 선택할 수 있는 죽음이다.
③ 임종 시 함께 할 수 있는 사람을 선택할 수 있는 죽음이다.
④ 자신의 요구에 따라 맞을 수 있는 죽음이다.
⑤ 노환으로 사망하는 것과 90세 이후에 죽음을 맞이하는 것이다.
⑥ 죽음에 대한 인지와 유언을 남기고 집에서 임종을 맞이하는 것이다.

3) 죽음에 대한 자각

① 노인들은 본인 생명에 대해 의미와 가치를 두지 않으며, 미래가 제한 있다는 것을 인정하고 있다.
② 노인들은 인생을 충분히 살았다는 인식과 이제는 남은 인생을 부담 없이 산다는 것을 의미하고 있고, 죽음과 연관 짓는다.
③ 노인들은 살아오면서 다른 사람들의 죽음을 지켜보면서 자신의 죽음에 대해서도 묵묵히 받아들인다.
④ 실제 자신도 때가 되면 죽으리라는 것을 알지만 현실적으로 실감을 느끼지 못하고 죽음을 잊고 산다는 것이다.

4) 죽음의 5단계

엘리자베스 퀴블러로스(Elisabeth Keubler-Ross)는 인간의 죽음의 5단계를 주장하였는데 죽음에 대한 환자의 심리 상태를 부정, 분노, 타협, 우울, 수용의 단계로 설명하고 있다(http://cafe.daum.net/crestcell).

① **부정(denial)단계** : 죽음에 자신을 내맡기기를 거부하고 부정하여 스스로

고립상태에 빠지는 단계이다.

이 단계는 자신의 병이 치유될 수 없다는 사실을 알게 되면 이를 곧 죽음과 연결시키고 충격을 받게 되며, '나에게 그런 일이 일어날 수 없어, 난 믿을 수 없어', '내가 그럴 리 없어', '나는 아니야', '내가 왜?' 등의 정서적 반응을 보이게 된다.

② **분노(anger)단계** : 왜 하필 자신에게 이러한 일이 일어나게 되었는지에 대해 분노를 표현하는 단계로, 병의 증세가 드러나게 되어 부정을 더 유지할 수 없을 때 분노와 사나움, 원망 등의 감정으로 대체된다. '왜 하필 내가 죽어야 해', '말도 안 돼' 등이 나타나는 단계이다.

③ **타협(bargaining)단계** : 죽음을 연장시키기 위한 타협을 하는 데 노력하는 단계이다. '어쩔 수 없지', '고칠 수도 있겠지', '그래도 도망갈 길은 있겠지' 등이 나타나는 단계이다.

④ **우울(depression)단계** : 부정과 고립, 분노, 협상의 단계로 이후에 체념과 절망이 섞인 우울 상태로 나타나고 '나에게도 이럴 수가 있구나', '나를 도와줄 구세주는 없는가' 등이 나타난다.

⑤ **수용(acceptance)단계** : 어떤 노력을 해왔을 때 환자는 우울감도 분노도 느끼지 않고 죽음을 받아들여 평온 중에 죽음을 맞이하는 단계이다.

'이제 떠날 시간이다', '죽어야 하는가 보다', '왔으니 가야 하는 거겠지' 등이 나타난다.

3. 죽음과 호스피스

1) 죽음준비교육

(1) 죽음준비교육의 필요성

① 불안을 최소화시키기 위해서이다.

② 인간의 생명과 존엄성 회복을 위해서이다.

③ 인생의 가치를 재발견하고 새로운 삶을 준비하기 위해서이다.
④ 사회적인 자살을 막기 위해서이다.

(2) 죽음준비의 교육목적

① 죽음에 대하여 인생의 가치를 알게 하고, 자신의 죽음에 대하여 미리 준비하도록 도움을 주기 위해서이다.
② 죽음에 대한 두려움을 없애기 위해서이다.
③ 죽음에 대한 의학적, 법적, 윤리적 문제가 무엇인지를 가르치는 것이다.
④ 자신의 죽음에 대해 아름답게 준비하고 선택하도록 격려하는 것이다.
⑤ 인생의 가치를 재발견하도록 도와주고 남은 여생을 어떻게 보낼 것인지를 일깨워 주기 위한 것이다.

(3) 죽음준비교육의 원칙

① 개인의 자아성찰과 반성을 촉진시키고 죽음에 대한 의식변화 교육이 필요하다.
② 개인의 삶에 대한 용기와 희망을 제공하기 위해 교육이 필요하다.
③ 남은 여생을 후회 없이 만족스럽게 보내기 위해 교육이 필요하다.
④ 죽음을 긍정적으로 수용하고 공감할 수 있도록 지원교육이 필요하다.

결국 죽음준비교육이란 현재의 삶을 의미 있게 살아가도록 안내하고, 삶의 반성을 통하여 소중한 가치를 창출하여 꿈을 되찾게 하는 것이 주된 목적이다.

2) 사별 및 유가족 관리

(1) 기간별 사별관리

사별관리는 사별가족들이 슬픔과 상실의 위기를 극복하고, 질병을 예방하며, 성숙한 새로운 삶으로 살아가도록 돕는 것이다.

또한 사별관리는 사별 후의 감정들을 표현하고 수용하도록 돕고, 고인을 잘 추모할 수 있도록 하며, 신체적, 정신적 건강을 잘 관리할 수 있도록 지원한다.

그리고 정상적인 슬픔 반응과 사별 과정을 교육시키고, 개인마다 다른 증상과 단계에 따라 돌봄을 제공하면서 사별 후 변화된 생활에 대해 대처 능력을 향상시켜 주고, 삶의 의미를 다시 재창조할 수 있도록 영적인 활동을 격려해 준다.

기간별 사별관리 단계를 살펴보면 충격, 반항, 혼란, 재조정 단계로 나누어 진다.

① 충격의 단계(shock stage)

이 단계는 사별에 대한 충격 단계로 몇 시간에서부터 몇 달 지속이 된다. 장례식에 참석하여 사별가족과 함께 동반하고 사별가족을 보호해 주어야 하고, 형식적인 위로의 말보다 실질적인 지지와 도움을 제공해야 한다.

② 반항의 단계(protest stage)

반항의 단계는 사별 후 약 3개월 정도 지속된다. 슬픔의 감정을 표현하도록 기회를 제공해야 하며, 해결되지 않은 문제를 알아보고, 특별한 관심과 건강검진을 받도록 지원해 준다.

③ 혼란의 단계(disorganization)

혼란의 단계는 3~6개월 동안 지속된다. 위축되고 도움을 추구하지 않으려 하므로 더욱 적극적인 관심과 지지가 필요하다. 유가족이 자살에 대한 결단을 하지 않도록 도움을 주고, 자조모임에 참여하도록 안내하며, 지속적인 관심을 가져야 한다.

④ 재조정의 단계(reorganization)

재조정 단계는 6개월에서 2년간 지속된다. 유가족이 새로운 활동에 참여하고, 새 친구를 사귀며, 새로운 흥미와 취미를 찾도록 격려하고 안내해 주며, 인생을 새롭게 시작할 수 있도록 동기부여가 필요하다.

(2) 사별 후 유가족의 문제

오랜 세월 같은 생활을 해오면서 어느 날 갑자기 죽음을 맞이하는 가족이 있다면 고인에 대한 그리움과 허전함, 잘해주지 못한 죄책감 등이 있을 수 있다.

또한 자신의 신체적 고통 수반과 더불어 우울증 발생과 자녀들의 교육 및 경제적인 문제, 유산분배 문제, 종교생활의 회의감과 상실감 문제, 재혼문제 등 다양한 문제 등이 발생할 수 있다.

(3) 임종환자와 가족의 심리적 욕구

임종환자의 심리적인 욕구를 살펴보면 다음과 같다.

① 임종환자는 가족과 함께 가능한 한 익숙한 장소에서 임종을 맞고 싶어 하는 욕구가 있다.
② 임종환자는 마지막까지 자신의 추한 모습을 보여주기 싫어 하고 가능한 한 통증을 느끼지 않고 줄이고자 노력한다.
③ 가족 중에 자신의 이야기를 가장 잘 들어주고 대화할 대상자를 필요로 한다.
④ 자신의 문제를 자신이 결정하고 싶어 한다.
⑤ 유가족에게 사후 다가올 변화에 대하여 고민하고 대안을 계획하려 한다.
⑥ 죽는 순간까지 인간의 존엄성을 유지하고 품위 있게 죽고 싶어 한다.
⑦ 자신의 슬픈 감정을 표현하면서 심리적 위로와 지지를 받고 싶어 한다.

그리고 임종환자의 가족에 대한 심리적인 욕구를 살펴보면 다음과 같다.

① 가족들은 항상 임종환자 옆에 같이 있고 싶어 한다.
② 임종환자에게 마지막까지 잘해주지 못한 미안한 마음이 있어 도움을 주고 싶어 한다.
③ 임종환자의 신체적 고통이 경감되기를 바라면서 정신적 평안을 확인하고 싶어 한다.

④ 가족은 임종의 시기를 알고 싶어 한다.

⑤ 가족들도 주변 사람들로부터 위로와 지지를 받고 싶어 한다.

3) 호스피스

(1) 호스피스의 정의와 역사

호스피스라는 개념과 역사는 보는 시각과 학자마다 그 정의가 다양하지만 주요 내용을 살펴보면 다음과 같다(http://blog.naver.com/목련메모리얼파크).

먼저 호스피스의 어원은 라틴어에서 파생되었는데 host와 guest가 합쳐진 합성어로 '사랑으로 영접하고 보살핀다'라는 의미이다. 또한 'hospitium'이라는 말은 '손님을 맞이하는 장소, 나그네가 쉬어가는 집'이라는 말에서 기원하고 있다.

또한 현대적 의미의 호스피스 개념은 영국 여의사 시실리 손더스(Cicely Saunders) 여사에 의해 시작되었으며, 웹스터 사전(1972)에는 '여행자를 위한 숙소, 또는 병자, 가난한 사람들을 위한 집'이라고 정의 내리고 있다.

미국의 호스피스협회(NHO : National Hospice Organization)에서는 호스피스란 말기환자와 가족에게 입원간호와 가정간호를 연속적으로 제공하는 프로그램이라고 정의하고 있으며, 호스피스란 죽음을 앞둔 말기 임종환자들을 대상으로 신체적, 정신적, 사회적 도움을 제공하며, 죽음을 긍정적으로 받아들여 평안한 가운데 임종을 맞이하도록 도와주는 지원활동이라고 정의를 내리고 있다.

(2) 호스피스의 목적

호스피스의 주요 목적은 다음과 같다.

① 임종 말기환자들의 통증완화와 고통완화 역할을 지원해 준다.

② 임종환자들이 죽음에 대한 충격과 혼란을 최소화할 수 있도록 평안한 환경을 조성해 준다.

③ 죽음에 대한 불안과 두려움을 경감시키기 위해서 신체적 지지와 정신적

지지, 영적인 지지를 지원해 준다.

④ 죽음을 긍정적으로 받아들일 수 있도록 전환시켜 주고 임종 시까지 준비 지원해 준다.

⑤ 사후 유가족이 겪는 슬픔과 상실감의 고통을 줄여주고 다양한 환경의 스트레스에 잘 적응하도록 도움을 지원해 준다.

(3) 호스피스 프로그램의 목적

인간은 죽음 앞에서 피할 수 없고, 언제 죽는지도 알 수 없으며, 죽음은 누구도 미리 경험하거나 대신 죽을 수 없는 것이다.

따라서 호스피스 교육 프로그램이 필요하며, 이를 위한 목적은 다음과 같다.

① 임종환자의 남은 삶이 6개월 미만인 환자를 돌보기 위해 프로그램이 필요하다.

② 호스피스 프로그램은 임종환자와 유가족에게도 돌봄 관리 지원에 초점을 맞추고 있다.

③ 임종환자의 통증과 고통을 경감하는 데 초점이 맞춰져 있다.

④ 임종환자와 유가족에 대한 전문가 팀워크 서비스를 다양하게 제공하기 위해서이다.

⑤ 임종과정 동안 슬픔과 위로, 지지에 대한 상담 서비스를 제공하고 유가족에게 다양한 지원서비스를 제공하기 위해서이다.

(4) 우리나라 호스피스의 현황

미국은 1974년 가정 호스피스에서 시작하였고, 일본은 1981년 호스피스 병동 서비스가 시작하였다. 우리나라는 1965년 강원도 강릉 작은 마리아의 작은 자매회 수녀들이 갈바리 의원을 세워 임종환자들을 간호하기 시작하면서 출발하였다.

또한 1981년 카톨릭대학교 의과대학과 간호학과 학생들 중심으로 호스피스 활동 시작과 함께 1982년 강남성모병원에서 암환자 중심으로 호스피스 활동이 본격적으로 시작되었다. 특히 1988년 강남성모병원 10병상 호스피스 병동설립과 1991년 민간 한국호스피스협회가 결성되었고, 1992년에는 이화여자대학교 간호대학에서 가정 호스피스 활동이 시작되었다.

그리고 1990년 이후 카톨릭복지회에서 가정 호스피스, 샘물 호스피스가 활동하기 시작하였고, 대구 동산병원도 호스피스병동이 시작되고 확산하였다. 최근에는 60여 개 호스피스 기관들이 활동하고 있다.

(5) 호스피스 대상자의 특성

임종환자의 신체적 특성을 살펴보면 다음과 같다.

임종환자는 말기환자로서 신체적 능력이 떨어지고, 소변량이 감소하며, 의식이 점차 흐려지고, 극도의 불안상태가 진행되며 음식과 수분의 섭취량이 감소한다. 또한 호흡이 불안정하며, 맥박이 느려지고 기억력이 흐려지면서 오감각이 떨어진다.

그리고 임종환자의 사회경제적 배경으로 오랜 기간 동안 투병생활을 하면서 경제적 비용에 대한 어려움과 막대한 치료비 등의 지출로 어려움을 호소하고 있다. 아울러 재산상의 어려움으로 인한 이사, 자녀의 학업중단, 직업 중단으로 인하여 경제적인 부담이 가중되고 있다.

(6) 호스피스 지원 서비스

① 임종환자와 유가족에 대하여 안정되고 평안한 환경조성을 지원한다.
② 임종에 대하여 긍정적으로 인식을 전환해 준다.
③ 전문가적인 팀 구성을 통해 통합적인 서비스를 지원한다.
④ 통증완화를 위해 다양한 요법을 적절히 지원한다.
⑤ 임종환자와 가족들을 심리적, 정서적으로 지지해 준다.
⑥ 종교적인 영적 지지를 제공한다.
⑦ 가족 케어자에도 교육지원을 한다.
⑧ 유가족들에게 다양한 사후 서비스를 제공하고 지원한다.

(7) 호스피스 유형

① 병동 호스피스

병원 내 병동 호스피스는 확보된 병동에서 호스피스 활동으로 응급 시 빠른 대처를 한다.

② 병원 내의 산재형 호스피스

병원 내 호스피스 팀으로 구성하고 주로 내과병동과 암 병동에 입원하지만 서비스가 한정되어 심리적으로 불안감이 야기될 수 있다.

③ 독립형 호스피스

병원 내에 호스피스 서비스 외에 별도의 독립적 서비스를 받지만 재정적 비용이 문제이다.

④ 가정 호스피스

환자가정을 직접 방문하여 환자와 그 가족을 지원해 주는 서비스 형태이다. 그렇지만 비용이 적게 들고 임종환자는 자신의 집이라는 편안한 환경에 있을 수 있지만 가족의 부담이 너무 크다.

⑤ 시설 호스피스

병원이나 가정에 있을 수 없는 환자를 위해 마련된 시설의 형태로 간호사가 24시간 상주하며 돌보게 되는 시설 서비스이다.

⑥ 주간보호 호스피스

임종환자가 낮 동안 주간보호센터에서 호스피스 서비스를 받고 저녁에는 가정이나 병원으로 돌아가는 형태의 시설이다.

⑦ 혼합형 호스피스

이상의 호스피스 서비스를 두 가지 이상 제공하는 혼합운영 형태의 시설이다.

(8) 호스피스의 활성화 방안

우리나라 호스피스의 활성화 방안을 살펴보면 다음과 같다.

① 호스피스에 대한 법적, 제도적인 개선이 필요하다.
② 각 교육시설이나 기관 단체에서 죽음준비교육이 필요하다.
③ 호스피스에 대한 관심과 홍보, 이용 서비스에 대하여 정보를 제공해야 한다.
④ 호스피스에 대한 원스톱 네트워크를 구축하고 서비스 비용을 낮춰야 하며 프로그램들이 전문화·다양화되어야 한다.
⑤ 호스피스 전문가를 질적으로 양성해야 한다.

핵심정리

1. 죽음의 5단계(퀴블러로스)

① 부정단계
② 분노단계
③ 타협단계
④ 우울단계
⑤ 수용단계

2. 죽음준비의 교육목적

① 죽음에 대하여 인생의 가치를 알게 하고, 자신의 죽음에 대하여 미리 준비하도록 도움을 주기 위해서이다.
② 죽음에 대한 두려움을 없애기 위해서이다.
③ 죽음에 대한 의학적, 법적, 윤리적 문제가 무엇인지를 가르치는 것이다.
④ 자신의 죽음에 대해 아름답게 준비하고 선택하도록 격려하는 것이다.
⑤ 인생의 가치를 재발견하도록 도와주고 남은 여생을 어떻게 보낼 것인지를 일깨워 주기 위한 것이다.

3. 호스피스의 활성화 방안

① 호스피스에 대한 법적, 제도적인 개선이 필요하다.
② 각 교육시설이나 기관 단체에서 죽음준비교육이 필요하다.
③ 호스피스에 대한 관심과 홍보, 이용 서비스에 대하여 정보를 제공해야 한다.
④ 호스피스에 대한 원스톱 네트워크를 구축하고 서비스 비용을 낮춰야 하며 프로그램들이 전문화·다양화되어야 한다.
⑤ 호스피스 전문가를 질적으로 양성해야 한다.

05
CHAPTER

노인에 대한 심리학적 이해

1. 노인의 심리학적 의의

1) 노인의 욕구

노인의 욕구는 사회적, 경제적, 신체적, 심리적, 정신적 욕구로 나누어 볼 수 있는데 주요 특징은 다음과 같다.

① 사회적 욕구

정년퇴직이 되면 사회로부터의 역할 상실이 나타나므로 노인들이 자신의 역할을 확인할 수 있는 사회적 요구가 증대되고 있고, 가족 내에서도 노인의 역할이 감소하면서 다양한 고통이 나타나고 있다.

② 경제적 욕구

은퇴 이후 규칙적인 소득이 상실되어 생활고로 인한 많은 문제점이 나타나고 있다. 노후에 안정적인 생활을 할 수 있도록 국가나 지방정부가 앞장서서 사회보장지원 제도를 정착화해야 하고, 개인적으로도 연금과 보험 등을 통해서 경제적인 안정대책을 세워야 한다.

③ 신체적 욕구

노화로 인하여 모든 신체적인 기능의 쇠퇴로 많은 질병이 발생하고, 일상 생활 수행능력이 떨어져 삶의 질이 떨어지며, 신체적 고통과 각종 노인병에 시달리게 된다. 신체기능 노화를 지연시키고, 활력 있는 삶과 건강을 유지할 수 있는 프로그램 개발이 필요하다.

④ 심리적 욕구

가족이 해체되고 지인이나 친구, 배우자가 사별했을 때 상실감과 소외감이 발생되어 이겨나갈 수 있는 심리적 지지가 필요하고, 아울러 고립과 외로움을 극복해 나갈 수 있는 정서적 지지가 필요하다.

⑤ 정신적 욕구

노화가 발생되면서 인지적 기능이 떨어져 판단력과 기억력에 문제가 발생하여 도움을 줄 수 있는 정신적 의존 대상이 필요하다. 특히 도움을 필요로 할 때 도움을 얻지 못하면 무력감에 빠질 수 있다.

2) 노년기의 심리적 특성

노년기가 되면 나타나는 심리적 특성을 살펴보면 다음과 같다.

① 연령증가에 따라 지적 능력이 떨어진다.
② 노년기가 되면 신체적 능력과 문제해결 능력이 떨어져 성격적 특성의 변화가 발생한다.
③ 노화로 인한 개인 적응능력이 떨어지고 신체적 질병과 경제적인 어려움, 배우자의 죽음, 가족과 사회에서의 고립감, 지나온 세월에 대한 회환 등으로 인하여 우울증이 증가한다.
④ 노화로 인하여 사회성이 떨어지고 새로운 도전을 거부하면서 내향성과 수동성이 증가한다.
⑤ 노화가 진행될수록 남성과 여성의 성역할 변화가 발생한다.
⑥ 과거 고착형의 생활과 자기만의 고집이 강해져 경직성이 증가한다.
⑦ 노인이 될수록 조심성이 증가한다.
⑧ 노인이 되면 오랫동안 사용한 물건과 친근한 사물에 대한 애착심이 강해진다.
⑨ 세상에 다녀갔다는 흔적을 남기려는 욕구로 유산을 남기려는 경향이 강하다.

⑩ 노인들은 신체적 및 경제적 능력의 쇠퇴로 인하여 의존성이 증가하고 있다.

3) 노년기의 심리장애

노인들이 겪는 심리장애는 다양하게 나타난다.

① 우울증

노화로 인하여 나타나는 자연스러운 현상이지만 신체적, 정신적 상실감과 무력감, 소외감, 질병의 고통, 경제적인 어려움 등으로 인하여 우울증에 빠지기 쉬우며, 심한 경우 자살충동을 동반한다.

② 양극성 장애

노년기에 조증과 우울증이 서로 혼합하여 발생하는 경우가 많으며, 신체적, 심리적, 정신적 장애와 밀접한 관련이 있다.

③ 정신분열증

노년기에 뇌 기능의 상실과 살아오면서 충격적 사고로 인하여 횡설수설하거나 환각이나 환청 등 지각과정의 이상, 현실을 왜곡하는 망상, 왜곡된 기억 등이 나타난다.

④ 망상장애

노년기에 지나치게 편집적이거나 회피적이며, 분열성 성격장애를 보이는 사람이 망상장애로 흔히 나타나며, 감각 기능의 손실과 배우자의 죽음이나 실직과 같은 심리 사회적 스트레스 등으로도 발생된다.

⑤ 불안장애

노년기 불안장애는 주로 무력감과 상실감으로 나타나며, 무슨 나쁜 일이 곧 일어날 것 같은 두려움과 초조감, 가슴이 답답하고 숨이 가빠지고 심장이 두근거리는 등의 신체증상도 나타난다.

⑥ 성격장애

노년기에 나타나는 성격장애는 매사에 부정적이고 잘난 체하면서 자기 도취적이며, 반사회적 성격을 가지고 있고, 다른 사람의 권리를 무시하며 죄책감 없이 다른 사람들을 이용하고 배신을 잘하는 성격 등이다.

4) 노인들의 장애극복 지원 서비스

① 자존심에 상처를 주지 않는다.
② 늘 칭찬을 하면서 의욕을 북돋아 준다.
③ 노인들이 원하는 욕구를 충족하도록 노력해 준다.
④ 노인들의 이야기를 잘 경청하고 신뢰와 진실감으로 대해준다.
⑤ 노인들을 인정해 주고 지지해 주고 이끌어 주면서 대화를 잘 주고받는다.

2. 노년기와 자살

1) 노년기의 정신건강 및 장애

노년기가 되면 정신건강 유지를 위해서 감정의 균형이 필요하지만 50대 이후에는 은퇴 전후로 인한 스트레스와 소외감, 경제적 어려움, 자녀교육 및 결혼, 노부모 간병, 건강에 대한 스트레스, 질병, 고독, 죽음에 대한 고민이 가중되어 정신적인 고통을 느끼게 된다.

2) 노년기의 정신적 질병

노년기에 찾아오는 정신적인 질병에는 치매와 우울증, 불면증, 불안, 자살, 고립과 고독 등이 찾아온다.

3) 노년기의 우울증

노년기가 되면 다양한 일상생활의 변화로 인하여 상실감이 나타나고, 뇌기능의 저하로 인지능력이 떨어지며, 질병과 경제적 소득에 대한 고통으로 우울증이 심각하게 나타난다.

따라서 자신의 정신과 육체적 건강을 잘 돌보고, 우울증 증상을 잘 이해하고 지지해 줄 수 있는 가족과 함께 거주하여 자살의 위험으로부터 보호를 받아야 하며, 신체 운동을 통하여 몸을 활동적으로 유지하고 걷기를 자주하며, 햇빛을 쬐면서 마음의 평정을 찾기 위해 노력해야 한다.

4) 노년기의 우울증 자가진단

① 거의 매일 우울한 기분이 지속 반복된다.
② 일상생활이 무기력하고 흥미와 즐거움이 없다.
③ 신체의 체중에 변화가 나타난다.
④ 불면증이나 과다수면이 지속된다.
⑤ 매일 피로감을 느끼고 모든 것이 귀찮다.
⑥ 인생의 의미가 없고 살아온 날에 대한 죄책감에 시달린다.
⑦ 뇌 인지 기능이 점점 떨어지고 사고력이나 판단력이 저하된다.
⑧ 늘 죽음만 생각하고, 자살 계획을 시도한다.

따라서 노인 우울증 예방을 위해서는 긍정적 인식을 심어주고 자신의 미래를 긍정적으로 생각하도록 지원해야 한다. 또한 다른 사람들도 비슷한 어려움을 갖고 있다는 것을 알려 죄책감과 실패감에서 벗어나도록 자신의 감정을 표현하고 불안이나 상실보다는 현재의 삶을 안정적으로 살아갈 수 있도록 도움을 주어야 한다.

또한 가족은 노인의 우울증을 치료하는 데 가장 중요한 치유 자원이다. 노인이 활동적으로 생활하도록 격려하고 주위에 관심을 갖도록 가족들이 지지해 주어야 한다. 아울러 우울증이 심각하면 사전에 신경정신과 치료를 받도록 안내하며, 노인자살을 시도할 조짐이 보이면 시민단체의 상담전화나 광역정신보건센터에서 자살예방 및 정신건강에 관하여 상담을 받도록 지원해 주어야 한다.

5) 노년기의 자살

노년기에 자살에 영향을 주는 요인은 유전적인 요인과 환경적인 요인, 성격적 요인, 생물심리학적 요인, 사회경제적인 요인 등이 있지만 특히 경제적인 안정이 흔들리게 되면 바로 자살로 이어진다.

노인의 자살은 순간적인 감정보다는 계획에 의해 이루어지는 경우가 많으며, 가족의 해체의 가속화와 자녀의 부양의식 약화, 경제적인 어려움, 가족 간의 갈등, 사회적 소외로 인한 상실감과 심리적 불안감 등이 원인이 될 수 있다.

(1) 노인자살의 개념

65세 이상 노인 세대의 자살 생각, 자살시도, 자살행위를 말하며, 그 원인이 개인적이든지 사회적이든지 자기자신의 목숨을 스스로 끊는 행동 일체를 지칭한다.

(2) 노인자살의 특징

① 자살의 예고나 징후 없이 바로 실행에 옮기는 경우가 많다.
② 노인의 자살시도는 청소년보다 실제 성공률이 높다.
③ 노인의 자살 동기는 일반 자살보다 비교적 복합요인들이 작용하여 발생한다.

(3) 노인자살의 증후 현상

① 언어성 증후현상

노인들이 죽고 싶다는 말을 자주하거나 모든 것을 끝내고 싶다거나 내가 없으면 더 편해질 것이다라는 말을 자주 언급하는 증상이다.

② 행동성 증후 현상

대학과 병원에 신체를 기증한다고 자주 말하거나 개인 업무나 사업상 일들을 정리하거나 유언을 남기기나 유언을 변경한다든지, 보험금을 해약하거나 연금이나 보험금 수령인을 변경하는 경우이다.

또한 장례 계획을 세운다거나 갑작스럽게 종교에 관심을 갖거나 특별한 이유 없이 의사와 면담 약속이나 자주 의사를 방문하는 경우이다.

③ 상황적 증후 현상

배우자 죽음에 대한 상실감 표현이나 친지나 가까운 친구에게 욱하고 성내는 현상 등이다.

④ 우울증 증후 현상

갑자기 신체 기능에 지나친 관심을 갖거나 자존심이 저하되거나 무기력감과 염세주의 성향을 보이거나 특별한 이유 없이 공포와 불안을 표현하는 경우이다.

(4) 노인자살에 미치는 요인

노인자살에 미치는 요인에 대해서 크게 다섯 가지로 나누어 살펴 볼 수 있다.

① 개인적 특성과 가족요인

㉠ **성별 및 연령** : 남성노인이 여성보다 자살할 가능성이 매우 높으며, 남성들은 여성보다 배우자의 죽음에 따라 자살할 위험이 크고 사회적 고립과 연관이 있다.

㉡ **혼인상태 여부** : 배우자의 사별은 노인의 자살 위험 가능성을 높여주며, 미망인이나 이혼 노인들의 자살률도 높다.

㉢ **교육수준** : 교육수준이 낮을수록 자살 생각이 높게 나타나며, 교육수준이 낮을수록 낮은 지위에 종사하고 경제적으로 어려움이 많다.

㉣ **가족형태 및 주거 여부** : 독거노인, 고립된 노인, 안정적인 거주지가 없는 노인 등의 자살이 증가한다.

② 우울증

우울증, 알코올 중독, 외로움, 절망감, 체념, 낮은 존중감, 삶의 만족감 감소 등이 자살과 관련 있으며, 이 중 우울증이 자살률이 가장 높으며, 신체적 질병과 경제적 고통으로 인한 우울증 자살이 증가하고 있다.

③ 자존감의 역할 상실

노년기에는 감각적, 인지적 상실, 가족과 친구의 상실, 역할상실 등으로 인한 자아 존중감이 저하되어 무기력하고 허망하게 살고 있다고 생각하고 살아가려는 의지를 잃게 된다.

④ 가족해체에 따른 가족결손

도시화와 산업화로 인한 가치관의 변화로 노인들은 가족으로부터 소외되는 경우가 많아지고 가족해체의 가속화로 가족 결손이 발생하면 노인들은 외로움과 우울감에 빠지게 된다.

⑤ 기타 요인

㉠ **정신질환** : 치매, 우울, 알코올, 약물중독 등

㉡ **만성적, 퇴행적 신체질환** : 당뇨, 뇌졸중, 퇴행성 관절염 등의 오랜 보호와 케어가 필요한 경우

㉢ **부정적인 경험으로 인한 고독감** : 은퇴, 사별, 낮은 사회적 지위 및 경제상태의 어려움

㉣ **성격** : 스트레스에 취약한 성격, 의존적 성향이 강한 성격, 완고하고 융통성 없는 성격

㉤ **비자발적인 상실감** : 퇴직, 경제능력 상실에 따른 빈곤, 배우자 상실로 인한 무력감, 고립감, 절망감 경험 등

(5) 노인자살에 대한 대처방안

노인자살을 예방하고 대처할 수 있는 방안을 살펴보면 다음과 같다.

① 정신질환 및 우울증에 대한 치료와 사례관리를 통해 자살 시도를 줄이는 정책을 확대해야 한다.

② 생계보전 및 경제적 지원정책을 통해 실직·빈곤·생활고로 인한 저소득 취약계층의 자살을 예방하는 정책을 펼쳐야 한다.

③ 홍보 및 예방교육과 신중한 자살보도를 통한 사회적 인식의 개선과 자살에의 접근차단이 요구된다.

④ 지역사회마다 자살위기 관리팀을 운영하여 상담기관·응급실·경찰관서·소방방재관서가 하나의 응급체계를 연대구성 활용한다.

⑤ 우울증 및 정신질환으로 방문한 내담자에 대한 포괄적이고 지속적인 관리를 확대해 나간다.

⑥ 경제적 고통지원 방안으로 긴급 복지지원 제도의 소득 및 재산기준을 완화하거나, 지원을 확대하여 저소득 및 차상위 계층뿐만 아니라 갑작스런 실직·가장의 노동능력 상실과 같은 가정의 위기상황 시 지원을 받을 수 있도록 한다면 일시적 위기로 인한 충동적인 자살시도를 상당 부분 막을 수 있다.

⑦ 방문보건 사업에서 정신건강 상담이 필수적으로 다루어져야 하며, 재가복지서비스를 병행하여 제공하는 것이 효과적이다.

⑧ 혼자 사는 독거노인 가정을 중심으로 통반장·우유배달원·자원봉사자를 우애 방문원으로 양성하여 텔리헬프(Tele-Help), 텔리체크(Tele-Check)를 파견하는 서비스를 실시하여 노인의 정서와 서비스 욕구를 파악하고, 관련 기관으로부터 서비스를 이용할 수 있도록 하는 적극적인 접근이 필요하다.

특히 Tele-Help 서비스는 위기에 처한 노인들이 도움을 즉시 요청할 수 있는 경보시스템이고, Tele-Check 서비스는 훈련된 직원에 의하여 일주일에 두 번 정도 전화접촉을 통하여 노인들을 위한 정서적 지지와 욕구평가를 위해 서비스를 활용하는 제도이다.

⑨ 전문인력 양성과 일반인 대상 자살예방 전문훈련의 활성화(Gate-Keeper

Training)이다. 처해진 환경이 열악한 노인들과 자주 접하는 업체나 조직에 속한 고용인들을 대상으로 게이트 키퍼로서의 교육과 훈련을 통하여 자살가능성이 높은 노인들을 발견하여 의뢰하는 프로그램이다. 또한 게이트 키퍼는 사회복지관 종사자, 아파트 관리인, 성직자, 보건의료기관 종사자, 약사, 신문 또는 우유 배달원 등이 포함된다. 게이트 키퍼가 의뢰한 노인들을 자살예방기관의 훈련된 직원이 방문하여 평가와 사례관리 및 처치에 필요한 정보를 수집한다.

⑩ 외국 선진국 등과 같이 자살수단을 원천적으로 차단하거나 자살예방을 목적으로 법과 시행령을 제정운영 확대가 필요하다.

⑪ 노인전용 24시간 전화상담 서비스 확대 및 활성화가 필요하다.
노인이 전화상담을 의뢰하는 경우에만 개입하는 소극적인 방식에서 벗어나 자살위험이 판단되는 노인들에게 직접 전화를 걸어 상담과 도움을 제공하는 적극적인 방식으로 관리 확대하는 것이 필요하다. 이러한 전화상담 서비스는 특히 거동이 불편한 노인들에게 가장 효과적인 방법이다.

⑫ 신체적 건강체크(질병 + 영양 + 운동) 및 정신적 건강관리와 용서할 수 없는 자를 용서하기, 도저히 받아들일 수 없는 자를 받아들이기, 자신을 사랑하기 등의 훈련 프로그램이 필요하다.

6) 노년기의 불면증

노년기에 이르면 대부분 뇌기능의 저하로 밤에 깊은 잠을 못자고 자주 깨게 되며, 잠들기가 힘이 들거나 새벽에 일어나 잠을 설치게 된다.

불면증은 수면무호흡증, 하지불안 증후군, 렘수면 행동장애 등이 나타날 수 있으며, 주요 의심 증상은 자고 나도 아침에 개운하지가 않고 자다가 자주 깨고 새벽에 깨면 다시 잠들기 힘들며, 코를 심하게 골고, 자다가 숨이 막혀서 일어난 적이 있는 것이다. 또한 낮에 쉽게 피곤하고 졸리며, 판단력과 기억력이 떨어지고, 잠을 자려고 할 때 다리에서 이상한 느낌이 느껴져 다리를 움직이거나 주무른다. 그리고 누군가와 싸우거나 도망가는 악몽을 꾸거나 자다가 소리를 지르거나 거친 행동을 하기도 한다.

따라서 불면증 예방을 위해서는 적절한 체중을 유지하고 규칙적인 생활을 하며, 지나친 술과 담배를 피하고, 코골이가 심하면 옆으로 잠을 자며, 철분과 마그네슘이 부족하지 않도록 골고루 영양분을 섭취한다. 또한 각종 노인성 질환 등 자신이 앓고 있는 병이 수면장애의 원인을 초래하는지 알아보고, 복용하고 있는 약물이 수면에 어떠한 영향을 미치는지 파악해 보아야 한다.

그리고 기상시간과 취침시간을 규칙적으로 하고, 과로하지 않으며, 가능하면 낮 시간 동안 움직이고, 밤에 너무 오랜 시간 침대에 있지 않으며, 위험한 물건을 침대 주변에 두지 않는다.

3. 노년기의 지능과 교육장애

1) 노년기의 인지력과 학습

노년기의 인지력은 개인의 건강 여부, 교육수준, 유전적인 요인에 따라 다르다. 지능도 선천적 결정과 후천적 결정으로 나누어진다.

노인의 기억력은 최근의 일보다 과거의 일을 더 잘 기억하며, 이야기를 경청할 때 더 오래 기억한다.

인지력을 지속시키기 위해서는 독서와 같은 뇌 자극을 지속적으로 해나가야 하며, 신체의 오감각을 자주 자극시켜서 인지능력의 퇴화를 지연시키고 회복시키기 위해서 운동과 공부를 규칙적으로 지속시켜 나가야 한다.

또한 노년기 학습을 위해서는 자기 완성적 학습이 필요하며, 이를 위해서 학습에 대한 동기부여가 제공되어야 하고, 일상생활에서의 경험 등을 통해 또래집단인 노인들과 동반자적 관계를 구축하고, 자기학습을 냉철하게 평가하면서 성찰을 통해 학습의 의미를 되새겨 보아야 한다.

2) 노인교육의 장애요인 및 극복방안

노인들은 시간을 충분히 들이면 들일수록 학습의 습득이 가능해진다. 노인들도 젊은이들과 같은 정도로 배울 수 있고, 폭넓은 교육적 욕구를 가지고 있다.

그러나 노년기가 되면 신경 쓰는 것조차 귀찮게 여기거나 교육 참여를 어려워하거나 비용이나 시간 부족 등으로 적극적으로 참여를 하지 않는다.

특히 노인들은 나이가 들어서 공부에 흥미를 느끼지 못하거나 신체적인 질병으로 참여를 못하거나 시간이 없거나 교육내용이 무엇이고 어디서 교육 받는지조차 잘 모르고 있으며, 비용이 들어가는 교육에는 잘 참여하지 않는다.

이러한 상황하에 노인교육의 장애요인의 세 가지 유형을 살펴보면 다음과 같다(허정무, 2007 : 147-148).

① 상황적 장애

개인 각자의 생활사정에 의해 교육활동이 제한되는 것을 의미한다. 소요경비, 교통이용, 신체적 장애나 건강상태에서 기인되는 제약이 포함되며, 시간부족 등이 장애요인이다. 이를 극복하기 위해서는 교통편의를 제공하고 노인 학습자에게 드는 개인적 경비부담을 경감하며, 수업료 무료 교육 등을 도입해야 한다.

② 성향적 장애

성향적 장애는 공부에 대한 흥미가 없다든지 공부하기에는 너무 늙었다고 느끼고 있는 것과 교육활동을 스스로 제한하며, 노인들의 교육 참가에 대한 의욕상실이 주요 원인이다.

이를 극복하기 위해서는 처음부터 노인들의 교육 프로그램을 참여 확대하고, 상호 원조하는 편안한 분위기 조성과 경험 많은 노인들을 강사로 채용하여 적극 참여를 유도해야 한다.

③ 제도적 장애

교육기관이 노인을 염두에 두지 않고 실시해 온 유연성이 없는 방식으로 인해 교육을 실시할 때부터 발생하는 문제로 시간표나 등록절차가 불편하고, 교실에 가기가 힘들고 상담이나 학비보조가 없으며, 노인들이 수강할 수 있는 강좌에 대해 잘 모르는 경우가 주요 장애요인에 해당된다.

학습장애 요인을 극복하기 위해서는 노인들을 위한 배려가 필요하며, 교실의 편안한 환경조성과 시청각 매체 구비, 화장실이나 휴게실이 가까운 곳에 교실을 배치하거나 휠체어로 갈 수 있는 시설들을 갖추어야 한다.

특히 노인학습자의 시청각의 저하, 건강문제, 기타 장애 등에 대처하는 것이 학습능률을 높일 수 있다.

3) 노년기의 사회화 문제

노년기가 되면 사회적응을 위해 새로운 지식이나 기술을 배워 나가야 하는데 도전과 학습을 두려워한다. 특히 노인이 되면 개성이 강하고 포용력이 떨어져 고집이 강하여 자기주장만 내세우게 되고, 노년기 삶에 대한 역할과 준비를 미리 하지 못한다. 따라서 노년기가 되면 사회화를 위해서 새로운 변화에 대한 적응과 새로운 역할이 필요하다.

아울러 노년기의 노인교육은 사회의 짐이 아닌 주역이 되기 위해서 반드시 자기주도 학습이 필요하다.

핵심정리

1. 노인들의 장애극복 지원 서비스

① 자존심에 상처를 주지 않는다.
② 늘 칭찬을 하면서 의욕을 북돋아 준다.
③ 노인들이 원하는 욕구를 충족하도록 노력해 준다.
④ 노인들의 이야기를 잘 경청하고 신뢰와 진실감으로 대해준다.
⑤ 노인들을 인정해 주고 지지해 주고 이끌어 주면서 대화를 잘 주고받는다.

2. 노년기의 우울증 자가진단

① 거의 매일 우울한 기분이 지속 반복된다.
② 일상생활이 무기력하고 흥미와 즐거움이 없다.
③ 신체의 체중에 변화가 나타난다.
④ 불면증이나 과다수면이 지속된다.
⑤ 매일 피로감을 느끼고 모든 것이 귀찮다.
⑥ 인생의 의미가 없고 살아온 날에 대한 죄책감에 시달린다.
⑦ 뇌 인지 기능이 점점 떨어지고 사고력이나 판단력이 저하된다.
⑧ 늘 죽음만 생각하고, 자살 계획을 시도한다.

3. 노인교육의 장애 유형

① 상황적 장애
② 성향적 장애
③ 제도적 장애

제2부

노인교육의 실제

06
CHAPTER

노인교육 방법과 노인학습자의 내용

1. 노인교육 방법의 종류와 원칙

1) 노인교육 학습방법의 종류

노인을 위한 교육학습 방법을 살펴보면 다음과 같다.

(1) 자기주도 학습

자기주도 학습은 노인교육에서 학습자의 역할이 크게 강조되며, 학습자들이 관심을 갖고 있는 내용에 따라 학습 내용이 구성된다. 교사의 설명 위주 강의보다는 문제해결 중심과 견학과 체험 등 학습자 중심의 학습활동이 요구되는 학습 방법이다.

① 원칙

자기주도 학습은 성인이 가장 효과적으로 학습하는 방법이며, 성인이 학습해야 할 지식의 내용을 선택하고, 학습하는 과정을 스스로 설계해 나가며, 학습결과에 대해 자기 평가하는 방식이다.

② 교육방법

교육방법은 노인을 학습의 파트너로 간주하고, 노인이 살아온 시대와 경험을 이해하며, 노인의 현재 삶의 상황을 개방적으로 이해하고, 노인의 인생경험을 존중하는 교육방법이다.

(2) 전환학습

전환학습은 지식을 습득, 축적하는 전통적 학습과는 달리 개인이 가진 많은 기본적인 가치와 가정들이 학습을 통해 변화하는 하나의 과정을 의미한다.

전환학습은 자율적인 인간이 되려는 지식을 스스로 만들어 가야 할 것을 강조하고, 노인이 자신의 삶을 성찰해 보고 새로운 지식을 만들어 내는 전환점을 통하여 자신의 삶에서 강점을 찾고, 시각을 바꾸도록 지원하는 학습방법이다.

(3) 생애사적 학습

삶이란 전체를 만들어 가기 위하여 실을 한 올 한 올 엮어가듯이 인생의 완성된 작품을 구성하게 만들며, 개인이 자신의 삶의 이야기를 구성해 나가는 과정은 생애사적 의미를 만든다. 생애사는 개인이 자신의 삶의 이야기를 구성해 나가는 것을 말하며, 삶의 주체인 개인이 경험과 체험을 통해 상호적인 관계가 사회적으로 연관되어 개인에게 끊임없이 새롭게 구성되며 전환되는 과정을 나타내는 학습이다. 끊임없이 새로운 지식을 확장시키고 지식의 타당성을 생존능력 등에서 발견한다.

(4) 동기유발 학습

동기유발 학습이란 특별한 원인이나 계기로 인하여 어떤 일이나 행동을 하게 되거나, 그러한 마음을 먹게 되는 내적 과정의 학습이라고 정의하고 있다.

① 원칙

인간은 본능적으로 호기심, 환경에 대한 관심이 있으며, 새로운 것에 대하여 계속 학습해 나가야 하며, 학습 동기는 새롭게 항상 만들어져야 하고, 일깨워져야 한다.

② 방법

학습 단계와 학습 성과를 동기화하고, 연결성이 강한 학습내용을 동기화하며, 이용가치가 있는 내용의 습득을 동기화한다.

2) 노인교육 방법의 원칙

(1) 노인교육 방법의 개념

노인교육 방법이란 노인의 삶의 질을 높이기 위하여 교육을 통하여 길을 안내하는 것이며, 교수자와 학습자 간 상호적인 의사소통을 하고, 노인이 축적한 삶의 경험과 전문적인 능력을 존중해야 한다.

또한 인간존중에 기초하여 노인의 세심한 부분을 잘 이해해야 하며, 실제 현장에서 학습 대상자인 노인의 교육수준과 요구에 기반한 교육이 이루어져야 한다.

(2) 노인교육 담당자

노인교육 담당자는 실천 현장에서 노인에게 적합한 교육방법을 적용할 수 있는 역량이 요구되며, 교육의 질을 높여나갈 수 있는 기획력이 있어야 한다. 또한 학습자의 요구에 기반한 철저한 강의 준비와 다양성의 원칙을 적용하여 학습자의 수에 따라 학습을 계획하고 실행해야 하며, 학습자의 다양한 반응을 예상해야 한다.

아울러 학습자의 역할에서 벗어나는 행위도 예상해야 하며, 교육매체의 장애 등에 관하여도 대비해야 하고, 정기적으로 노인들이 원하는 프로그램이 무엇인지 수요조사와 강의 종료 후 강의 만족도 평가를 실시하여 반영해야 한다.

(3) 노인교육 방법의 원칙

① 구성주의적 학습의 원칙

노인의 주관적 경험과 사회적 상호작용을 통한 의미의 구성을 학습하는 방법이며, 주로 협동학습을 좋은 학습방법으로 권장한다.

특히 노인이 다양한 사고를 접할 기회를 제공하여 풍부한 지식을 구성하도록 지원하고 교육담당자는 학습동기를 촉진해 주는 안내자로 역할을 수행하며 노인이 자신만의 새로운 지식을 생산해 나가는 창조적인 지식인이 되도록 지원한다. 또한 노인이 학습의 전 과정을 스스로 자기 평가하도록 지원한다.

구성주의 학습의 원칙은 다음과 같다.

첫째, 체험학습 방법이다. 학습자의 선지식, 관심, 배경에서 학습이 시작되며, 체험학습을 통한 전문인으로서의 변화이다.

둘째, 자아 성찰적 사고 변화이다. 자기 주도적 학습, 문제해결 능력 토론을 통한 성찰적 사고 실천이 요구된다.

셋째, 협동학습이다. 다른 학습자들과의 대화 참여를 통한 학습과 개인 생각이나 견해에 대한 타당성 검증학습 방법이다.

넷째, 과제 중심의 학습이다. 학습과 성과를 연계하고, 학습과제의 상황과 실제성을 고려하고, 학습동기를 증가시킨다.

다섯째, 교사의 역할이다. 학습의 조력자이자 코치이며, 학습자들과의 대화 참여를 통해 새로운 시각, 내용 등을 학습할 기회를 제공한다.

3) 학습자 중심의 교육방법

인간은 타인이 지식을 주입할 때보다는 스스로 자신을 가장 잘 가르칠 수 있다는 것을 이미 알고 있다. 따라서 교육은 스스로 자신의 환경 속에서 개인의 능력을 개발하고 책임감을 갖고 행동하는 능력을 기르는 것이다.

결국 학습자 스스로가 학습에 의미를 부여하는 것이며, 자기 성장, 스스로 문제를 해결해 나가는 것이 중요하다.

2. 노인교육 방법의 사례

1) 노인 자서전 쓰기(http://blog.daum.net/한국고령사회교육원)

노인 자서전은 자기반성을 통해 자신이 원하는 삶을 재구성하여 행복한 노년기의 삶을 완성시키는 것이 목적이다.

(1) 노인 자서전의 의미

노인의 자서전은 과거에 살아왔던 회고를 근거로 미래의 준비와 여생을 계획하기 위한 나침반이 되며, 자신의 생애에서 중요한 삶의 목표와 남은 여생을 어떻게 보내고 인간관계를 유지할 것인지를 보여주는 길잡이다.

먼저 사회적 의미로는 한 사람의 살아온 사회적인 역사를 제공하고 노화과정의 중요한 의미를 제공한다. 또한 개인적 의미로 노년기의 인생 의미를 찾는 과업이며, 가족을 위한 역사와 철학을 정리해 주고, 인생 회고를 통하여 지나온 발자취에 대한 치유를 제공해 준다.

그리고 교육적 의미로는 노인에 대한 이해와 노년에 성공적이고 안정적인 행복한 삶을 살기 위한 방향제시와 사회에 잘 적응해 나갈 수 있는 긍정적인 방향을 제시해 준다.

(2) 노인 자서전 쓰기의 활용

노인 자서전 쓰기는 다양한 방법으로 활용할 수 있는데 집단 활동으로서의 자서전 쓰기와 수업활동으로서의 자서전 쓰기, 치유적 목적의 자서전 쓰기, 개인적 활용의 자서전 쓰기 등이다.

(3) 자서전 쓰기의 주제

노인들의 자서전 쓰기 주제는 다양하다. 인생의 중요한 전환 사건, 가족과의 애환, 군대 경험, 전쟁 경험, 직장생활, 결혼생활, 자녀교육, 사랑과 이별, 건강과 질병, 고난과 역경, 성공과 실패, 인간관계, 교육, 취미활동, 여행경험, 이성관계, 신념과 가치관, 죽음 등이다.

(4) 노인 자서전 쓰기의 자료

① 회상 : 역사적 사건, 신문이나 잡지, 미술, 음악, 영화, 문학작품 등을 통한 회상

② 일기
③ 가족사진 및 개인사진
④ 각종 메모와 기록들
⑤ 편지와 카드
⑥ 주변의 증언
⑦ 기타 자료 등

(5) 노인 자서전 쓰기 사례

노년기 자서전 내용 형식을 살펴보면 다음과 같다.

① 출생 일제 강점기
② 해방, 등하교길, 고무신 홑저고리와 속살, 여치 잡기, 이 잡기 등
③ 중학교 시험, 고교 진학, 꽁보리밥, 전쟁 경험
④ 결혼, 손빨래, 펌프물, 임신, 출산
⑤ 직장생활
⑥ 퇴직 후 교육봉사
⑦ 죽음

또 다른 자서전 형식의 사례를 정리하면 다음과 같다.

① 나는 누구인가?
② 나의 유년기의 삶
③ 나의 소년기의 삶
④ 나의 청년기 시대
⑤ 나의 장년기의 인생
⑥ 나의 노년기의 삶
⑦ 나의 가족관계
⑧ 나의 친구관계

⑨ 나의 부모관계
⑩ 미래설계 등

삶을 성찰하면서 인생발달 주기별로 서술이나 연대별로 작성할 수도 있다.

3. 노인학습자의 내용과 욕구

1) 노인학습자의 특성

노인을 대상으로 한 교육에는 노인들의 교육에 대한 수요욕구와 필요성, 학습동기, 학습능력 수준 파악, 문제해결 능력, 체력, 지적능력과 감각, 지각능력, 기억능력, 노화에 따른 성격 및 심리적 특성의 변화, 학습재료, 학습매체를 우선 고려해야 한다.

2) 노인에 의한 학습자 교육 내용

노인에 의한 교육 학습내용들을 살펴보면 다음과 같다.

① 역사적 과거 회상
출생, 일제 강점기, 미군정 시기, 6·25 동란, 4·19 혁명, 새마을운동 등 노인들이 직접 경험했던 과거 성장과정의 삶 내용

② 전통윤리와 전통예절
전통적인 윤리사상, 전통적인 윤리와 현대 윤리와의 비교에 관한 내용과 다도, 인사 예절법, 관혼상제, 장소에 따른 예절, 한복입기 등

③ 전통문화와 음식
미풍양속 문화, 제기차기, 자치기, 연날리기, 공기놀이, 팽이치기, 소꿉놀이, 한지공예, 전통자수, 조각보, 죽공예, 짚풀 공예, 전통 도자기, 시조, 판소리, 서

예, 민요, 전통악기 연주, 장 담그기, 반찬 만들기, 떡과 한과 만들기, 전통간식, 궁중음식, 전래동화, 명절풍속 등

④ 전문분야

노인들이 일생 동안 종사해 온 전문분야들과 관련된 구체적인 장인 지식과 기술

⑤ 지역사회봉사

저소득층 자녀 돌보기, 교통신호 지도, 어린이집이나 유치원 보조교사, 한글교실, 서예교실, 방범활동, 청소년 선도, 학교보조 교사, 청소년 문화 봉사, 교육봉사, 상담, 장애인 도우미, 가사 도우미봉사, 환경미화 봉사, 상담, 외출 및 병원지원봉사, 식사봉사, 가사봉사, 말벗봉사, 관공서, 도서관, 박물관, 미술관, 병원, 지역사회 등에서의 다양한 봉사활동 교육 등

3) 노년기의 교육에 대한 욕구

(1) 노인들의 교육에 대한 욕구

① 장수의 욕구 : 질병예방과 건강관리, 무병장수에 대한 욕구가 강하다.

② 여가선용 욕구 : 인생에 있어서 여유를 가지고 남은 인생을 즐겁고 재미있게 보내려는 욕구가 강하다.

③ 해방감을 찾고자 하는 욕구 : 그동안 앞만 보고 열심히 살아왔지만 일상생활에서 벗어나 자유로운 삶을 즐기고 싶어 한다.

④ 소속 참여의 욕구 : 모임에서 적극적인 참여자로 계속 남고자 하는 욕구로 노인들 스스로 존재가치를 확인받으면서 인정받고 싶어 한다.

⑤ 명퇴의 욕구 : 노후에는 이제껏 해왔던 활동들로부터 가능한 한 편안하고 명예롭게 물러나고 싶어 하는 욕구이다.

(2) 노인의 학습욕구

① **사회변화에 적응 욕구** : 노화가 되면서 사회적 변화에 적응하면서 노년기에 행복하고 편안하고 안정적으로 삶을 보내고자 한다.

② **성숙의 욕구** : 노후에 자기개발을 통해서 그동안 못했던 부분들을 배움을 통해서 성취하고 성장하고자 하는 욕구이다.

③ **전통문화 계승의 욕구** : 후세대들에게 지역의 전통문화를 전수시키고자 하는 욕구가 강하며, 노인들 자신의 세대에서 이룩한 성공들은 후세대에게 물려주고자 하는 욕구가 강하다.

④ **재조명 욕구** : 자신의 삶을 뒤돌아보면서 그동안 살아온 인생의 의미를 새롭게 재조명함으로써 자기 삶에 대한 성취와 만족감을 얻고자 한다.

⑤ **사회통합의 욕구** : 노인들은 사회의 주변인이 아닌 사회의 중심인으로 인정받고자 하며, 젊은 세대와의 소통을 통해서 노력하고자 하는 욕구이다.

⑥ **독립성의 욕구** : 노년이 되면 경제적, 신체적, 심리적, 사회적으로 독립성을 유지하고 싶고, 구속되지 않으면서 자유로움을 추구하고 싶어 한다.

⑦ **수용되고 싶은 욕구** : 노인 자신이 타인들로부터 수용되고 있음을 확인하고자 하는 욕구로 다른 사람들로부터 인정받고 싶은 욕구이다.

핵심정리

1. 노인교육 학습방법의 종류

① 자기주도 학습

② 전환학습

③ 생애사적 학습

④ 동기유발 학습

2. 노인들의 교육에 대한 욕구

① 장수의 욕구

② 여가선용 욕구

③ 해방감을 찾고자 하는 욕구

④ 소속 참여의 욕구

⑤ 명퇴의 욕구

3. 노인의 학습욕구

① 사회변화에 적응 욕구

② 성숙의 욕구

③ 전통문화 계승의 욕구

④ 재조명 욕구

⑤ 사회통합의 욕구

⑥ 독립성의 욕구

⑦ 수용되고 싶은 욕구

07 CHAPTER 노인교육의 내용원리와 기관 사례

1. 노인교육 원리와 교수학습방법

1) 노인교육의 방법원리

노인교육의 방법원리를 정리하면 다음과 같다.

① **자발성의 원리** : 노인교육은 노인 스스로 자발적으로 자기주도의 학습에 참여해야 한다.

② **사제 간의 연대원리** : 노인교육은 나이가 중요한 게 아니라 배우고 익히는 학습자라는 인식하에 교사와 학생 간의 공동의 연대가 필요하다.

③ **경로우대의 원리** : 노인학교 교사는 연륜이 많은 다양한 전문적인 직업을 가진 분들이 교사로 나서면 학습자들이 빨리 공감대를 형성한다.

④ **생활 실용화의 원리** : 노인교육은 급격하게 변하는 사회 속에 적응하려면 현실을 인정하고 현재 실제 생활 중심으로 실용적인 교육을 배워야 한다.

⑤ **다양화의 원리** : 노인교육은 인생 재도전을 위해 노인들의 욕구에 맞는 다양한 교육 프로그램들이 개발되어야 한다.

⑥ **시청각의 원리** : 노인교육은 집중력이 떨어짐에 따라 시청각교재를 적극 활용해야 한다.

⑦ **개별화의 원리** : 노인교육은 연령별, 성격별, 성별, 소득별, 지역별로 개성이 다 다르기 때문에 개인의 개성을 존중해야 한다.

⑧ **경험화의 원리** : 노인교육은 오랜 삶의 현장의 경험이 있기에 산 경험을 바로 현장에 활용할 수 있는 내용이 필요하다.

⑨ **의사 소통화의 원리** : 노인교육은 세대 간의 갈등과 정보화의 격차 등 다양한 갈등 속에 사회적 적응이 필요하므로 의사소통과 원활한 인간관계 유지 방법 등을 배워나가야 한다.

⑩ **지역 및 사회화의 원리** : 노인교육은 지역사회를 위해 봉사와 관련된 프로그램을 운영하고 노인으로서의 자부심과 긍지를 갖도록 동기부여를 해야 한다. 또한 사회변화에 안정적으로 적응하고 사회구성원으로서 인정받을 수 있는 교육이 필요하다. 그리고 노인들이 지역의 실태를 파악할 수 있는 교육과 지역 고유의 특성을 존중하고 전통문화를 계승하며, 개성을 인정하는 교육내용이 되어야 한다.

2) 노인교육과 교수학습방법

노인교육의 학습 방법 유형에는 16가지 유형이 있다(http://cafe.daum.net /bandibullee).

① **강의** : 교수자가 주어진 시간에 많은 양의 내용을 가르칠 수 있고, 지식을 체계적으로 전달할 수 있으며, 교수자가 직접 리드할 수 있고 많은 인원을 동시에 가르칠 수 있다. 노인교육 학습에서 가장 많이 쓰이는 유형이며, 강의를 통해서 학습동기를 유발할 수 있고, 노인을 감동시키거나 공감대를 형성하면 태도의 변화를 유도할 수 있다.

② **시청각을 수반한 강의** : 교수자가 지식이나 정보를 전달할 경우 내용을 보조기재에 의해서 예시할 필요성이 있거나 집단이 주제에 대하여 잘 이해하지 못할 경우 시청각을 사용하는 강의 방법이다.

③ **연설** : 특정 분야에 조예가 깊은 연사의 연구결과나 발견을 알려주는 등의 특정한 견해의 제시를 목적으로 하는 경우를 말한다.

④ **토의** : 전문가에 의하여 노인들이 상반된 견해를 서로 토론함으로써 그 주장들을 명료하게 할 경우를 말한다. 특히 노인들의 다양한 종류의 질문도 무시하지 말고 존중해야 하며, 교수자는 많은 질문을 유도하고, 인내심을 갖고 친절한 답변을 해야 한다. 답을 잘 모르면 솔직히 인정해야 하

고, 노인들의 질문에 노인들이 직접 답변하도록 유도한다.

⑤ **배심토의** : 주어진 주제에 관해서 여러 견해와 태도와 평가들이 제시되고 아무런 최종결론도 얻지 못했을 때 여러 토론자들의 생각이 배심과정에 따라 전개되는 경우를 말한다.

⑥ **현장견학** : 실제 현장에서 이루어지는 과정을 견학, 관찰함으로써 산지식을 얻게 하는 경우를 말한다.

⑦ **집단토의** : 관련된 문제나 학습과제를 처리하는 데 있어서 집단구성원이 최대한으로 참여하고 유기적 관계를 가질 수 있음을 말한다.

⑧ **세미나**(seminar) : 특정 연구 문제에 관해서 앞선 수강생들의 한 집단을 선정하여 다른 사람들과의 토의과정을 통해서 학습할 기회를 주려고 할 때를 말한다. 또는 어떤 분야의 전문가들 몇 명이 특정한 과제에 대해 행하는 연수회나 강습회 등을 의미한다.

⑨ **콜로키움**(colloquium) : 발표자가 발표를 한 후 참여자와 자유롭게 의견을 조율해 나가는 토론 방식이며, 대학의 세미나나 토론회 형식이 이에 속한다. 특정 주제를 놓고 여러 발표자가 준비한 글을 읽고 논평과 문답을 진행하는 심포지엄보다 덜 격식을 차린 형태다. 다시 말해 한 연구 집단끼리 연구 계획의 설계와 진척 과정의 평가 등을 토의할 때를 말한다.

⑩ **역할놀이** : 참여자로 하여금 소정의 주제가 의도하는 바의 생각이나 사상이나 감정에 충분히 몰입될 수 있게 한다.

⑪ **사례연구**(case study) : 수강자로 하여금 전에 학습한 원리나 지식을 특정한 경우에 적용할 수 있도록 하는 방법으로서 원리를 실제에 적용하는 이해력을 도와주는 경우를 말한다. 또는 사회과학 관련 분야에서 이루어지는 연구방법의 하나로, 하나 또는 몇 개의 사례를 중심으로 분석하는 연구이다. 특정 집단, 사건, 공동체에 대하여 심층적으로 분석한다.

⑫ **모의연습** : 실제상황에서는 학습자나 장비 등에 위험이 수반되는 경우 실제와 가장 근사한 상황 아래에서 경험을 쌓게 하며 여러 분리된 학습과제를 종합해 가는 효과가 있다.

⑬ **심포지엄(symposium)** : 강단식 토의라고 한다. 특정한 문제에 대하여 두 사람 이상의 전문가가 서로 다른 각도에서 의견을 발표하고 참석자의 질문에 답하는 형식의 토론회이다. 문제에 대해서 전문적인 지식을 가진 강사가 2~4명으로, 강연형식으로 토의를 하고, 강연과 동시에 토의를 할 필요는 없으며, 그 외 일반 참가자도 토의에 동참한다.

⑭ **강의포럼** : 어떤 문제에 관하여 전문가 한 사람이 강연하고 난 뒤에 공개토의로 옮겨가는 방식을 말한다.

⑮ **브레인스토밍(brainstorming)** : 한 가지 문제를 놓고 회의를 통해 여러 가지 아이디어를 구상하는 방법으로 짧은 시간에 많은 아이디어를 만들어 낼 수 있으며, 최종 선정된 아이디어를 구체화시키면 효과적인 토의법이다. 구체적으로 브레인스토밍의 4대 원칙은 다음과 같다. 첫 번째 원칙은 자유로운 분위기를 유지해야 하고, 강압적이지 않으면서 자유로운 복장과 분위기 속에서 토론을 해야 한다. 두 번째 원칙은 토론의 질보다 양을 중요시하며, 많은 아이디어에서 좋은 아이디어가 있을 확률이 높으므로 아이디어의 좋고 나쁨의 판단을 하지 않고 무조건 아이디어를 만들어 낸다. 또한 아이디어를 많이 내는 창의성인 유창성에 해당하므로 생각나는 대로 많은 아이디어를 만들어 낸다. 세 번째 원칙은 비판하지 않는 것이다. 상대방이 어떤 아이디어를 내든지 비판하지 않아야 한다. 한번 비판하고 야유하기 시작하면 아이디어를 내어 놓기가 쑥스러워지고 위축이 되어 아이디어를 잘 내지 못하게 되므로, 브레인스토밍의 효과가 사라지게 된다. 네 번째 원칙은 결합과 개선의 원칙이다. 나의 아이디어가 고갈이 되었을 경우는 말하지 않고 그냥 있는 것보다 다른 사람이 제출한 아이디어에 결합하거나 자신의 생각을 더해서 발표하는 것이다. 즉, 타인의 아이디어를 이용하는 것으로, 이는 창조적 모방에 해당되는 것이다.

⑯ **문답** : 교수자가 질문하고 학생이 답변하는 방식의 교육방법이며, 또는 학생이 질문하고 교수자가 답변하는 것으로 노인들의 경험에 관한 것에 문답을 통해서 학습동기를 유발할 수 있다.

3) 노인교육 평가의 기준

노인교육 평가는 노인교육 프로그램을 운영하는 과정에서 목표설정, 과정설정과 함께 핵심적 영역이며, 노인교육 평가는 왜, 언제, 누구를, 누구에 의해서 평가되는가에 대한 관점에 따라 평가의 시기, 평가의 과정 및 평가의 수단 등이 달라진다.

노인교육 평가의 기준은 다음과 같다.

① **효과성** : 노인교육 프로그램이 이루고자 한 목적과 목표가 달성되었는가?
② **효율성** : 노인교육 프로그램이 산출대비 투입효과가 있었는가?
③ **적법성** : 노인교육 프로그램의 준비, 진행, 마무리가 합법적으로 진행되었는가?
④ **형평성** : 노인교육 프로그램 참여 기회 및 영향력이 적절한 배분이 되었는가?
⑤ **대응성** : 노인들의 욕구에 적절하게 대처하였는가?
⑥ **적절성** : 노인들에게 프로그램이 적절하였는가?
⑦ **노력성** : 노인교육 프로그램 목표달성을 위하여 자원이 투입되었는가?

2. 노인교육 기관의 종류와 사례

1) 노인교육 대상 프로그램의 종류

노인교육의 대상 프로그램의 종류는 평생학습 측면에서 살펴보면 다음과 같이 구분된다.

① 기초문해교육
② 학력보완교육
③ 직업능력교육

④ 인문교양교육

⑤ 문화예술교육

⑥ 시민참여교육

또한 우리나라의 읍·면·동 주민자치센터의 프로그램 운영과 노인이용 현황을 살펴보면 <표 7－1>과 같다.

〈표 7-1〉 **전국 읍·면·동 주민자치센터 노인이용 현황**

(단위 : 개소)

구 분		2014	2015	2016
전국	주민자치센터 수	2,765	2,796	2,818
	프로그램 수	39,208	37,434	40,297
	노인층의 1일 평균이용인원 (개소당)	38.9명 (24.4%)	22.9명 (27.9%)	38.9명 (24.4%)

자료 : 2017년 주민자치센터 설치 및 운영현황(행정안전부, http://www.mois.go.kr)

실질적으로 전국 주민자치센터 시설이 지속적으로 증가하고 있고, 지역 주민들을 위한 프로그램 수도 양적으로 증가하고 있으며, 그중 주민자치센터에서 운영하고 있는 프로그램 중 노인들이 참여하는 인원은 20%가 넘는 것으로 나타났다.

경기도의 경우 평생교육기관에서 평생교육 프로그램 25,189개중 563개가 노인 대상으로 평생교육 프로그램을 운영하고 있으며, 그 주요 대상 기관이 대학부설 평생교육원과 사업장 부설 평생교육원, 시민사회단체 부설 평생교육원, 언론기관 부설 평생교육원, 원격형태의 평생교육원, 지식인력 개발형태의 평생교육원, 교육감 설치 지정 평생 학습관에서 노인 대상 프로그램을 운영하고 있는 것으로 나타났다(경기도평생교육진흥원, 2016 : 48-49).

이외에도 우리나라 노인교육 프로그램을 운영하는 기관은 노인종합복지관, 노인대학, 경로당, 보건소, 종교단체, 시민단체, 평생교육원, 학교, 지방자치단체 부설 시민대학, 문화원, 여성회관, 지역사회종합복지관, 각종 센터 및 시설 등 다양한 기관에서 운영하고 있으며, 그중 가장 많은 노인교육 프로그램은 문화예술 스포츠 영역으로 나타났다.

2) 우리나라 노인교육 프로그램의 운영사례

우리나라 노인교육 프로그램 운영사례를 살펴보면 다음과 같다(경기도평생교육진흥원, 2016 : 47-66).

(1) 노인교육 특별 프로그램의 운영사례

① 노인특화 프로그램 사례

경기도 동두천시는 시민대학사업을 추진하면서 시니어 전공을 개설하였으며, 의정부시는 백세시민 자치대학을 운영하여 노인들의 건강과 노후에 관련된 다양한 강좌를 운영하고 있다.

② 노인 참여형 사례

수원시는 노인이 스스로 가르치고 배우는 '뭐라도 학교'를 운영하고 있다.

③ 일자리 창출형 사례

안성시에 안성맞춤 실버여가지도자 양성과정을 운영하고 있고, 여주시에서는 실버북 멘토사업과 원예심리상담사를 양성하여 지역사회 복지시설 및 단체에 소개하여 노인 일자리를 창출하고 있다.

④ 경로당 지원형 사례

안양시에서는 신노년의 평생학습 경로당 그린나래(그린 듯이 아름다운 날개)사업을 통해 경로당에 노인교육지도사를 양성하여 파견하고 있으며, 포천시는 은빛 아카데미를 운영하여 경로당에 다양한 교육 지원 사업을 제공·운영하고 있다.

(2) 전국 노인교육 프로그램 사례

① 서울시 '지혜로운 학교'

지혜로운 학교는 '배워서 남 주자'라는 생각을 가진 시민들이 모여서 누구나 가르치고 누구나 배우는 학교라는 이름으로 순수 자원봉사로 운영하고 있으며,

사진교실을 시작으로 지혜로 열린 대학에서 '지혜로운 학교'로 변경되어 운영되고 있다. 특히 이 학교는 회원제로 운영하고 있으며, 무료수강과 재능기부로 이루어지면서 시니어 세대와 젊은 세대가 서로 소통하는 교육의 장으로 활용되고 있다.

② 광주시 우리 옷 날개 달기 프로젝트 '오랜만이군 규방각시들!'

광주문화원에서 진행되는 프로젝트로 어르신 가정에 보유하고 있는 입지 않는 한복을 재활용하여 다시 새로운 한복을 제작하고 다문화 가정 아동들에게 기증하는 사업 유형이다. 주로 60세 이상 노인들이 참여하여 바느질 교육을 무료로 지원하며, 전통문화를 계승하여 다문화 가족들에게 화합의 기회를 제공한 학습유형이다.

③ 경북 칠곡군 '칠곡 할매들, 시를 쓰다'

경북 칠곡군은 인문학도시 조성사업을 주제로 지원받아 지역주민들의 삶의 인문학, 생활 인문학을 중심으로 콘텐츠를 만들어 가는 사업을 진행하고 있다. 이 사업 중 '칠곡 할매들 시를 쓰다'는 성인 문해사업으로 노인들이 참여하여 제대로 배워보지도 못했던 한글을 배우면서 자신이 느낀 감정을 뒤돌아보고 인생을 회상하며 손수 시를 쓰는 사업이다. '시가 뭐고?'라는 시집이 출간되었고, 노인들의 시와 노래 이야기가 지역학의 교재로 활용되려 하고 있다.

3) 외국의 노인교육 프로그램 사례

독일의 노인교육의 사례를 살펴보면 다음과 같다(박성희, 2011 : 288-292).

(1) 독일의 노인교육의 현황

독일은 70세 이상의 노인인구가 뚜렷하게 증가하고 있으며, 특히 75세 이후 노인들 대상으로 노인교육이 많이 이루어지고 있다. 최고령자들 대상으로 간병, 보호, 다양한 교육지원 서비스들이 이루어지고 있으며, 노후에도 개인의 성숙과 긍정적인 마인드를 갖도록 교육을 제공한다. 가족 그리고 사망을 앞두고 있는 노인을 위하여 최소한의 교육을 하고 있다.

또한 수강생의 80%가 여성노인이며, 독일 시민이면 평생학습권을 보장해 주고 있고, 국가 및 주정부와 지방자치단체에서 재정적인 지원을 해주고 있다.

(2) 독일의 노인교육 기관 현황

독일은 그동안 시민대학이나 비영리 평생교육기관에서 노인의 학습력과 역량을 지원하는 교육 프로그램을 운영하여 왔고, 노인의 기능 유지, 기능 축소를 방지하는 훈련 프로그램들이 예방과 재활을 목적으로 진행되어 왔다. 또한 정신적, 육체적 움직임을 통하여 각 기능의 감소를 예방하기 위해 체조 등이 활성화 되었으며, 노인의 언어능력 퇴화를 예방하기 위하여 언어교육 지원과 노인의 다양성을 중시하면서 각 노인에게 맞는 프로그램들을 지원하여 오고 있다.

그리고 독일의 노인교육 영역도 일상생활 지향교육과 창조성 지원교육, 그리고 생산성개발 지원교육 등이 체계화되어 진행하고 있다.

① 독일의 일반 대학교에서의 노인교육

독일은 대학교에서 노인의 재사회화 지원과 독거노인 지원을 통한 여가, 돌봄 서비스 교육과 대학의 정규과정을 지역사회 주민들에게 청강할 수 있도록 개방하거나 노인의 리더십 교육 프로그램, 은퇴 후 재취업교육, 사회적 역량강화 교육 등을 만들어 운영하고 있다. 또한 노인 관련 교육 프로그램은 50개 대학에서 개설하여 노인 청강생과 수강생 수는 계속 증가하고 있다.

특히 독일에서 일반대학 중 노인교육이 활성화되고 있는 대학은 도르트문트 대학과 베를린 대학, 뮌스터 대학, 프랑크푸르트 대학 등이다.

예를 들어, 베를린 공과대학 경우 노인교육 프로그램은 퇴직자를 위한 단기 교육 프로그램 운영이 활성화되어 있으며, 또한 프랑크푸르트 대학은 노인대학을 운영하고 있고, 노년기에서 겪게 되는 삶의 의미개발에 따른 노인교육 프로그램을 운영하고 있다.

이외에 비텐 베르거 시니어 아카데미는 노인과 조기퇴직자를 위한 프로그램을 진행하고 있으며, 학습자에게 맞춤지도를 제공하고 있고, 주로 교육 프로그램은 주택과 관련 페인트, 도배법, 조립주택 건설법, 나무 마루와 깔기법, 구리관 사용법, 정원 가꾸기, 영양 및 조리법 교육, 여가교육인 계절에 따른 과자 굽기와 꽃꽂이, 파티를 위한 식탁 차리기, 선물 포장법, 즐거운 삶 만들기, 간병 보험, 쇼핑-노하우, 뇌 훈련, 긍정적인 사고, 편지쓰기, 다양한 양식 써보기, 배상 요구하기, 컴퓨터 코스, 외국어 코스 등이 진행되고 있다.

3. 노인교육의 내용영역과 문제

1) 노인교육의 내용영역

노인교육의 내용영역을 살펴보면 다음과 같다.

① 노인교육은 정보화 사회에서 적응해 나갈 수 있는 내용이어야 한다.
② 노인교육은 삶의 질을 위해 노년기의 건강, 신체적 변화에 대한 지식 및 이에 적응하는 내용이어야 한다.
③ 노인교육은 친구나 동반자를 잃게 되는 슬픔에 적응하는 내용이어야 한다.
④ 노인교육은 의사소통 교육과 인간관계를 유지하는 내용이어야 한다.
⑤ 노인교육은 배우자와 사별 등 고독사와 고립사에 적응 대비하는 내용이어야 한다.
⑥ 노인교육은 평생 직업을 위해 정년퇴직에 따른 지속적이고 경제적 소득 향상 교육과 인생 재도전에 영향을 미치는 내용이어야 한다.
⑦ 노인교육은 다가오는 죽음을 두려워하지 않고 아름답게 죽음을 맞이하는 교육 내용이어야 한다.
⑧ 노인교육은 젊은 세대의 사고방식이나 국제적인 감각에 접근하려는 의욕과 이에 적응하는 내용이어야 한다.
⑨ 노인교육은 노년기를 즐기는 방법을 강구하거나 여가활동, 취미활동, 봉사활동 등의 내용이어야 한다.

2) 노인교육의 문제점

우리나라 노인교육의 문제점을 살펴보면 다음과 같이 정리할 수 있다.

① 노인교육의 정책 부재 문제이다. 정부나 지방자치단체의 법적, 제도적 정책기반이 명확히 구축되어 있지 못하고 있다.

② 지역별 노인교육기회의 불평등 문제이다. 농어촌지역이나 소외지역은 교육 프로그램이나 기관 및 시설이 부족하고 지역별 격차와 세대별 격차, 소득별 격차, 성별격차 해소가 미흡하다.

③ 노인교육 전담부서의 부족 문제이다. 우리나라에서 통합된 노인교육 전문기관이 아직 구축이 안 되어 각 기관 부서별로 나누어 실행되고 있다.

④ 노인교육 프로그램의 부족 문제이다. 노인들이 원하고 지역에서 원하는 다양한 교육 프로그램들이 부족하고 일방적이고 중복적인 프로그램 운영이 많이 진행되고 있다.

⑤ 노인교육 운영주체의 성격에 따른 교육내용 격차 문제이다. 지역사회에서는 다양한 기관들이 분포되고 있는데 공공부문과 민간부문의 격차가 있다.

⑥ 노인을 위한 교통수단과 접근성 문제이다. 노인들이 쉽게 접근할 수 있는 기관과 시설들의 위치가 대중교통의 접근성에 한계가 있다.

⑦ 노인교육 담당자 부족 및 전문성 결여 문제이다. 노인교육은 평생교육사나 사회복지사, 시설직원들이 대부분 운영 및 진행하고 있어 노인교육 전문가가 부족한 실정이다.

⑧ 노인교육에 대한 재정지원 부족 문제이다. 중앙정부나 지방정부의 재정지원 부족으로 노인교육의 활성화에 한계가 있다.

⑨ 노인교육 기관과의 교류 협력체제 미비 문제 등으로 지역사회에서 유관기관들이 서로 상호연대 구축이 이루어지지 않고 있다. 이로 인한 교육 프로그램 중복과 예산 낭비, 지역 및 기관 이기주의로 인하여 많은 부작용을 낳고 있다.

⑩ 노인교육의 다양한 교육매체의 활용 문제이다. 인공지능사회에서 다양한

정보매체가 발달되어 가고 있지만 거동이 불편한 노인들과 교육의 접근성이 어려운 노인들을 위한 교육매체가 부족하다. 이를 위해서는 원격 재택교육서비스 제공과 온라인 학습지원서비스가 필요하다.

⑪ 직업교육과 평생교육에 대한 다양한 프로그램이 부족하다. 많은 교육 프로그램이 양적으로 증가하고 있지만 정년 없는 100세를 위하여 노인들의 다양한 요구에 맞는 맞춤형 교육 프로그램이 부족하고 노인 대상의 다양한 직업개발 교육과 직업 훈련 프로그램이 부족하다.

핵심정리

1. 노인교육의 방법원리

① 자발성의 원리
② 사제 간의 연대원리
③ 경로우대의 원리
④ 생활 실용화의 원리
⑤ 다양화의 원리
⑥ 시청각의 원리
⑦ 개별화의 원리
⑧ 경험화의 원리
⑨ 의사 소통화의 원리
⑩ 지역 및 사회화의 원리

2. 노인교육의 문제점

① 노인교육의 정책 부재 문제
② 지역별 노인교육기회의 불평등 문제
③ 노인교육 전담부서의 부족 문제
④ 노인교육 프로그램의 부족 문제
⑤ 노인교육 운영주체의 성격에 따른 교육내용 격차 문제
⑥ 노인을 위한 교통수단과 접근성 문제
⑦ 노인교육 담당자 부족 및 전문성 결여 문제
⑧ 노인교육에 대한 재정지원 부족 문제
⑨ 노인교육 기관과의 교류 협력체제 미비 문제
⑩ 노인교육의 다양한 교육매체의 활용 문제
⑪ 직업교육과 평생교육에 대한 다양한 프로그램이 부족 문제

08
CHAPTER

노인대학과 사회적응교육

1. 노인교실과 노인대학

1) 노인교실

(1) 노인교실의 개념

노인교실은 노인복지법 제36조에 근거한 노인여가 복지시설에 해당되며, 노인들에 대하여 사회활동 참여욕구를 충족시키기 위하여 건전한 취미생활, 노인건강유지, 소득보장 및 기타 일상생활과 관련한 학습 프로그램을 제공하는 곳이다.

(2) 노인교실의 현황

우리나라 연도별 노인교실 운영 현황을 살펴보면 <표 8-1>과 같다.

〈표 8-1〉 연도별 노인교실 운영 현황

(단위 : 개소)

구 분	2015년	2016년	2017년	2018년
노인교실	1,377	1,393	1,356	1,342

자료 : 보건복지부(2019). 통계연보.

우리나라 노인교실이 2015년도에는 1,377개에서 다소 증가하다가 2018년에는 1,342개소로 감소하기 시작하였다. 감소의 원인은 다양한 평생교육 프로그램 등장과 지방자치단체의 저렴한 비용 및 무료교육의 각종 프로그램 등장, 노인교실에 대한 지원 부족과 전문성 결여, 프로그램 부족 등이 원인으로 등장되어 이에 대한 대책이 제기되고 있다.

다음으로 우리나라 전국 노인교실 현황을 살펴보면 <표 8-2>와 같다.

〈표 8-2〉 전국 노인교실 현황

(단위 : 개소)

구 분	노인교실	노인복지관	경로당
서 울	378	82	3,425
부 산	167	31	2,311
인 천	31	20	1,489
광 주	40	9	1,315
대 전	13	7	817
울 산	22	13	806
세 종	7	1	478
경 기	166	59	9,609
강 원	61	15	3,150
충 북	7	18	4,129
충 남	67	16	5,733
전 북	74	22	6,699
전 남	60	29	9,003
경 북	114	19	7,998
경 남	82	23	7,379
제 주	18	2	438

자료 : 보건복지부(2019). 통계연보.

우리나라 지역별 노인교실 현황을 살펴보기 위하여 보건복지부 통계연보를 분석해 보면 서울은 378개로 전국 대비 가장 많이 운영되고 있고, 다음으로는 부산이 167개소, 경기가 166개소, 경북이 114개소, 경남이 82개소 순으로 노인인구가 많은 지역일수록 노인교실을 많이 운영하는 것으로 나타났다.

(3) 노인교실의 시설기준

노인교실의 시설 규모는 이용정원이 50명 이상이어야 하고, 강의실과 휴게실을 별도로 갖추어야 한다. 구체적으로 각 기관별로 노인교실의 시설기준을 살펴보면 다음과 같다.

① 노인복지관

2019년도 우리나라 노인복지관은 약 366개가 전국에 분포하고 있다.

노인복지관에 노인교실의 설립기준은 다음과 같다.

사무실, 식당 및 조리실, 상담실 또는 면회실, 강당, 프로그램실, 화장실, 물리치료실, 비상재해 대비시설이 갖추어져야 하며, 직원의 자격과 배치는 시설의 장 1명, 상담지도원 2명 이상, 물리치료사 1명, 사무원 1명, 조리원 1명, 관리인 1명이 채용되어야 한다.

② 경로당

우리나라 경로당은 2019년 기준 64,779개소가 운영되고 있다.

경로당 부설 노인교실을 운영하려면 화장실과 거실 또는 휴게실, 전기시설이 갖추어져야 한다.

③ 노인교실

우리나라 노인교실은 2018년도에 1,342개소로 운영되고 있다.

노인교실 설립기준은 사무실, 화장실, 강의실, 휴게실이 갖추어져야 하며, 자격 및 직원배치는 시설의 장 1명, 강사(외부강사 포함) 1명 등이 채용되어야 한다.

2) 노인대학

(1) 노인대학의 개념

노인대학은 노년기 삶의 질을 위한 평생교육을 위해서 노인을 대상으로 하는 평생교육기관이다. 노인대학은 경로대학, 노인학교, 노인교실 등 다양한 용어로 사용하고 있다.

(2) 노인대학의 변천

노인대학은 1980년대에 이르러 경로사상 우대정책과 맞물려 노인들 스스로 자아실현을 위하여 노인 대상으로 평생교육 프로그램들이 만들어지기 시작하였다. 주로 학교 부설기관이나 시민단체, 노인회에서 운영되었다.

그리고 1990년대에는 정보화시대의 태동과 인구의 대도시 집중, 평균수명 증가로 인한 노인인구 급증으로 인하여 노인들의 노후에 대한 욕구수요가 폭발적으로 증가하였고, 노후에 건전하고 즐거운 여가 활동, 취미 활동, 건강 활동에 대한 교육활동 욕구가 증대하기 시작하였다. 1990년대 중반에는 전국에 노인대학이 19개, 노인학교가 254개 정도 운영되었고, 노인단체 설립과 종교단체, 사회봉사단체, 대한노인회, 각 지방자치단체에서 노인교육 프로그램들을 운영하였다. 또한 2000년대 이후에는 한국 노인대학복지협의회가 설립되었고, 2004년에는 사단법인이 되었으며, 전국에 있는 노인대학들에게 각종 프로그램들을 제공하고 있다.

2019년도 기준 소속된 지역지부 포함해서 노인대학 422개가 회원으로 가입되어 운영되고 있고, 주로 교육 프로그램인 특강, 한글 프로그램, 영어, 서예, 장구교실, 율동교실, 노래교실, 체조교실, 수지침 교실, 레크리에이션 등 교육 프로그램 보급과 건강 프로그램은 건강급식, 건강진료, 이·미용 서비스, 목욕 프로그램 등을 제공하고 있는데, 주로 지역사회에서 생활이 어려운 노인 및 독거노인이나 거동이 불편하신 노인들 대상으로 자원봉사자들과 함께 제공하고 있다(www.ksu.or.kr).

특히 2000년 이후 평생교육법이 확대되면서 노인들의 삶의 질 향상을 위하여 평생교육적 차원에서 노인교육의 프로그램이 양적으로 팽창하였다.

노후에 안정적인 삶의 보장과 자기개발과 자아성취, 배움의 욕구증대로 정년 없는 100세 시대의 흐름 속에 노인교육 프로그램도 다양해지고 있고, 교육의 질도 높아지고 있는 추세이다. 이러한 현실 속에 노인교육 기회의 확대로 각 지방자치단체, 도서관, 학교, 공공 기관, 시민단체와 종교단체, 민간단체, 대한노인회, 복지관 등 다양한 기관에서 노인교육 프로그램들이 활성화되고 있다.

(3) 노인대학 설립준비

① 노인대학 설립 추진위원회를 구성한다.
② 노인대학의 설립의 목적과 취지가 명확해야 한다. 사전에 지역사회노인들의 수요조사를 통해서 원하는 교육 프로그램이 무엇인지를 파악한다.
③ 노인대학의 설립 위치와 규모, 공간을 확보하고 재정계획을 세운다.
④ 노인대학의 교훈과 명칭명, 운영규정을 만든다.
⑤ 노인대학의 조직구성과 교사를 확보한다.
⑥ 노인대학의 교육 프로그램과 학사일정을 구체적으로 세운다.
⑦ 노인대학을 운영하기 위해 지역사회에 홍보를 진행한다.
⑧ 노인대학에 필요한 각종 용품을 구비한다.
⑨ 노인대학의 운영위원회를 구성한다.

(4) 노인대학의 문제점

노인대학을 운영하는 데 문제점은 다음과 같다.

① 노인대학의 명칭이 다양하게 사용되어 혼재되어 있다.
② 노인대학이 대도시 중심과 지역별로 편중되어 있고, 접근성의 한계가 있다.
③ 노인대학을 운영하는 데 재정이 부족하다.
④ 교육 프로그램을 운영하는 데 외부강사 섭외에 한계가 있다.
⑤ 노인들의 욕구 수요를 반영하지 못하는 교육 프로그램 운영의 한계가 있다.
⑥ 노인들의 욕구 다양성과 계층별 지적수준 차이가 달라 차별화된 교육프로그램 진행이 어렵다.
⑦ 노인대학의 전반적인 교육환경이 어렵다.

(5) 노인대학의 활성화 방안

노인대학의 활성화 방안을 살펴보면 다음과 같다.

① 노인대학의 교육 프로그램은 지역별, 계층별, 성별에 따라 다양한 개발이 필요하다. 또한 강의 위주 방식에서 벗어나 노인 스스로 참여하는 교육, 창의적 교육방법 개발이 필요하다.
② 노인욕구 증가에 따른 노인교육과 관련 전담부서 배치 설치와 지속적인 노인교육 정책으로 정확한 정책방향 제시와 행정적, 재정적 지원이 필요하다.
③ 노인대학 운영의 지침이 필요하다.
④ 노인대학 운영자의 전문성 강화가 필요하다.
⑤ 노인교육의 전문 인력 양성이 필요하다.
⑥ 노인교육을 평생교육적 차원으로 접근해 나가야 한다.

2. 노인학교

(1) 노인학교의 개념

노인학교란 노년층의 사회적응을 돕고 노후 생활의 안정을 보장하기 위하여 평생교육의 일환으로 각종 교육과 공부할 기회를 제공하는 기관이나 단체 학교를 의미한다.

(2) 노인학교의 변천(https://search.daum.net/백과사전).

우리나라에서 최초로 노인을 대상으로 하는 교육이 시작된 것은 1965년 4월 부산 범일동에서 '한얼경로교실'이 설립된 때부터였다. 그 뒤 1970년 9월 부산 범일동에서 우리나라 최초의 노인대학인 '한얼노인대학'이 설립되었으며, 1972년 10월 서울 종로 태화관에서 서울평생교육원이 개설되었고 '노후생활강좌'가 개시되었다. 이후 1973년 11월 서울 명동 가톨릭여성회관 내에 '덕명의숙'이라는 명칭의 노인교육기관이 설립되었고, 1974년에는 서울 서대문구 문화촌에 인왕노인학교가 설립되었다. 이후 한국성인교육회 · 대한노인회 · 적십자장년봉사회 · YMCA · YWCA · 한국부인회 · 새마을봉사단 · 대한삼락회 등과 일부 초

·중·고·대학, 종교단체에서 노인학교 설립의 붐이 일어나 전국 각지에서 노인교육에 적극 참여함으로써 오늘에 이르고 있다.

또한 노인학교 운영현황을 살펴보면 재학 기간은 1년 단위로 1주에 1~2회 강의를 하여 연간 40주에 약 80시간 정도의 수업을 하고, 100명 내외의 남녀를 한 반으로 구성하여 1~2반 정도를 운영하고 있다. 그리고 프로그램 교육 내용을 살펴보면 노인학교에 따라 각기 특징과 다소의 차이가 있으나 대개 건강과 질병에 관한 교육, 취미 및 여가 생활에 관한 교육, 가정과 인간관계에 관한 교육, 생활법률 및 시사 관련 교육, 사회 및 종교 활동에 관한 교육, 여행 및 오락 활동, 예술교육 등이며, 강의 방법은 주로 강의법 중심으로 진행하고 있었다.

2000년 이후에는 노년층의 경제적 빈곤, 건강, 여가 선용의 문제가 해결되어야 할 노인복지 문제로 대두되면서 과거 종교단체, 노인단체, 공익단체 등에서 운영되었던 노인학교는 정부나 지방자치단체에서 운영하는 노인복지시설로 그 중심이 이동되었다.

구체적으로 노인학교는 종교단체에서 가장 많이 운영하고 있다. 예를 들어, 기독교 예수교 장로회 소속 노인학교는 561개소, 대한기독교 감리교 노인학교는 134개소, 조계종 중심의 노인대학은 22개소, 천주교 서울대교구 소속 노인학교는 269개소로 추정되고 있으며, 전국적으로 노인학교는 약 1,500개소이며, 운영 프로그램은 1,388개로 추정하고 있다(http://theologia.kr/board_edu/56974).

(3) 노인학교의 설립과 운영

노인학교 설립요령과 설립준비를 살펴보면 다음과 같다(허정무, 2007 : 234-235).

① 먼저 설립하고자 하는 지역에 노인학교와 같은 시설들이 있는지 현장답사 한다.

② 해당 인근지역에 교육장소를 무료로 임대할 수 있는지 파악한다. 예를 들어, 학교 강당이나 마을회관, 교회 교육관, 경로당 등이다.

③ 학교명칭 및 운영규정을 정하여 수업연한, 학생정원, 기타 세부사항을 수록한 팸플릿을 만들어 홍보한다.

④ 지역사회의 장과 지역유지를 중심으로 노인학교 운영위원회를 조직하여 학교운영상의 중요사항을 이들과 협의해 나간다.
⑤ 지역사회기관장, 단체장, 면장, 동장, 통반장, 이장에게 사업취지를 설명하고 이해시키며 학교운영상의 애로점에 대한 협조를 받아둔다.
⑥ 학교운영에 소요되는 경비는 운영위원회나 후원회, 수강료나 회비를 통하여 운영한다.
⑦ 노인학교 운영비의 지출은 항상 투명하고 정기적인 재정 감사를 받아야 한다.
⑧ 안정적인 재정지원 확보를 위해서 정부나 지방자치단체로부터 지원받는 방법을 연구해야 한다.

그리고 노인학교를 개설하기 위해서는 먼저 지역사회노인들을 대상으로 수요조사가 이루어져야 하고, 노인학교 명칭, 목적취지, 대상, 기간, 장소, 학습내용, 학습방법, 강사, 사무국, 운영조직, 운영규정, 운영위원회 구성, 경비조달 계획 등이 세워져야 하며, 국고 보조금이나 지방자치단체 보조금을 지원받는 방법을 고민해야 하고, 구체적인 교육 프로그램이 확정되면 적극적으로 홍보해 나가야 한다.

(4) 노인학교의 교육내용 선정 원리

노인학교의 교육내용을 선정하는 주요 원리는 다음과 같다.

① 노인교육의 목표에 맞게 교육내용을 선정하고 조직한다.
② 노인들의 능력수준과 흥미 또는 욕구에 맞게 학습내용을 선정한다.
③ 노인들이 원하는 교육내용을 반영한다.
④ 노인들의 일상생활과 밀접하게 관련된 교육내용을 반영한다.
⑤ 노인들의 과거 살아온 경험에 관련된 교육 프로그램을 포함한다.
⑥ 노인들의 평생교육적 차원에서 자아성취를 할 수 있도록 교육내용을 반영한다.
⑦ 노인들의 집중력을 위해 다양한 교육매체를 활용한다.
⑧ 강의실 주변 환경을 노인들에 맞게 배려한다.

⑨ 지역 노인들의 상황과 특수성을 참작하여 교육 프로그램을 개발한다.
⑩ 강의방식을 다양하게 도입하여 노인 스스로 참여하는 방법을 고려한다.

(5) 노인학교의 교육방법

노인학교에서 교육을 효율적으로 진행하기 위해 교수방법을 제시하면 다음과 같다.

① 교육에 필요한 자료들은 노인들에게 익숙한 것으로 선정하고, 교육내용은 일상생활에 관련된 내용을 다루며, 노인들에게 흥미와 동기를 유도할 학습내용을 진행한다.
② 교육시간은 유연성을 가져야 하며, 노인학습자들의 건강상태나 교육수준에 맞도록 적절하게 고려해야 하며, 노인들이 피로감을 느끼지 않도록 자주 휴식시간을 갖도록 한다.
③ 교육 내용 중 학습활동에서 노인들이 스스로 참여하는 학습과 창의적 학습을 진행한다. 주입식 강의보다는 시청각 수업, 토론과 과제 수행, 체험, 견학 등 학습자의 적극적인 참여와 경험을 요구하는 학습방법을 채택하여야 한다.
④ 노인학습자들의 욕구와 요구를 충분히 반영시키는 프로그램을 진행하는 것이 바람직하다.
⑤ 교육 장소는 햇빛이 들어오거나 냉난방 시설이 잘 갖추어져야 하며, 노인들의 신체적 특성을 고려하여 실내조명, 교재의 선택, 시청각 교육의 선택, 음향시설, 화장실, 휴게실 등 세심한 준비가 필요하다.

(6) 노인학교의 문제점

노인학교의 문제점은 다음과 같다.

① 노인학교 운영에 대한 법적, 제도적 규정이 없다.
② 노인학교 설립허가에 대한 법적 규제 제도가 미흡하다.

③ 노인학교 전문 강사가 부족하다.
④ 노인학교 운영 재정이 부족하다.
⑤ 노인학교 간 정보교환 및 상호교류, 통합된 교과과정이 부족하다.
⑥ 노인학교의 교수방법이 일방적 강의 위주 방식이 문제다.
⑦ 노인들이 원하는 다양한 교육 프로그램이 부족하다.

(7) 노인학교의 활성화 방안

효율적인 교육봉사를 제공하기 위하여 다음과 같은 노인교육 개선방안을 제시한다.

① 노인학교의 교육목적이나 교육내용 및 학습방법이 정확해야 한다.
② 노인학교 재정이 열악하여 국비보조나 지방자치단체의 지원이 필요하다.
③ 노인들의 욕구를 충족시킬 수 있는 실용적이고 재미있는 다양한 맞춤형 교육 프로그램의 개발이 필요하다.
④ 노인학교 교육은 안정적이고 보람 있는 노후생활을 위하여 일상생활에 나타나는 문제를 사전에 예방하고 대처하기 위한 교육 프로그램을 개발해야 한다.
⑤ 노인교육을 담당할 전문가를 양성해야 하고, 양성교육 기관이 필요하며, 지역사회 유관기관과의 유대관계를 구축해 나가야 한다.
⑥ 노인교육 시설확충과 프로그램 운영 확대를 위해 정부지원은 물론 기업, 민간단체, 그리고 지역주민의 협조와 지원이 필요하다.
⑦ 노인학교 운영에 대한 법적, 제도적 규정이 필요하고, 학교 명칭에 대한 유연성을 고려해야 한다.
⑧ 노인들을 위한 전문강사 확보와 교수학습 방법에 대해 혁신적인 개발이 필요하다.
⑨ 노인학교는 노인여가 시설보다는 평생교육 기관의 하나로 전환해야 한다.
⑩ 노인학교를 운영하는 종합정보시스템 구축과 노인학교 간 정보교환 및

상호교류와 통합된 전문기관의 신설 등 노인들이 쉽게 정보를 이용하고 상담할 수 있는 시스템이 필요하다.

3. 노후의 사회적응교육

1) 정년퇴직 교육

(1) 정년제의 의미

한 개인이 직장에서 앞만 보고 열심히 일하다가 정년퇴직 때가 되면 매우 복잡한 문제를 야기한다. 특히 평균수명이 늘어나면서 80세까지 일을 해야 하는 시대에 개인적으로나 사회적으로 많은 파장을 일으키고 있다.

정년퇴직 제도는 직장 내의 모든 직원에 대하여 일정한 정년연령을 정하여 퇴직시키는 제도이다. 정년퇴직 후 소득의 상실과 사회적 차원에서 역할상실 등의 문제가 제기되고, 퇴직 후 노인들 중에 아직 건강하고 일하고 싶은데 제도만의 이유로 퇴직된 노인들의 정신적 충격과 정년퇴직으로 인한 사회적 고립이 심각한 문제로 제기되고 있다. 퇴직 후 또 다른 인생의 준비와 안정적인 노후의 삶에 대한 설계가 없기 때문이다. 이에 대해 정년 전·후의 준비교육과 사회적응교육의 필요성이 제기되고 있다.

(2) 정년퇴직의 교육 프로그램의 흐름

1990년대는 퇴직 전 교육 프로그램들이 건강, 주거, 재정계획, 여가활동, 인간관계, 사회참여, 생활법률 지식 등에 맞추어졌지만 2000년 이후 퇴직 후 경제문제, 신체 및 정신건강문제, 가족관계, 주거문제, 상속 및 유언문제, 여가활용문제, 자기개발문제, 재취업문제, 사회보장제도, 행복한 노후의 삶 등으로 구체화 되기 시작하였다.

최근 정년퇴직에 대비한 교육 프로그램 유형을 보면 '나의 인생시계는 어디쯤 가고 있을까?', '인간은 환경의 변화에 맞게 진화한다.', '재무상태 진단을 통해 본 나의 재무상태는 괜찮은가?', '행복한 부자를 만드는 습관', '100세 시대, 행복한 가정경제를 위한 포트폴리오 완성하기' 등은 기업체의 퇴직예정자들의 프로그램 유형이다. 퇴직 후 가장 중요한 핵심으로 퇴직 후 3대 보험 처리 방안과 올바른 퇴직 후 자산운용과 절세방안, 유망직종과 재취업, 퇴직자를 위한 국민연금 활용법, 은퇴설계 등 5가지 주제가 부각되고 있다.

(3) 정년퇴직생활의 6단계

정년퇴직자들의 인생은 긍정적인 면보다 부정적인 면이 부각되면서 평균수명이 길어져 좀처럼 죽지 않는다든지, 정년제로 인해 한참 일할 나이에 사회활동에서 물러난다든지, 자녀들은 대학에 가고 결혼을 하니 생활비는 더 드는 경우가 비극적이다. 이러한 현실을 고려할 때 정년퇴직 생활의 6단계를 살펴보면 다음과 같다(허정무, 2007 : 270-271).

① 퇴직 전 단계

퇴직 전 단계는 퇴직을 멀리 앞두고 있는 원격단계에서 퇴직을 장래 언젠가에 일어날 막연한 것으로 인식하는 단계로 퇴직 근접단계에서 곧 그만둘 사람의 태도를 보이거나 퇴직 후의 생활에 대한 환상에 빠지게 된다.

② 밀월단계

밀월단계는 퇴직자가 의무적이고 시간제약적인 직업 활동에서 벗어나 그 동안 못했던 것을 하고 싶어 하는 단계이며, 이 단계에서는 항상 관심을 갖고 있던 쉬운 일부터 하면서 여가활동에 대부분의 시간을 소비하게 되지만 경제적 지출이 많이 소요되는 단계이다. 또한 경제적 사정에 따라 일정 기간 지속될 수 있다.

③ 환멸단계

환멸단계는 밀월단계를 벗어난 상당수의 사람들이 안정적인 적응의 단계에 들어가지 못하고 생활이 침체되고 환멸을 느끼거나 우울상태에 빠지게 되는 단계이다.

④ 재지향 단계

재지향 단계는 환멸을 느끼는 대부분의 사람들이 개인의 경제상태나 한계성을 느끼고 비교적 정확히 현실을 인식하게 되는 단계이다. 또한 인간관계를 새롭게 구축하거나 자신을 다시 정립하는 단계이다.

⑤ 안정단계

안정단계는 퇴직자가 변화를 일상적으로 잘 처리할 수 있는 기준을 확립하였을 때 나타나며, 자신의 삶에 대한 예측이 가능해지고, 퇴직에 대한 적응이 이루어지는 가장 오랫동안 지속되는 단계이다.

⑥ 종결단계

마지막 종결단계는 복잡한 사유로 퇴직자의 역할이 중단되는 단계이며, 신체적, 정신적 질병이나 사회적 역할 상실, 경제적 빈곤 등 이로 인해 독립성이 상실되고 의존성이 계속 증가되는 단계이다.

(4) 퇴직자가 겪는 고통

연령에 비하여 너무 일찍 퇴직함으로써 노후 20년 이상 경제적 소득과 사회적 역할 없이 퇴직하는 경우와 자신의 직장에서 본인의 의사와 상관없이 직장의 강제적 결정에 의해 퇴직하는 경우, 퇴직에 대한 사전 준비 없이 사회로 나오는 퇴직의 경우, 사회에서 퇴직자에게 기대하는 어떠한 역할도 없는 경우가 퇴직자들이 겪는 고통이다.

(5) 퇴직 준비교육의 필요성

퇴직 준비교육은 왜 필요한지 살펴보면 다음과 같다.

① 노년기가 되었을 때 나타나는 다양한 변화를 이해하고 대응한다.
② 퇴직 후 사회생활에 효율적으로 잘 적응할 수 있도록 한다.
③ 각종 정보를 제공하고 그에 필요한 지식과 기능을 습득하도록 지원한다.

④ 퇴직 후 노년기의 삶의 질이 향상될 수 있도록 지원한다.
⑤ 자신의 삶을 주체적으로 계획하고 변화시켜 나가는 데 도움을 주기 위함이다.

(6) 퇴직교육의 목적

① 자신의 생애설계를 통하여 자신의 삶을 보다 적극적이고 구체적으로 계획하고 재도전하도록 돕기 위해서이다.
② 퇴직 이후에 따른 신체적, 심리적, 사회적 변화에 잘 적응하게 하고, 인생 이모작 설계를 미리 계획하게 한다.
③ 노후생활을 체계적으로 준비시켜 안정적이고 성공적인 노후 삶을 즐기도록 지원한다.

(7) 퇴직 전 교육의 의미

퇴직 전 교육은 직장과 개인이 필요로 하는 교육 프로그램으로 주요 교육기관은 직장, 대학교, 사회교육기관 등에서 이루어지고 있으며, 은퇴준비 및 재취업 원조를 위한 교육에 초점이 맞추어져 있다. 주요 프로그램은 인간관계 교육, 가정관계 및 부부관계 교육, 노후준비 교육, 재정교육, 퇴직 후의 정보제공, 취업상담, 각종 연금제도, 퇴직제도 및 여가 및 봉사활동, 사회보장제도, 정년에 따른 각종 제도, 행복한 노후의 삶 등이다.

(8) 퇴직 후 교육

퇴직 후의 교육은 은퇴 및 보람 있는 여생을 보내기 위한 교육으로 주요 교육기관은 사회교육기관, 고령자취업알선센터, 복지관, 시민단체, 종교단체, 각종 교육기관 등에서 이루어지고 있다.

교육내용은 건강 및 여가교육, 직업재교육, 자격증 취득교육, 취미교육, 예술문화교육, 교양교육, 봉사교육, 여행교육, 행복한 노후의 삶 교육, 노인자산관리 교육, 상속 및 유언 교육, 배우자 사별에 대한 대비교육, 죽음교육 등이다.

(9) 퇴직교육에 대한 선결과제

① 퇴직준비 교육에 대한 인식이 부족하여 개인 스스로 적극적으로 노후생애 설계에 대해 준비해야 한다.

② 퇴직 전후의 교육 프로그램이 다양하지 못하고, 맞춤형 질적 프로그램이 요구되고 있다.

③ 퇴직자에 대한 사회적 전반 인식이 선입견을 가지고 있다.

핵심정리

1. 노인대학의 활성화 방안

① 노인대학의 교육 프로그램은 지역별, 계층별, 성별에 따라 다양한 개발이 필요하다. 또한 강의 위주 방식에서 벗어나 노인 스스로 참여하는 교육, 창의적 교육방법 개발이 필요하다.

② 노인욕구 증가에 따른 노인교육과 관련 전담부서 배치 설치와 지속적인 노인교육 정책으로 정확한 정책방향 제시와 행정적, 재정적 지원이 필요하다.

③ 노인대학 운영의 지침이 필요하다.

④ 노인대학 운영자의 전문성 강화가 필요하다.

⑤ 노인교육의 전문 인력 양성이 필요하다.

⑥ 노인교육을 평생교육적 차원으로 접근해 나가야 한다.

2. 노인학교의 문제점

① 노인학교 운영에 대한 법적, 제도적 규정이 없다.

② 노인학교 설립허가에 대한 법적 규제 제도가 미흡하다.

③ 노인학교 전문 강사가 부족하다.

④ 노인학교 운영 재정이 부족하다.

⑤ 노인학교 간 정보교환 및 상호교류, 통합된 교과과정이 부족하다.

⑥ 노인학교의 교수방법이 일방적 강의 위주 방식이 문제다.

⑦ 노인들이 원하는 다양한 교육 프로그램이 부족하다.

3. 정년퇴직 생활의 6단계

① 퇴직 전 단계

② 밀월단계

③ 환멸단계

④ 재지향 단계

⑤ 안정단계

⑥ 종결단계

09

CHAPTER

노인일자리와 재취업

1. 노인일자리 사업의 유형

1) 노인과 일의 의미

(1) 일의 개념

일이란 모든 종류의 생산적인 활동을 의미하며, 정신적, 육체적, 경제적인 활동뿐만 아니라 비공식적인 활동이나 무급의 자원봉사형태로 사회에 생산적 기여를 하는 생산적 활동을 의미한다.

(2) 노인의 일의 의미

노인에게는 소득을 제공해 주고 사회적으로 노인 취급되고 있는 자신에 대해 유용감과 자신감을 주며, 신체적, 정신적인 건강을 계속 유지하려는 기능을 할 수 있다는 의미가 있다.

(3) 일의 기능

일의 기능은 네 가지로 나누어진다.

① 경제적 기능 : 의식주의 생활 유지에 필요한 재화나 서비스 생산의 기능이다.
② 사회적 기능 : 사회적 관계망 유지기능과 지위나 권력의 획득유지의 기능이다.
③ 정서적 기능 : 개인의 자존감 유지나 정서적 만족감 등의 기능이다.

④ **건강적 기능** : 개인의 규칙적인 일을 통해 신체적 기능을 유지하는 기능이다.

(4) 노인의 일에 대한 편견

① 노인들은 질병이 많고, 은퇴하며, 안전사고를 일으키고, 생산성이 낮으며, 쉬운 일만 하려 하고, 창의성과 업무 주도성이 낮으며, 결근이 잦고, 새로운 지식과 기술을 습득하는 데 많은 비용과 시간을 필요로 하는 존재로 보고 있다는 점이다.

② 노인들은 고집이 세고 조직에 어울리기 힘들고 동료와의 소통이 어렵다고 선입견을 갖는다는 점이다.

③ 나이가 많아 일을 시키기 힘들고 월급을 많이 요구한다고 생각한다.

④ 노인들은 기술력과 전문성이 부족하고 일에 대한 흥미도와 책임감이 없다고 생각한다.

(5) 노인의 경제활동 실태

우리나라의 65세 이상 노인인구의 경제활동 참가율은 높지 않으며, 농림어업 및 자영업 종사자 비율이 높고, 노후소득 보장체계의 미비로 근로를 지속할 수밖에 없는 사회구조가 되었으며, 노인인구 대부분 단순 노무직, 농림어업 숙련직, 서비스 판매직 등에 종사하고 있다.

2) 노인의 취업의식과 일자리 업무

(1) 노인들의 일자리 창출을 위한 자기개발 시 유의점

① 나이와 과거의 지위에 연연하지 않고, 주어진 일에 최선을 다하고 일에 적응하려는 자세가 필요하다.

② 노인 스스로 일을 하려고 하는 적극적 자세와 재취업을 위하여 자격증 취득과 자기개발에 힘쓰고, 구인을 위해 자발적이고 능동적으로 취업정보

를 파악하고 대처하는 자세가 필요하다.

③ 은퇴 전 준비교육 참여와 퇴직 후의 재취업에 대한 사전준비를 통해서 취업할 수 있는 능력을 기르고, 인생 이모작을 위해 새로운 기술과 전문지식을 터득하면 재취업하는 데 도움이 될 것이다.

(2) 고령자 고용정보센터의 업무

노인들을 위한 일자리 정보와 취업정보, 훈련 교육 등을 진행하는 고령자 고용정보센터의 역할을 살펴보면 다음과 같다(www.ask.re.kr).

① 고령자에 대한 구인·구직 등록, 직업지도 및 취업알선
② 고령자에 대한 직장 적응훈련 및 교육
③ 정년연장과 고령자 고용에 관한 인사·노무관리와 작업환경개선 등에 관한 기술적 상담·교육 및 지도
④ 고령자 고용촉진을 위한 홍보
⑤ 그 밖에 고령자 고용촉진을 위하여 필요한 업무

3) 노인일자리 사업의 성격과 유형

(1) 노인일자리 사업의 의미(https://search.daum.net/백과사전)

노인일자리 사업은 일하기를 희망하는 노인에게 맞춤형 일자리를 공급하여 소득 창출 및 사회 참여의 기회를 제공하는 제도이다. 노인들은 일을 통하여 적극적 사회 참여와 소득 보충 및 건강 증진의 기회를 얻고, 사회적으로는 노인 문제 예방 및 사회적 비용의 절감 효과를 거둘 수 있다. 이를 위해서는 노인 인력 활용에 대한 사회적 인식을 개선하고 민간 참여를 유도해야 하며, 은퇴 전후 준비 및 노인 생애 교육 등을 통해 노인 인력 교육과 연계하여 일자리를 창출해야 한다. 노인 일자리 사업의 운영 주체는 정부, 지방 자치 단체, 노인 인력 운영 센터, 민간사업 수행 기관이다. 사업 대상은 65세 이상의 노인으로, 대상자에게 '노인 적합형 일자리'를 창출·제공하는 노인 복지 사업의 하나이다.

(2) 노인일자리 사업의 성격

노인일자리 사업의 목적은 일을 통한 소득보충 및 사회참여를 목적으로 한다.

노인일자리 사업의 대부분이 사회 공헌형이며, 그중 다수가 공익형 사업의 성격을 띠고 있다.

(3) 노인일자리 사업 유형

① **공익형** : 거리소공원·놀이터 환경관리, 교통질서 계도, 초등학교 급식지원, 자연환경관리, 공공기관 환경관리 지원, 학교주변 순찰, 복지보육 지원, 문화재 관리 등

② **교육형** : 노노강사, 1~3세대강사, 전문 해설사, 보육복지 지원, 노인학대 예방강사, 모니터링, 문화복지 지원 등

③ **복지형** : 재가노인복지 서비스제공, 복지보육 지원, 시설노인 장애인 도우미, 놀이터 환경관리, 학교주변 순찰 등

④ **시장형** : 전통공예 제작, 매장운영 판매, 음식조리, 재활용 수거, 세차청소, 물품배달 운전, 가사간병, 베이비시터 등

⑤ **인력 파견형** : 주유원, 경비원, 청소 미화원, 시험 감독관, 가사 도우미, 주차관리원, 물품 배달원, 세차원, 주례사 등

(4) 노인일자리 공공부문

① **기술기능 분야** : 공학기술전문가, 전기시설 관리원, 냉장기 수리조작원, 운전원, 보일러 조작원, 건물 보수원 등

② **경영사무 분야** : 인사노무관리, 경영컨설턴트, 법률 및 세무회계 관련 전문가, 채권 추심원, 사무보조원, 컴퓨터 자료 입력원, 우편물 접수원, 설문조사원, 교통량 조사원, 지가 조사원 등

③ **교육문화 분야** : 사회교육강사, 기숙사 사감, 도서 정리원, 문화재 보조원 등

④ **의료복지 분야** : 사회복지보조원, 상담사, 시설 보육사 등

⑤ **서비스판매 분야** : 데스크안내원, 시설 및 견학안내원, 화랑 및 박물관 안내원, 관광안내원, 주차안내원, 접수예약 사무원, 민원상담원, 매표검표원, 주차요금 정산원, 통행료 정산원, 주방보조원, 조리사, 구내 매점원 등

⑥ **농림어업 분야** ; 농림어업 관련 자문가, 조경관리원, 식물재배원 등

⑦ **단순노무 분야** : 경비원, 공원관리원, 주차관리원, 건물관리원, 운동장 관리원, 묘지관리원, 식물원 관리인, 쓰레기 매립장 관리인, 문화재관리인, 배수지 관리인 등

(5) 미래 고령자 취업희망 직종

① 시설관리 경비직, 배달직, 환경미화직 등의 직종 이외에도 다문화가정 방문교사, 고령자 상담가, 향토보안관, 설문조사원, 경로당 활성화 코디네이터, 마을활동가, 요양 코디네이터, 도시 농업전문가, 농촌 서포터즈 등

② 도시민박 운영자, 층간소음 관리사, 보도파수꾼, 에너지 지킴이, 준사서, 돌봄 도우미 등

③ 통행료 징수원, 노인운동 재활전문가, 개인여가 컨설턴트, 웰다잉 관리사, 공연 해설사, 복지 주거환경 코디네이터, 지역 내 응급치료사, 반려동물학대 감시원 및 반려동물 장의사 등

(6) 미래 웰빙 희망직종

① 지구 온난화에 대처하는 녹색 직업군의 확대

② 스마트 인공지능시대를 이끄는 실버산업 직업 확산

③ 첨단기술 관련 직업의 발전

④ 글로벌화를 이끄는 직업의 확대

⑤ 일과 삶 균형을 추구하는 직업 확대

⑥ 고령인구와 다문화 사회를 위한 직업증가 등

2. 노인일자리 사업의 문제점과 활성화 방안

1) 노인일자리 사업의 문제점

① 노인일자리 참여 시 낮은 급여수준이 문제이다.
② 노인일자리가 저소득층 중심의 참여로 이루어져 있고, 단순노력 봉사, 자원봉사와 유사하다.
③ 사회적, 정치적 합의가 부족하여 안정적인 노인일자리 정책 시행이 어렵다.

노인인구의 급격한 증가와 사회보장제도 미흡 및 높은 노인 빈곤율로 인해 노인일자리 사업이 확대되었지만 질적인 일자리 창출이 어렵고, 사회적, 정치적 합의가 어려워 안정적이고 지속적인 일자리창출이 어렵다.

2) 노인일자리 참여 시 어려운 점

① 노인일자리 참여 시 이동문제에 대한 교통문제가 발생한다.
② 사안에 따라 높은 노동강도에 일의 어려움이 있다.
③ 노인들의 기술력과 전문성의 수행능력이 부족하다.
④ 일자리 수요처와의 관계가 매끄럽지 못하다.
⑤ 동료와의 관계에 있어서 소통이 잘 안된다.
⑥ 소속기관과의 관계가 애매모호하다.
⑦ 일의 내용에 대해 흥미도 없고 책임감이 없다.

3) 노인일자리 사업의 활성화 방안

노인일자리 사업의 활성화 방안을 살펴보면 다음과 같다.

① 참여노인의 근로소득을 높여나가야 한다.

일자리 참여노인의 가구소득은 대부분이 일을 통한 소득이 영향을 미치고 있기 때문이다. 특히 저소득 노인 참여자들의 사업유형별 소득보충이 필요하다.

② 소득 창출형 일자리의 근로조건 개선이 필요하다.

노인들의 대부분이 경제적 소득 목적으로 사업을 참여하기 때문에 생계비 마련에 실질소득 확보가 필요하다. 또한 생계를 위한 시장 진입형 일자리 소득 창출을 위해서 근로조건 개선이 필요하다.

③ 노인들의 사회참여 활성화가 필요하다.

노인들의 사회참여는 경제활동, 사회적 관계 활동, 여가활동, 교육활동 등 다양한 활동을 포함하고 있기 때문에 노인일자리 참여 노인에게 일자리를 수행하면서 동시에 다양한 사회참여 욕구가 실현될 수 있도록 대책이 필요하다.

④ 다양한 고용 및 복지서비스 정보 제공 기능을 강화해야 한다.

노인 일자리 사업 참여자들의 원하는 욕구는 다양하며, 일자리 참여노인에게 시급한 경제적 문제는 노후와 관련된 여러 영역의 복지서비스를 통합적 관점에서 수요자 중심의 서비스 관리가 필요하고, 노인들의 사회보장 수급 및 복지서비스 지원과 정보를 제공해야 한다.

또한 통합된 부서에서 고용 관련 서비스와 사회참여, 노후준비 등의 복지서비스 등 다양한 통합서비스를 제공해야 한다.

3. 노인재취업 교육

1) **노인취업지원센터**(www.jnoinjob.or.kr)

(1) 시니어 인턴십

노인의 일자리 참여 기회를 넓히기 위해 만 60세 이상 노인을 채용하는 기업에 인건비 등 기업의 제반 비용을 일부 국가가 지원하는 보건복지부 주관 사업이다.

이를 통해 참여노인은 직무능력을 강화하고 일을 할 수 있다는 자신감을 갖게 되며, 참여기업은 노인 고용에 대한 부담을 완화하고 인력수급 문제를 해결하는 효과가 있다.

지원대상은 만 60세 이상 노인이며, 참여 기업은 4대 보험 가입 및 최저임금 이상 지급사업장이다. 참여노인은 1인당 최대 6개월을 지원하며, 3개월 근무후 계속 고용 여부를 결정하게 된다.

(2) 인력 파견형 지원사업

근로능력이 있는 노인에게 적합한 일자리 활동을 지원함으로써 노후의 안정적인 생활과 삶의 질을 높이기 위한 사업이다.

참여대상은 만 60세 이상 노인이며, 주로 청소, 경비, 주유, 주차, 서비스, 기타 등이다.

(3) 노인공익 활동사업

노인들에게 일자리를 제공하고 하천의 깨끗한 환경을 조성하고자 국가에서 시행하는 노인일자리 지원사업을 통하여 노후 소득보장과 건강한 삶의 질을 위한 사업이다. 참여대상은 만 65세 이상과 기초연금수급권자가 대상이다.

(4) 사회공헌활동 지원사업

사회공헌활동 지원사업은 탄력적 참여시간, 활동에 필요한 실비지원 등 생계 걱정 없는 유휴인력의 만족감과 성취감을 위한 봉사적 성격의 일자리를 의미한다.

또한 베이비 붐 세대의 대량은퇴에 따라 전문성과 경력을 가진 퇴직자는 증가하나 재정구조가 열악한 비영리 법인, 단체, 사회적 기업 등에서는 전문 인력이 만성적으로 부족한데, 사회공헌활동 지원사업은 이러한 퇴직 전문인력을 비영리단체, 사회적 기업, 사회적 협동조합 등에 연계하여 사회서비스를 확산하고, 고령화 문제에 효과적으로 대응하기 위한 제도 사업이다.

참여대상은 만 50세 이상 퇴직 전문 인력이다.

(5) 시니어 재취업을 위한 바리스타 교육사업

국민연금과 함께 하는 일자리 창출 프로젝트 사업에 참여해 국민연금 수급자들에게 특화된 바리스타 양성교육 및 현장 실습훈련을 실시하여 취업과 창업을 연결하는 사업이다.

2) **고령자취업알선센터**(www.noinjob.or.kr)

(1) 운영목적

국가 또는 지방자치단체는 노인의 사회참여 확대를 위하여 노인의 지역봉사 활동기회를 넓히고 노인에게 적합한 직종의 개발과 그 보급을 위한 시책을 강구하며, 근로 능력 있는 노인에게 일할 기회를 우선적으로 제공하도록 노력하여야 한다. 또한 국가 또는 지방자치단체는 노인의 지역봉사 활동 및 취업의 활성화를 기하기 위하여 노인지역 봉사기관, 노인취업 알선기관 등 노인복지 관계기관에 대하여 필요한 지원을 할 수 있다(노인복지법 제23조).

따라서 고령자 취업알선센터는 노인의 사회적·경제적 역할회복을 위한 다양한 일자리를 개발·유치하고, 재취업의 기회를 제공함으로써 무위로 인한 고독과 소외, 빈곤 등의 핵심적인 노인문제를 예방하는 데 있다.

(2) 운영배경

노인의 사회적 경험과 지식을 활용하는 생산적 복지 실현과 노인인력 활용 및 노인취업 증대방안에 있다.

(3) 운영내용

주요 사업내용은 취업상담 알선, 구인처 개발, 구직자, 구인처 사후관리 등이며, 노인 적합형 일자리를 적극 개발하고, 55세 이상 취업상담·알선 및 사후관리를 강화하는 데 있다.

현재 서울지역에만 26개 고령자 취업알선센터를 운영하고 있고, 전국 지역에도 운영되고 있으며, 서울시 어르신 취업지원센터도 운영되고 있다.

그리고 고령자취업기회 확대를 위해 지역특성상 접근성이 낮은 지역을 분기별로 순회하는 이동식 무료직업 소개소를 운영한다. 이는 취업상담, 취업알선, 취업교육 안내를 하는 무료 취업알선 기관으로 어르신들의 안정적인 소득보장을 위해 지원하고 있다.

3) 노인능력은행과 노인공동작업장

안정된 노후 소득 보장을 도모하고 노인 유휴인력의 미활용으로 인해 야기되는 사회적 손실을 예방·보전하기 위하여 전국에 노인능력은행을 운영하고 있다. 노인공동 작업장은 취업의 기회가 없는 노인들이 공동으로 일할 수 있는 작업시설을 지역별로 운영하고 있다.

4) 노인인력개발원(https://kordi.or.kr)

보건복지부 산하 노인인력개발원은 어르신이 활기차고 건강한 노후생활을 영위할 수 있도록 다양한 일자리·사회활동을 지원하여 노인복지 향상에 기여하기 위한 사업이다.

(1) 사업유형

① 공익활동

㉠ **노노 케어** : 독거노인, 조손가정 노인, 거동불편 노인, 경증치매 노인 등 취약노인 가정을 방문하여 일상생활을 안정적으로 유지할 수 있도록 안부확인, 말벗 및 생활 안전 점검 등 필요한 서비스를 제공하는 활동이다.

㉡ **취약계층 지원** : 장애인, 다문화 가정, 한 부모 가족 아동 등 취약계층에게 상담·교육 및 정서적 지원 등 필요한 서비스를 제공하는 활동으로 장애인봉사, 다문화 가정봉사, 한부모 가족봉사, 청소년 선도봉사, 생활시설 이용자 지원 활동이다.

ⓒ **공공시설봉사** : 복지시설, 공공의료시설, 교육(보육)시설, 지역 내 주거 환경 및 생태환경정화 등 지역사회 내 필요한 공익서비스를 제공하기 위해 필요한 각종 사항을 지원하는 활동이며, 주로 학교급식 지원봉사, 스쿨존 교통지원 봉사, CCTV 상시 관제, 보육시설 봉사, 지역아동센터 봉사, 도서관 봉사, 공원, 놀이터 등 공공시설 봉사, 문화재 시설 봉사, 공공의료 및 복지시설 봉사, 지역사회 환경개선 봉사, 주정차 질서계도 봉사, 어린이 안심 등하교 지원봉사 등이다.

ⓓ **경륜전수활동** : 노인이 평소 가지고 있는 경험과 지식, 삶의 지혜를 동세대, 아동·청소년 세대 등 지역공동체 구성원들과 공유하는 활동으로, 주로 건강체조, 취미생활지도, 문화공연활동, 체험 활동지원, 경륜전수 활동 등이다.

② 재능나눔 활동

ⓐ **노인 안전예방 활동** : 노인여가복지시설 및 공공시설 안전 관리 활동

ⓑ **상담안내 활동** : 노인상담, 학대예방, 인권지킴 활동, 박물관 안내, 내외국인 대중교통 안내, 복지 서비스 안내 등

ⓒ **학습지도 활동** : 교육 및 학습 지도 활동

ⓓ **문화예술 활동** : 음악회, 공연 등 문화공연 활동

③ 사회 서비스형

ⓐ **아동시설지원** : 돌봄 서비스 이용 아동, 등하교 및 급식지원, 보육교사 보조, 생활지도 서비스 제공을 위한 활동으로 지역아동센터 지원, 다함께 돌봄 시설 지원, 보육시설 지원 등이다.

ⓑ **청소년 시설지원** : 관련 시설 환경정비 및 급식지원 서비스 제공을 위한 활동으로 청소년 수련관시설 지원, 청소년 상담복지센터 지원 등이다.

ⓒ **장애인 시설지원** : 장애인 보호시설 등 대상자 보조 및 지원, 이용대상자 보조 및 급식지원 서비스 제공을 위한 활동으로 장애인 관련시설과 장애인특수학교 지원 등이다.

㉣ **취약가정 시설지원** : 한부모 가족의 아동보호 및 교육지원, 새터민 등 정서지원을 통한 정착지원, 관련 시설 환경정비 및 급식지원 서비스 제공을 위한 활동으로 한부모 복지시설 지원, 다문화 가족시설 지원, 건강가정지원센터 지원 등이다.

㉤ **노인시설지원** : 시설이용 노인 서비스지원 및 환경정비 지원(경로당 제외), 학대예방 지원, 캠페인 및 각종 노인시설지원 서비스 제공을 위한 활동으로 재가노인복지 시설 지원, 다문화가족 시설 지원, 노인보호 전문기관 지원 등이다.

④ 시장형 사업단

시장형 사업단은 공동 작업형, 제조 판매형, 서비스 제공형으로 구분되며, 노인에게 적합한 업종 중 소규모 매장 및 전문 직종 사업단 등을 공동으로 운영하여 일자리를 창출하는 사업으로, 일정 기간 사업비 또는 참여자 인건비를 일부 보충지원하고 추가 사업소득으로 연중 운영하는 노인 일자리이다.

주로 공동작업장 운영사업, 식품제조 및 판매사업, 공산품제작 및 판매사업, 매장운영 사업, 지역영농사업, 기타 제조 및 판매사업, 영유아 및 청소년 교육지원, 아파트택배 사업, 지하철택배 사업, 세차 및 세탁사업, 소상공인 협력사업 등이다.

⑤ 인력 파견형 사업단

인력 파견형 사업단은 관리사무 종사자, 공공·전문직서비스 종사자, 판매종사자, 농림어업 숙련 종사자, 기능원 및 관련 기능종사자, 생산·제조 단순노무직 등으로 구분되며, 수요처의 요구에 의해서 일정 교육을 수료하거나 관련된 업무능력이 있는 자를 해당 수요처로 연계하여 근무기간에 대한 일정 임금을 지급받을 수 있는 일자리사업이다. 주로 경영, 영업, 판매 및 운송 관련 관리자, 기타 사무직, 교육 관련 종사자, 예식 및 보건·의료 서비스, 운송 및 여가 서비스, 조리 및 음식 서비스, 배달원, 계산원 및 매표원, 판매원 및 판매 단순종사자, 농림 어업 작물재배 종사자, 식품가공 관련 종사자, 기타 기능 관련직, 생산·제조, 단순노무직 등이다.

⑥ 고령자 친화기업

㉠ **기업인증형** : 다수의 고령자(만 60세 이상)를 고용하고 있고, 추가 고용 계획이 있는 기업

㉡ **모기업 연계형** : 모기업의 자원을 연계하여 설립된 기업

㉢ **시장형 사업단 발전형** : 성과가 우수한 시장형 사업단이 자립하여 사업을 운영하는 형태

㉣ **브릿지형** : 지역 특성을 반영한 소규모 사업이 고령자친화기업으로 발전된 형태

㉤ **시니어 직능형** : 퇴직노인의 숙련된 기술과 전문지식을 활용하여 사업을 운영하는 형태

대부분 고령친화 기업은 주로 식품제조 및 판매사업, 일상생활 지원서비스 사업, 베이커리류 제조, 세탁 및 드라이 크리닝 사업, 시설관리 서비스 제공 등이다.

5) 노인 재취업의 과제

① 베이비부머 세대의 은퇴급증에 따른 고용대책 마련과 이에 따른 고령자 고용 촉진을 위한 법적, 제도적 개선이 시급하다.

② 고령자를 위한 취업형태 다양화와 적합 직종 개발이 필요하다.

③ 사회 환경 변화에 따른 개인의 직업능력개발과 고령자를 위한 직업훈련 및 적응훈련 프로그램 개발이 필요하다.

④ 정년 없는 100세를 위하여 평생교육적 차원의 접근이 필요하다.

⑤ 고령자를 위한 취업상담 및 취업알선 기관과의 통합 시스템 구축과 지역사회유관기관의 연대를 통한 네트워크를 통해 각 기관과의 업무 효율성 일원화가 필요하다.

6) 노인 재취업의 성공전략

(1) 재취업에 성공하기 위해 버려야 할 것들

① 이 정도 급여는 받아야지 하는 생각부터 버려야 한다.

② 재취업을 하려면 나이와 지위, 체면을 버려야 한다.

③ 과거에 대한 향수와 그리움을 버려야 한다.

(2) 재취업을 위해 갖춰야 할 것들

① 취업에 성공하려면 무엇보다 자신만의 주특기와 노하우가 있어야 한다.

② 젊은 후배들에게 경쟁자가 아닌 조언자와 자문가가 되어야 한다.

③ 경험과 노하우가 적성에 맞는 일을 찾아야 한다.

핵심정리

1. 노인들의 일자리 창출을 위한 자기개발 시 유의점

① 나이와 과거의 지위에 연연하지 않고, 주어진 일에 최선을 다하고 일에 적응하려는 자세가 필요하다.

② 노인 스스로 일을 하려고 하는 적극적 자세와 재취업을 위하여 자격증 취득과 자기개발에 힘쓰고, 구인을 위해 자발적이고 능동적으로 취업정보를 파악하고 대처하는 자세가 필요하다.

③ 은퇴 전 준비교육 참여와 퇴직 후의 재취업에 대한 사전준비를 통해서 취업할 수 있는 능력을 기르고, 인생 이모작을 위해 새로운 기술과 전문지식을 터득하면 재취업하는 데 도움이 될 것이다.

2. 미래 웰빙 희망직종

① 지구 온난화에 대처하는 녹색 직업군의 확대

② 스마트 인공지능시대를 이끄는 실버산업 직업 확산

③ 첨단기술 관련 직업의 발전

④ 글로벌화를 이끄는 직업의 확대

⑤ 일과 삶 균형을 추구하는 직업 확대

⑥ 고령인구와 다문화 사회를 위한 직업증가 등

3. 노인일자리 사업의 활성화 방안

① 참여노인의 근로소득을 높여나가야 한다.

② 소득 창출형 일자리의 근로조건 개선이 필요하다.

③ 노인들의 사회참여 활성화가 필요하다.

④ 다양한 고용 및 복지서비스 정보 제공 기능을 강화해야 한다.

제3부

노인교육의 응용과 과제

10 CHAPTER 종교기관과 노인교육

1. 종교기관과 노인복지사업

우리나라에는 다양한 종교들이 분포하고 있다. 지역사회 곳곳에 위치하고 있는 종교기관들의 프로그램을 통해 노인복지사업에 대한 전반적인 유형과 문제점, 활성화 과제를 살펴보았다.

1) 종교기관 노인복지사업의 유형

종교기관 노인복지사업의 주요 사업 유형을 정리하면 다음과 같다.

① 소득지원 사업

노인의 복지사업에 활용하기 위한 소득지원 사업으로는 생활용품 지원, 후원금 지급 및 바자회 사업 순으로 가장 큰 비중을 차지하고 있다.

② 의료지원 사업

의료지원 사업은 간병인 서비스, 의료기관 안내, 무료진료, 무료 건강진단과 진료비 지원사업 등이 대표적이며, 또한 건강 체조, 의약품 지원, 물리치료, 보장구 지급 등이 실시되고 있다. 특히 이러한 프로그램 중에서는 간병인 서비스, 의료기관 안내 및 무료진료를 다른 프로그램보다도 더욱 많이 실시하고 있는 것으로 보아, 종교기관에서 의료분야의 노인복지 방안이 체계적으로 진행된다면 의료복지 예방차원에서 큰 성과를 이룰 수 있다.

③ 교육지원 사업

교육지원 사업은 종교교육, 건강교육, 교양강좌, 노인교실 운영, 취미교육, 노인대학 설치, 한글교실 순으로 실시하고 있었으며, 종교교육과 건강교육을 가장 많이 실시하고 있다. 이러한 프로그램 이외도 교양강좌와 노인교실 운영도 어느 정도 실시하고 있는 것으로 보아, 전문적이고 체계적인 노인복지사업의 발전 가능성이 있다.

④ 시설지원 사업

시설지원 사업은 노인복지시설 방문· 지원, 경로당 운영, 노인복지관 운영, 노인대학 운영, 주간보호센터, 노인 휴양소 운영 및 추모공원 설치 등 운영하고 있으며, 이러한 프로그램 중에서 노인복지시설의 방문· 지원을 가장 많이 운영하고 있다.

⑤ 경로우대 사업

노인복지사업의 가장 근간을 이루고 있는 경로효친 사업을 살펴보면 어버이날 행사, 효도관광, 경로잔치, 노인의 날 행사 순으로 실시하고 있고, 이러한 프로그램 중에서는 어버이날 행사, 효도관광 및 경로잔치를 가장 많이 실시하고 있다.

⑥ 재가복지 사업

재가복지 사업은 노인가정 방문사업이 압도적으로 많고, 호스피스, 이발 및 이· 미용서비스, 무료급식, 노인상담과 후원가족 맺기, 푸드뱅크 사업, 독거노인 지원서비스 등을 실시하고 있고, 이 프로그램 중에서는 노인가정 방문사업이 가장 많이 실시되고 있다.

2) 종교기관의 노인복지사업의 문제점

종교기관이 대부분 노인들을 위한 프로그램은 연중 행사나 일회성, 전시성 행사가 많다는 점이다. 따라서 구체적인 노인복지사업의 문제점을 살펴보면 다음과 같다.

(1) 노인복지사업의 운영 정책상의 미흡

노인복지사업이 갖는 목적이 무엇이어야 하는지에 대한 명확한 지향 목표와 그에 따른 절차나 계획이 미흡하다 할 수 있는데 이러한 문제점은 네 가지 측면에서 살펴볼 수 있다.

첫째, 노인복지사업에 있어서 특히 수용시설이 아닌 이용시설에 속하는 사업들은 종교가 지역사회의 노인의 변화요구에 복지수요를 체계적이고 지속적으로 대처하지 못하고 있다.

둘째, 노인복지사업은 복지수요를 바탕으로 수요를 충족시킬 수 있는 전문적, 세부적 프로그램을 계획, 실시, 평가할 수 있는 능력을 구비하여야 하지만 우리나라의 종교기관은 실적 위주의 노인전시성 행사가 많아 노인들의 기본적인 욕구수요 파악조차 못하고 있는 만큼 프로그램의 전문성 확보가 어렵다.

셋째, 종교기관 내에서 종교지도자가 노인복지사업 정책을 결정하고 시행, 평가하는 과정에 있어서 교인들의 호응도와 지도자들의 의식구조에 따라 좌우되어 종교지도자들이 일관성 있게 사업을 추진하거나 현실적으로 지속성 있는 사업을 추진하기가 어렵다.

이외에도 종교기관 내에 노인복지사업을 전담하는 부서가 없기 때문에 종교기관 운영상 많은 어려움이 따르며, 대부분의 종교 행정이 종교기관을 운영하는 데만 맞추어져 있기 때문에 변화를 시도하기가 어렵다. 또한 일부 참여하는 종교단체와 개인은 많이 있지만 종교가 연합적으로 노인복지사업을 운영·추진하는 데도 한계가 많이 있다.

(2) 자원 활용의 어려움

일부 종교 지도자들은 지역사회를 위해서 노인복지사업을 펼치고 싶어도 인적자원이나 시설자원, 재정자원, 조직 등이 부족하여 엄두를 내지 못하는 종교기관도 있다.

하지만 대부분 중, 대형 종교기관들은 충분한 자원을 가지고 있으면서도 제대로 활용하지 못하고 있다. 이러한 노인복지사업을 추진하는 데 당면하고 있는 자원활용 문제점을 세 가지로 구분해서 살펴보면 다음과 같다.

첫째, 인적자원의 취약성이다. 많은 종교기관이 노인복지활동에 참여하지 못하는 결정적인 이유 중 하나가 종교 기관들이 지니고 있는 인적자원 구성의 취약성을 들 수 있다. 또한 노인복지 사업을 추진하는 데 있어서 전문화된 인원이 부족하여 전문성 있는 사업추진을 주저하게 되고, 자원동원 여부에 따라 성패가 좌우되는 사업이기 때문에 전문적으로 노인복지를 운영 관리할 수 있는 인적자원이 부족하다는 점이다.

둘째, 시설과 조직이 부족하다는 점이다. 종교기관의 시설장소가 노인복지사업을 추진하는 데 장소가 협소하고 이 사업을 추진하는 데 구역조직, 기능별 조직 등이 부족하여 종교기관 이외의 프로그램을 진행하는 데 많은 제약점을 가지고 있다.

특히 종교기관이 평일 날 장소를 개방하는 데 꺼리고 있고, 노인들에 대한 자원봉사에 대하여 교인들조차 봉사하는 데 인색하고 호응도가 낮기 때문에 사업자체 추진과 조직구성 조차도 어려움이 많다.

셋째, 재정자원 취약한 자체 조달의 재정 상태하에서 발전적인 새로운 서비스 프로그램의 계획과 시행은 대단히 어렵다는 점이다. 또한 종교기관의 노인복지 사업 대상을 교인과 비교인 모두를 대상으로 하지만 노인복지 예산은 더욱 제한되고 정규예산에 편성되지 않고, 임시적, 간헐적으로 종교기관 조직 모임 및 사회봉사 예산에서 지출되는 경우가 많은 실정이어서 지속적인 사업을 추진하기가 어렵다. 아울러 종교적 특수성 때문에 정부의 지원이나 민간지원도 한계가 있다.

(3) 제도적 구조상의 취약

종교기관의 제도적 구조상의 문제점을 살펴보면 다음과 같다.

첫째, 행정적 제도상의 문제점이다. 노인복지사업을 추진하는 데 서비스의 전달체계가 행정적으로 통합되고 전문화되어 있지 못하고 있으며, 지역사회가 가지고 있는 자원들과 종교기관이 가지고 있는 자원들에 대하여 서로 공유할 수 있는 정보망구축이 이루어지지 않아 일반 노인복지기관과 프로그램들이 중복되거나 예산이 낭비되는 경우가 있다.

둘째, 지역사회 유관기관과의 유대가 부족하다. 지역사회의 종교기관이 자체 운영하는 데만 급급했지 지역사회의 현안문제에 대해 참여하고 이해하는 데 관심이 부족하였다. 대부분의 종교행사들이 이벤트성 행사로 단회성을 띠고 있어 그 효과성이 의문시되어 왔다. 특히 노인복지사업을 추진하는 데도 자기행사 과시가 많고 지역사회 유관기관과의 협력구축이 되어있지 못해 전혀 도움을 받지 못하는 실정이다.

셋째, 종교단체가 초교파적 연합활동이 미흡하다는 점이다.

지역사회에는 다양한 종교기관들과 단체들이 많이 있다. 그러나 종교기관들이 서로 교류가 되지 못해 자체행사 위주로 진행하다 보니 시설이나 인적자원, 재정자원 등이 많은 부담으로 작용하여 행사가 편의주의적인 일시성 행사가 진행되는 경우가 많다는 점이다.

(4) 프로그램 및 서비스상의 문제

오늘날 한국 종교기관이 노인복지사업 유형의 개발에 있어 프로그램이나 서비스 시설들이 다양하지 못하고 단조로움에 빠져 있어 본질적인 많은 문제점을 내포하고 있다.

이에 대한 내용을 구체적으로 살펴보면 다음과 같다.

첫째, 노인들을 위한 프로그램의 단조로움이다. 노년기에 노인들은 심리적, 정신적, 육체적인 건강관리를 지속적으로 유지하기가 힘들며, 여가활동이라든가 재활기능의 문제를 해결하는데, 이를 위한 다양한 특성에 맞는 프로그램 개발이 시급함에도 불구하고 노인들의 욕구조사가 제대로 파악이 되지 않는 상태에서 일방적으로 종교시설 내에서 프로그램들이 진행되고 있다. 또한 기존의 프로그램 중에서 노인 여가 프로그램이나 취미오락 프로그램마저도 만족하지 못하고 있는 것으로 나타났다. 실질적으로 노인들은 소극적이고 단순하고 적응력이 떨어져 밀접한 인간관계를 가질 수 있도록 생활의 변화와 의욕을 느낄 수 있는 프로그램 개발이 절실하다. 그러나 대부분 기존의 프로그램들이 단순한 유희에 치우쳐 있어 인간관계 장애를 극복하는데 많은 어려움을 가져다주고 있으며, 이에 따라 장애를 갖고 있는 고령자들의 생활을 변화시킬 수 있는 적실한 프로그램이 필요하다.

둘째, 다양한 노인복지 서비스가 활성화되어 있지 못하다는 점이다. 대부분의 노인들은 육체적, 정신적, 심리적 기능 저하로 일상생활을 영위하는 데 많은 도움이 필요한 실정이다. 특히 노인들은 가족들과 헤어져 있거나 주거환경시설 등이 열악하여 인간의 기본적인 삶의 질을 누리기가 어렵다. 그뿐만 아니라 대부분의 노인들은 일상생활에 장애를 느끼고 있어 노인성 만성질환자들이 관리가 어려운 실정이므로 만성질환자의 조기 발견 및 적절한 치료활동, 정기적인 건강검진사업 등이 제대로 이루어지지 못하고 있는 실정이다.

따라서 이러한 상황하에 국가는 다양화되는 노인문제를 해결하려고 노력 할 것이나, 노인복지에 대한 국가의 정책에도 한계가 있을 수 있다. 이에 국가정책의 한계에 대한 보완이 필요한데 그중 지역사회를 위해 종교기관의 역할이 무엇보다도 중요하다고 말할 수 있겠다.

3) 종교기관의 노인복지사업의 활성화 방안

노인복지의 출발점은 기본적으로 가정에서 출발되어야 하며, 이것이 충족되지 못하는 상황이 발생하는 경우 지역사회 노인들을 위해 종교기관의 참여가 요청된다고 하겠다.

따라서 노인복지사업을 위하여 그 활성화 방안을 살펴보면 다음과 같다.

(1) 종교기관 내의 인적자원 활용방안

한국 종교기관이 인적, 물적 자원을 가지고 있음에도 불구하고 지역사회를 위해 적절히 사용하지 못하고 있는 실정이다. 그래서 종교기관의 노인복지사업을 향상시키기 위해서는 다각적인 활성화 방안이 요구된다.

첫째, 전문인력 확보방안이다. 종교기관의 노인복지사업이 활성화되지 못하는 이유 중 하나는 전문인력의 부족함이다. 따라서 전문가 교육을 통하여 의식의 변화와 전문성을 갖도록 하고 이러한 인적 자원을 행정적으로 조직화하고 활용하는 데 필요하다. 또한 종교기관의 노인복지의 전문화를 위한 전문인의 채용과 전담부서 신설, 지도자와 일반 교인들에 대한 전문적인 교육도 필요하다. 그리고 종교지도자들의 양성을 위해서도 대학교에서 노인복지학의 내용이 포함된 교육이 필요하며, 기존 종교지도자들에 대한 재교육 및 자문의 기회도 확대되어야 한다.

둘째, 종교기관 내의 교인들의 인적자원의 발굴을 통해서 종교기관 내 복지사업의 구체적인 봉사방법과 기술을 가르쳐 전문성을 갖추도록 하여야 할 것이다. 종교기관 내의 인적자원을 체계적으로 육성하고 관리하기 위해서는 종교기관 내의 전산화 정보망을 구축하여 교인들의 성향과 다양한 매뉴얼을 만들고, 설문지의 작성을 통하여 교인들의 호응도를 조사하고 참여영역을 알아보며, 인적 네트워크화를 구성하여야 한다. 아울러 노인복지사업을 위해 자원봉사자 훈련 프로그램을 계속적으로 개발하고 교육 프로그램에 참여하여 전문가들을 배출하고 조직을 구성해야 한다.

셋째, 종교기관 행정 조직의 개선과 유관기관과의 연대가 필요하다. 지역사회에 존재하는 종교기관들이 각 종교기관 본부 산하에 노인복지를 담당하는 전문부서를 설치하여 현재 실시하고 있는 노인복지사업이 전문적인 수준에서 이루어질 수 있도록 지도 교육해야 한다. 재정과 시설이 완비된 종교기관은 노인복지 전문가를 채용하도록 하고, 재정모금을 위한 각종 사업을 주도하며, 기타 많은 종교기관이 노인복지사업에 참여할 수 있도록 유도하고 지원을 해주어야 한다. 또한 원활한 노인복지사업을 추진하기 위해서는 지역사회에 위치하고 있는 유관기관과의 유대를 통해 상호협력 구축이 반드시 필요하며 서로 정보공유도 필요하다.

아울러 동일지역의 종교기관들의 노인복지사업 실시에 있어서 중복성을 방지하고 효율적으로 노인복지사업을 전개해 나가려면 지역 내 초종교적인 연합체 조직이 필요하다.

(2) 다양한 재원확보의 활성화

한국 종교기관들이 지니고 있는 재정적 열악함을 타개하기 위하여 또는 종교기관 내의 노인복지사업 재원을 확보하기 위해서는 다양한 재원확보의 방안이 필요하다.

첫째, 노인복지사업을 위한 사회 봉사비를 제도적으로 의무화하는 방안이다. 대부분 종교기관들의 1년 예산이 시설운영 유지로 사용되고, 사회봉사비 사용은 매우 적기 때문에 노인복지사업의 지속성과 일관성 있게 안정적으로 추진하는 데는 매우 어렵기 때문이다.

따라서 재정의 원활한 조달을 위해서 예산 편성 시 사회복지 항목을 의무적으로 책정하여 제도화한다든가, 매주 들어오는 재정의 일정 비율을 사회봉사비로 적립한다든가, 노인복지 사업을 위한 후원회를 조직한다든가, 정기적인 특별기금 확보와 바자회 등 기타 수익사업 연례행사 등이 필요하다.

둘째, 재정지원의 창구를 일원화하는 방안이다. 최근에 한국 종교기관들이 지역사회를 위해 사회봉사에 많이 참여하고 있다. 노인복지사업의 지속성과 독립성을 위하여 종교기관 내에서 재정지원의 일원화가 필요하다. 또한 종교본부 차원에서의 재정 전문부서를 만들어 모금, 분배, 지도감독의 기능을 원활하게 수행할 수 있도록 해야 한다. 재정지원이 체계적이고 신속히 이루어지면 종교기관의 노인복지 사업 활동이 능동적으로 추진될 수 있을 것이다.

(3) 시설운영의 활성화

한국 종교기관이 보유하고 있는 시설을 지역사회 복지차원에서 개방하고 활용한다면 한국 종교기관의 발전뿐만 아니라 지역사회복지 증진에 엄청난 파급효과가 클 것이다. 이에 종교시설을 개방하여 노인들의 욕구를 충족시키기 위한 시설 운영의 개선방안을 살펴보면 다음과 같다.

첫째, 지역 종교기관들의 연합으로 지역사회에서 종교시설을 개방하고 중간이용시설로 활용해야 하며 홍보해야 한다. 이러한 활용을 통해서 노인복지사업을 실시하는 데 시설부족 문제를 어느 정도 해결할 수 있고, 기존의 사회복지 기관과의 유대연계를 통해서 시설활용에 도움을 받을 수 있다. 또한 노인복지 사업을 위한 종교시설의 홍보를 다각화하고 시설의 다양한 서비스와 운영프로그램 개선 등 지역주민의 복지를 높이기 위해서 시설의 운영사항 활용에 대해 지역사회에 홍보해야 한다.

둘째, 시설의 개방화에 따른 자원봉사자의 활용방안이다. 대부분의 종교기관은 각종 부대시설들을 포함하고 있다. 주로 본당, 교육관, 식당, 주차장 등 다양한 시설들이 있지만 실제 지역사회에 거주하는 노인들이 이용하는 데는 한계가 있다. 따라서 종교기관을 개방하여 자연스럽게 노인들과 함께 즐길 수 있는 프로그램을 개발하여 지역사회 주민들과 공유할 수 있는 방안들이 필요하다. 또한 노인복지사업에 따른 종교시설 개방에 따라 자원봉사자들을 체계적으로 교육을 시켜 시설운영 관리하는 데 원활한 봉사를 할 수 있도록 제도적인 개선 방안이 필요하다.

셋째, 종교 시설자원의 특성화가 필요하다. 지역사회에는 종교기관이 많지만 이들 종교기관이 모두 노인복지사업을 위한 공간을 제공할 수는 없다. 종교기관의 시설을 효과적으로 사용하기 위해서는 먼저 시설이용을 위한 준비과정이 필요하다. 이를 위하여 노인들의 욕구조사와 지역사회 실태조사를 통하여 지역사회 내의 특수성과 문제를 정확히 진단해야 한다. 그리고 종교시설의 특성에 의하여 지역사회 욕구에 따른 사업을 결정하고, 종교별로 가장 필요한 관심영역에 따라 분야별로 실현 가능한 노인복지사업을 선택하여야 할 것이다.

(4) 서비스 및 프로그램 유형의 다양화

우리나라는 전후 베이비 붐 시대에 인구증가에 따른 노인계층의 급격한 증가와 소가족화에 의한 핵가족제도의 붕괴로 인해 노인들을 위한 새로운 복지사업이 필요하다.

또한 향후 나타날 여러 가지 복합적인 노인문제에 대한 준비가 절실히 필요하여 노인복지사업에 대한 새롭고 다양한 유형 개발과 서비스 및 프로그램의 변화를 요구하고 있다. 따라서 이에 대해 구체적인 활성화 방안을 살펴보면 다음과 같다.

첫째, 다양한 노인복지 서비스 유형 개발 방안이다. 지역사회 현실에 맞는 노인복지사업을 위해서는 현재 노인들이 어떠한 주거환경에 살고 있으며, 어떻게 살기를 희망하는지, 그들의 욕구가 무엇인지 등 고령자들의 실태를 파악해야 한다. 지역의 노인들의 수요요구 조사 분석을 통해 노인들이 필요로 하는 노인복지사업 프로그램을 시대적 상황의 요구에 맞게 다양한 개발을 해야 할 것이다.

둘째, 교인들의 노인복지사업 참여유도를 위한 교육유형의 다양화 방안이다. 교인들로 하여금 노인에게 관심을 갖게 하는 방법은 어버이주간을 적절히 활용한다든지, 종교시간에 지도자가 노인문제에 대해 집중 교육한다든지, 종교기관 내에서 강연 및 세미나를 노인을 주제로 구체적으로 다룬다든지, 외부 전문강사를 초청해 강연을 하거나, 청년·대학부에서 연구 발표하는 세미나를 개최한다든지, 연극발표를 갖는 것 등을 통해 종교기관의 관심을 불러일으킬 수 있다.

셋째, 지역특성을 고려한 프로그램의 활성화 방안이다. 노인들이 활기찬 노후생활을 보낼 수 있도록 여가활동을 지원하여 노인들의 사회활동 참여욕구를 충족시키고, 노후생활을 보람 있게 보낼 수 있도록 지원해 주어야 한다. 특히 노인들이 새로운 일이나 취미생활 등 단조로운 프로그램에 만족을 느끼지 못하면 할 일 없이 시간을 보내게 됨으로써 더욱 고독감과 소외감을 느낄 수 있기 때문이다.

따라서 지역의 특성을 고려한 노인자원 봉사활동 프로그램이나 건강 프로그램, 취미 및 여가 프로그램, 직업재창출 프로그램, 지역사회를 위한 봉사활동 프로그램, 노인들의 전직 경험을 살려 각종 서비스를 제공할 수 있는 노후 창출 프로그램, 노인교육 프로그램 등 시설운영 주체자들이 노인들을 위해 창조적이고 적극적인 여가를 보낼 수 있는 다양한 프로그램들을 개발해야 한다.

(5) 노인학대와 노인자살을 통합관리 하는 전문기관과 전문가 양성 구축

노인학대와 노인자살을 통합관리 할 수 있는 전문기관과 전문가 양성 구축이 시급하고, 학대노인들을 치료할 수 있는 프로그램 개발과 쉼터, 학대 가해자들에 대한 교정복지 치료 프로그램의 개발 등 제도적 보완이 필요하다.

아울러 사전에 노인학대와 자살을 예방할 수 있는 지속적인 교육, 노인학대 경험이 있는 노인들을 보호하고, 상담지원 할 수 있는 정책적 지원, 지역사회에서 사회적으로 도움을 받을 수 있는 시스템, 가정에서 소외받는 노인들을 위해 찾아가는 서비스를 개발해야 할 것이다. 이를 위해 현재 전국에 운영되고 있는 경로당을 어르신 종합정보센터로 변경하여 교육, 정보, 건강, 상담, 치료 프로그램, 쉼터 기능으로 점진적으로 개선해 나가야 할 것이다.

마지막으로 피해자 중심의 프로그램도 중요하지만 가장 근본적이며 원인 제공자인 가해자를 위하여 지속적인 교정복지 치료 프로그램을 개발하여 보급해야 할 것이며, 프로그램 운영 전문가도 양성해야 할 것이다. 그리고 가해자 치료 프로그램의 선진국 우수사례를 연구하고, 다양하고 종합적인 사전 사후방안들이 심도 있게 연구되어야 할 것이며, 지역사회가 노인문제에 대해 보다 새롭게 접근해야 할 대안모색이 강구되어야 할 것이다.

2. 종교기관의 노인교육

1) 종교기관에서의 노인교육의 가치

종교기관에서 노인교육은 어떠한 가치가 있는지 살펴보면 다음과 같다.

① 인간은 죽을 때까지 사회 환경 속에서 다른 사람과 상호 의존하면서 생활환경을 구축해 나갈 수 있다.

② 종교생활을 하는 노인일수록 사회참여 활동이 활발하다.

③ 종교생활을 하게 되면 노년기 심리적 불안을 극복할 수 있다.
④ 종교생활이 죽음에 대한 인식을 긍정적으로 변화를 준다.

2) 종교기관에서의 노인교육의 목표

종교기관에서 노인교육의 목표를 살펴보면 다음과 같다.

① 봉사의 목적 : 지역사회를 위해 봉사할 기회를 제공한다.
② 교육의 목적 : 평생교육의 기회를 제공한다.
③ 회복의 목적 : 노년기에 찾아오는 고통을 줄이고, 자기역할에 대한 회복과 삶의 의지를 개선할 수 있다.
④ 건강의 목적 : 노년기 삶의 질을 위한 각종 취미활동, 여가선용, 오락활동, 여행, 운동, 인간관계 등 신체적, 정신적 회복 등이 이루어진다.
⑤ 통합의 목적 : 공감대가 형성되고 집단의 소속감과 젊은 세대와 노년 세대 간의 갈등을 줄여나갈 수 있다.

3) 종교기관에서의 노인교육의 영역

종교기관에서 노인교육의 영역 범위를 정리하면 다음과 같다.

① 노년기에 나타나는 신체적, 정신적 변화 특성에 대한 교육을 함으로써 노인들이 노년기의 삶을 편안하게 받아들일 수 있도록 도움을 주어야 한다.
② 노년기에 나타나는 역할 상실과 고독감, 소외감을 노인교육을 통하여 줄여나가는 데 도움을 주어야 한다.
③ 갑자기 찾아오는 배우자의 사별과 본인들의 죽음에 대하여 미리 준비하고 편안히 맞이할 수 있도록 죽음예비 교육이 필요하다.
④ 정년퇴직으로 인하여 직업에 재도전 할 수 있는 동기부여와 은퇴생활을 안정적으로 보낼 수 있는 교육지원이 필요하다.
⑤ 은퇴 후 경제적 고통과 일상생활의 어려움을 극복해 나갈 수 있는 노인들을 위한 교육이 필요하다.

⑥ 고통을 받는 노인들에게 고통회복을 위해 종교의 힘을 북돋아 주고 가르쳐야 한다.

4) 종교기관에서 노인교육의 지침

종교기관에서 노인대학을 운영할 때 교육지침을 살펴보면 다음과 같다.

① 교육주제와 교육자료들은 어르신들에게 유익하고 실질적인 도움을 주는 내용들로 다루어야 한다.
② 노인들의 교육이 흥미와 관심을 유도할 수 있는 동기부여가 있어야 한다.
③ 노인교육 시간은 자유로워야 하며, 너무 강의시간에 매이지 않고 자주 휴식시간을 갖도록 한다.
④ 노인교육은 노인들 스스로 참여교육을 실시하며, 체험과 견학 등 다양한 학습방법을 채택해야 한다.
⑤ 노인들이 원하는 맞춤형 노인교육 프로그램들이 만들어져야 한다.
⑥ 교육장소가 접근성이 편리해야 하고, 집중력이 떨어지기 때문에 시청각 자료들을 활용한다.

5) 종교기관 노인교육 프로그램 내용

지역사회의 종교기관 내에서 노인교육 프로그램의 주요 내용을 간단히 정리하면 다음과 같다.

① **경제 분야** : 노후의 자산관리, 용돈 관리, 효과적인 금전관리, 노후의 수익사업, 노인 재취업, 창업 및 노인일자리 사업, 상속 및 유산관리, 경제 상식 등
② **지적 분야** : 생활 법률상식, 사회보장제도, 노인과 예절, 우리 역사와 전통문화, 미래사회의 도전과 위기, 국제사회 흐름, 사회 변화제도 및 정책 등

③ **정서적 분야** : 행복한 노후의 삶, 건전한 이성관계, 질병과 정신건강, 치매 예방, 고독사와 고립사 예방하기, 젊은 세대와 소통하기, 취미활동, 종교와 삶의 의미, 죽음예비 교육 등
④ **사회 분야** : 바람직한 노인의 역할, 노부모 역할, 가족관계, 사회복지 서비스 지원제도, 인간관계와 의사소통, 고부간 갈등관계, 자녀와의 대화법, 노년기의 여가생활과 봉사활동, 지역사회와 환경문제, 여행 이야기, 한반도와 통일의 과제, 지역사회기관 이용하기 등
⑤ **건강 분야** : 노후의 질병관리, 노인의 생활습관, 약물남용, 장수 비결, 노인의학상식, 영양관리, 노인운동, 케어서비스 지원, 요양원과 요양병원 이용하기, 노인자살과 우울증 예방, 노인인권과 노인학대, 노인 성교육 등이다.

6) 종교기관에서의 노인교육 문제

① 지속적인 재정확보가 어렵다.
② 교육대상자가 다르다.
③ 종교단체의 전문성 확보가 어렵다.
④ 종교지도자들의 인식이 문제다.
⑤ 지역사회 유관기관과의 유대관계가 어렵다.
⑥ 종교기관 내의 자원 활용이 어렵다.
⑦ 다양한 프로그램 개발 및 서비스 지원 제공의 한계가 있다.

7) 종교기관에서의 노인교육 활성화 과제

종교기관에서의 노인교육의 활성화 과제를 살펴보면 다음과 같다.

① 지역사회 노인들을 대상으로 한 다양한 프로그램 개발과 참여유도가 필요하다.
② 노인들이 원하는 욕구 충족의 서비스 제공 확대가 필요하다.

③ 종교기관의 노인교육 프로그램이 일시적이 아니라 평생교육적 차원에서 접근해야 한다.
④ 종교기관의 지도자들이 인식이 바뀌어야 한다.
⑤ 종교기관 내의 인적자원과 물적자원 활용이 활발히 이루어져야 하고 전문가 양성이 필요하다.
⑥ 지역사회에서 종교기관들의 소통을 위해 통합 네트워크가 구축이 필요하고 유관기관과의 상호연대가 구축되어야 한다.

3. 종교와 죽음예비교육

1) 죽음예비교육의 개념과 필요성

죽음이란 인간이 태어나서 때가 되면 인생의 생을 마감하게 되는 것이다. 대부분 인간들은 어떻게 살 것인가에 대하여 고민하지만, 어떻게 죽을 것인가에 대하여는 막연하게 생각한다.

그래서 노후에 죽음교육이 필요하다. 죽음교육이란 죽음에 대한 가치와 태도가 인간행동에 어떻게 영향을 미치는지에 대해 생각할 기회를 제공하는 사회적 활동이라고 정의하고 있다. 따라서 죽음과 관련한 다양한 지식을 유용하게 배워야 한다.

2) 종교기관에서의 죽음교육 의미

종교에서는 죽음교육이 왜 필요한지 네 가지로 정리해 볼 수 있다.

① 인생을 배우고 깨닫게 해준다.
② 나에게 다가올 죽음을 준비하게 해준다.
③ 영적인 성장의 계기가 된다.

④ 죽음은 우리가 가야 할 곳이 어디인지 가르쳐 주며, 죽음은 인생의 훌륭한 스승이다.
⑤ 죽음은 또 다른 시작이다.

3) 종교기관에서 죽음준비 교육의 필요성

① 나에게 다가올 죽음 불안을 낮추기 위해서 필요하다.
② 인간의 생명의 존중과 자신의 존엄성을 회복하기 위해서이다.
③ 인생의 가치를 깨닫게 하고 새로운 삶을 준비하기 위해서이다.
④ 자살을 예방하고 삶의 존재가치를 감사하게 만들기 위해서이다.
⑤ 사후에 또 다른 삶에 대한 기대를 갖게 하기 위해서다.
⑥ 인간의 생사화복이 자기 뜻대로 되지 않는다는 것을 가르치기 위해서이다.

4) 죽음예비교육의 변천과 프로그램의 사례

(1) 우리나라의 죽음준비 교육의 변천

- 1973년 덕성여대에서 처음 죽음교육 실시
- 1978년 서강대학교에서 '죽음에 관한 강의' 교양개설
- 1996년 서강대학교에서 '죽음의 심리적 이해' 강좌 개설
- 1996년 고려대학교 최고위 교육과정 '삶의 정리와 교육'
- 2005년부터 강남대학교 사회복지학강의 '죽음학' 개설
- 2005년도 한림대학교 철학과에서 '죽음준비교육' 교양과목 개설
- 2005년 6월 이화여자대학교에서 '한국죽음학회' 창립
- 종교 및 복지시설에서 노인 대상 죽음준비교육 실시

(2) 노인 죽음예비교육 프로그램에서 다루어질 내용

노인의 죽음예비교육 프로그램에서 다루어질 내용에 대해서 정리해 보면 다음과 같다(http://cafe.daum.net/byp2001).

① 노년기의 생애, 노인에 대한 편견과 오해의 극복방법, 노화 관련 이론
② 노인, 노화, 죽음의 개념과 죽음에 관한 소개
③ 죽음의 형태와 과정, 뇌사설과 호흡 정지설
④ 죽음에 대한 태도, 죽음에 대한 노인들의 태도와 영향을 미치는 요인
⑤ 생명의 연장과 포기, 생명의지, 안락사, 자살
⑥ 임종간호, 유서 쓰기, 죽음과 장기기증
⑦ 장례식, 장례에 대한 선택, 장례의식 및 죽음의 해석, 죽음을 다룬 동영상 시청과 토론
⑧ 슬픔과 애도, 슬픔의 단계, 배우자 사별 시 극복하는 방법, 위안, 위로편지, 전화, 방문, 홀로 남은 자의 적응 등

(3) 죽음예비교육에 대한 사례

죽음준비 교육 참여 유무에 따른 죽음에 대한 죽음불안 및 삶의 만족도 차이에 대한 연구의 내용을 정리하면 다음과 같다(임송자, 2012 : 26).

① 여성이 남성보다 신체변화에 대한 죽음 불안이 높았고, 연령이 낮을수록 자신의 죽음과 관련한 태도와 미래차원의 만족도에서 긍정적이다.
② 학력이 높을수록 죽음에 대한 태도가 긍정적이고 삶의 만족도가 높다.
③ 직업에서는 회사원, 전문직이 주부, 무직자보다 자신의 죽음에 대한 태도가 긍정적이고 인지정서 불안이 낮았다.
④ 종교를 가지고 있는 사람이 자신에 대한 죽음태도에 긍정적이고 인지정서 불안이 낮았다.
⑤ 건강할수록 죽음에 대한 태도가 긍정적이고, 죽음불안이 낮았으며, 삶의 만족도는 높았다.
⑥ 죽음준비교육 참여자의 죽음에 대한 태도가 긍정적이었고, 인지 정서적 불안이 낮았으며, 삶의 만족도는 높았다.
⑦ 죽음준비 교육은 죽음에 대한 태도와 죽음불안 및 삶의 만족도에 긍정적 영향을 주고, 죽음 불안을 낮추어 준다.

(4) 노인의 죽음준비교육 프로그램 내용 사례

'지상에서 영원으로'를 주제로 한 죽음준비교육 프로그램 6회차에 대한 사례를 살펴보면 다음과 같다(http://cafe.daum.net/byp2001).

① 1회기 '죽음교육에의 초대' : 자기소개, 참가서약서 작성, 함께 친밀감과 신뢰감을 위해 놀이하기
② 2회기 '죽음 앞의 인간' : 백일, 돌 사진 감상과 이야기, 기저귀와 수의에 대한 경험 나누기, 올바른 죽음관 강의, 죽음과 관련된 자기감정 찾기, 기억에 남는 죽음 경험 나누기, 유산으로 남기고 싶은 것 만들기
③ 3회기 '사랑하는 사람과의 이별과 홀로서기' : 가족사진 전시하기, 생애발달과정별 경험 나누기, 동영상 시청하여 배우자 사별, 노년기 발달과업 강의, 모델 만들기와 사진 찍기
④ 4회기 '축복의 죽음' : 죽기 전에 해야 할 10가지 일 발표, 퀴블러로스(Kbler-Ross)의 심리적 죽음 단계 강의, 자신의 장례식 일정 짜기 및 발표, 가면 만들기
⑤ 5회기 '품위 있는 죽음' : 안락사 사례 소개, 의학적·법률적 지식 강의, 용서의 경험 나누기, 마무리하는 삶의 강의, 행복나무 함께 꾸미기
⑥ 6회기 '내 삶의 여백, 멋진 마무리' : 작품 전시 및 감상, 이별의 편지 낭독

프로그램 소감 및 미래 각오 발표, 귀중한 시간사용 방법, 세 가지 약속 선서, 검사 및 평가 실시, 수료증서 및 상품 전달 등

또 다른 노인 죽음준비 예비교육 프로그램을 간단히 살펴보면 다음과 같다.

① 1회 오리엔테이션 : 프로그램 소개 및 자기소개, 참여 동기 소개
② 2회 노년기의 삶의 이해 : 나는 누구인가? 나는 어떻게 살아왔는가?
③ 3회 자서전 쓰기 : 나의 사랑, 나의 가족, 평생 잊을 수 없는 사건, 용서와 화해, 감사
④ 4회 죽음 체험하기 : 죽음의 의미와 느낌, 죽음 체험하기, 사망기 작성
⑤ 5회 유가족 되어보기 : 사별의 경험 나누기, 초대하고 싶은 사람, 사후 유

가족이 되어 살아가기

⑥ 6회 법적 관계 : 상속과 유언, 사망행정 절차 알아보기

⑦ 7회 장례 준비 : 장례식장 견학체험, 영정사진 촬영하기

⑧ 8회 관계 회복하기 : 가족에게 영상편지와 묘비명 작성하기

⑨ 9회 영상으로 죽음시청 하기 : 영화감상 소감 나누기

⑩ 10회 유언장 작성과 희망목록 세우기 : 유언장 작성하기, 희망목록 작성하기

⑪ 11회 장기기증 교육 : 장기기증 교육

⑫ 12회 수료식 : 가족과 함께 수료식 진행

5) 종교기관의 죽음예비교육의 과제

종교기관의 죽음예비교육의 과제를 살펴보면 다음과 같다.

① 종교기관에서 연령별, 대상별로 죽음예비 교육 프로그램 개발 및 교육을 정기적으로 실시한다.

② 종교적 측면에서 죽음의 의미 전달교육과 사회적 개인자살을 예방하기 위해서 삶의 소중함을 일깨워 줄 수 있는 청소년과 일반인 대상 죽음준비 교육이 필요하다.

③ 종교기관이 장례문화에 대한 교육과 유언이나 죽음에 관한 법률, 장례절차 등에 대한 구체적인 내용 교육과 장례에 관련된 서비스를 제공한다.

④ 죽음예비교육 전문가를 양성하고, 유가족과 임종에 관련된 교육과 사후 복지서비스를 연결하는 시스템을 구축한다.

핵심정리

1. 종교기관의 노인복지사업의 활성화 방안

① 종교기관 내의 인적자원 활용방안
② 다양한 재원확보의 활성화
③ 시설운영의 활성화
④ 서비스 및 프로그램 유형의 다양화
⑤ 노인학대와 노인자살을 통합관리하는 전문기관과 전문가 양성 구축

2. 종교기관에서의 노인교육 문제

① 지속적인 재정확보가 어렵다.
② 교육대상자가 다르다.
③ 종교단체의 전문성 확보가 어렵다.
④ 종교지도자들의 인식이 문제다.
⑤ 지역사회 유관기관과의 유대관계가 어렵다.
⑥ 종교기관 내의 자원 활용이 어렵다.
⑦ 다양한 프로그램 개발 및 서비스 지원 제공의 한계가 있다.

3. 종교기관에서 죽음준비 교육의 필요성

① 나에게 다가올 죽음 불안을 낮추기 위해서 필요하다.
② 인간의 생명의 존중과 자신의 존엄성을 회복하기 위해서이다.
③ 인생의 가치를 깨닫게 하고 새로운 삶을 준비하기 위해서이다.
④ 자살을 예방하고 삶의 존재가치를 감사하게 만들기 위해서이다.
⑤ 사후에 또 다른 삶에 대한 기대를 갖게 하기 위해서다.
⑥ 인간의 생사화복이 자기 뜻대로 되지 않는다는 것을 가르치기 위해서이다.

11 CHAPTER 노인교육과 환경교육

1. 환경교육의 필요성과 원칙

1) 환경의 정의와 중요성

환경이란 한마디로 우주를 형성하는 모든 것의 총체라고 정의하고 있으며, 환경은 우리 주위를 둘러싸고 있는 모든 것이며, 인간의 활동에 영향을 주고 한편으로는 인간의 활동으로부터 영향을 받는 주변의 모든 요소를 말한다.

특히 환경을 보존해야 할 이유는 환경은 인간의 생명과 일치한다는 세계적인 공감의 정신을 발전시켜야 하고, 환경이 보존됨으로써 건강한 인류의 존속이 가능하기 때문에, 현재 삶의 질이 환경으로부터 얻은 것이기에 세계인 모두는 환경을 생명처럼 가꾸고 보존해야 한다는 것이다.

(1) 환경문제의 대두 배경

실질적인 지구촌 환경문제의 대두 배경을 다음과 같이 요약할 수 있다.

① **인간의 욕망** : 인간의 욕망 속에 의·식·주에 대한 에너지가 필요하여 환경에 대한 인위적 파괴 행위가 지속되고 있다.

② **산업의 발달** : 18세기 산업혁명 이후 산업화의 발달로 인하여 환경이 파괴되면서 사회가 발전하여 왔다.

③ **기술혁신** : 과학기술 발달로 환경 파괴적 물질이 개발되면서 살충제, 독성세제, 방사능, 원자력, 기타 등이 원인이 되고 있다.

④ **정치** : 정치력에 의해 환경보다 경제성장 우선 정책이 환경을 파괴시키고 있다.

(2) 환경문제에 관심 갖는 이유

최근 우리가 환경문제에 관심을 갖는 이유는 여러 가지 요인이 있을 수 있다.

① **개인적 차원** : 환경문제와 건강이다. 급성, 독성, 만성질병, 암, 기타 등이 발생하고 있다.
② **개인 및 소비자 차원** : 환경문제와 생활생존의 문제로 삶의 질과 영향이 있다.
③ **기업 및 국가차원** : 환경문제와 경제발전이 연관되어 지구촌 환경시대가 도래되고 있다.

(3) 환경문제의 발생원인

환경문제의 발생원인은 다양하지만 세 가지로 요약할 수 있다.

① **인구증가** : 현재 지구촌 환경은 그대로인데 지구촌 인구는 76억 명 정도로 계속 증가하고 있어 그 피해는 배로 늘어나고 있고, 환경 자생능력도 한계에 도달하였다.
② **도시화** : 보다 나은 삶을 위해 도시로 인구가 집중되다 보니 다양한 오염문제를 일으키고 있으며, 우리나라의 경우도 도시화가 심각하다.
③ **산업화** : 산업이 발달하면서 제품생산과 소비과정에서의 오염물질 배출 증가와 자연의 재생능력이 한계가 있고, 인간의 비양심적 행동이 환경오염을 부추기고 있다.

(4) 환경문제의 특성

환경문제의 특성을 살펴보면 다양한 원인을 가지고 있다.

① **과학적 불확실성** : 환경오염은 과학적으로 밝혀내기가 한계가 있다.
② **환경오염 피해의 계량화 곤란성** : 환경오염 피해를 계량화하기가 어렵다.
③ **기술적 복잡성** : 환경오염은 기술적으로 복잡하다.
④ **오염요인의 다양성** : 오염원인 물질들이 상호 관련성이 있다.
⑤ **오염원인의 심화 광범위성** : 오염문제끼리 상승작용을 일으켜 심각성을 일으킨다.
⑥ **환경문제의 자기증식성** : 오염물질을 자연환경이 정화하는 데 한계가 있다.
⑦ **폐해의 시차성** : 오염원이 축적하여 장기간 후에 치명적 피해가 발생하고, 원인규명이 곤란하다.
⑧ **원상회복의 곤란성** : 장기간 많은 투자를 하더라도 회복이 곤란하며, 회복한다 해도 원래의 모습을 찾기엔 역부족이다.
⑨ **가해자와 피해자의 상이성** : 개발의 수혜도가 낮은 서민들이 더 큰 피해를 보고 있다.

2) 환경교육의 정의와 원칙

(1) 환경교육의 정의

환경에서의 교육이란 자연과 사회에 관한 '지식'을 가르치는 데 초점을 두고 있다. 즉, 자연 그 자체뿐만 아니라 자연과 사회의 인간활동의 관계를 가르치는 것이다.

① 환경에 관한(about), 환경 내의(in) 또는 환경을 통한(through), 환경을 위한(for) 교육을 의미한다.
② 개인이나 집단이 인류의 생존과 삶의 질을 개선을 위하여 환경문제를 해결하고 예방할 수 있도록 인간과 자연의 관계를 인식하고 이해하며, 환경보존과 사회정의를 위한 가치와 태도를 개발하고, 이를 위한 구체적 실천기술을 함양하는 교육 활동이다.
③ 백과사전의 환경교육 정의(https://search.daum.net/백과사전)에 따르면 환경교

육이란 인간의 생명, 건강을 보호하고 생활환경을 보전하기 위한 목적으로 실시되는 교육이다.

(2) 환경교육의 목적

환경교육의 목적은 인류와 지구가 공생하기 위해서, 그리고 인간이 인간답게 살아가기 위한 기반이 되는 환경을 조성하고, 이를 유지할 수 있는 인간을 육성하기 위함이다.

(3) 환경교육의 의미

환경교육의 의미는 네 가지 성격을 가지고 있다.

① 인간과 환경 간의 상호관련성에 대한 이해를 위해서이다.
② 환경의 한계성에 대한 이해를 위해서이다.
③ 환경에 대한 도덕성의 결핍이다.
④ 환경문제가 다수에 의해 장기적으로 누적된 결과의 의미이다.

(4) 환경교육의 필요성

인간에게 환경교육이 왜 필요한지 그 중요성을 살펴보면 다음과 같다.

① 주위환경에 대한 관심을 갖고 환경을 아끼고 사랑할 마음을 형성 유도해야 한다.
② 인간들의 환경의 중요성을 깨닫고 보호와 개선에 관심을 갖도록 유도해야 한다.
③ 능동적으로 환경보호와 개선을 위한 적극적인 행동실천을 유도해야 한다.
④ 미래 후세대를 위한 환경권 보호 인식을 유도해야 한다.

(5) 환경교육의 원칙

환경교육의 원칙을 크게 네 가지로 나누어 볼 수 있다(남상준, 2005 : 60-64).

① 균형성의 원칙

환경교육은 학생의 지적, 정의적, 심체적 교육목표를 균형되게 고려해야 한다. 환경교육에서 환경에 관한, 환경 내의 그리고 환경을 위한 교육이 동시적으로 똑같은 비중을 가지고 추구되어야 한다.

② 통합성의 원칙

환경문제는 일반적으로 상호관련성, 시간적, 공간적 광범위성이라는 속성을 지니고 있다. 환경은 총체적 시각에서 파악하고 환경문제를 예방, 극복 및 해결하는 데 범교과적 지식, 방법, 기능이 필요하기 때문에 환경 교육목표, 내용 및 방법도 각각 통합적인 것이어야 한다.

③ 지속성의 원칙

환경교육은 전인교육 및 평생교육과 밀접한 관계를 갖고 있다. 환경교육은 지속성의 원칙에 의해 모든 연령 집단, 모든 국민을 교육 대상으로 해야 한다.

④ 일상성의 원칙

환경교육은 일상생활 주변에서 좀 더 많은 환경에 대한 학습을 할 수 있도록 다양한 환경교육 자료를 제공할 필요가 있다. 일상성의 원칙은 자주 볼 수 있고 가까이 있는 환경교육 자원의 활용 필요성과 환경문제에 대한 인식이 각자의 자연스럽고 일상적인 생활 속에서 이루어지는 것이 바람직하다.

2. 환경교육의 유형과 외국의 환경교육

1) 우리나라 환경오염의 사례

우리나라 환경오염의 문제인 폐기물 문제, 쓰레기 문제, 해양 쓰레기와 기후변화문제의 사례에 대해 살펴보고, 지구온난화와 오존층의 문제에 대해서 정리해 보도록 하겠다(www.me.go.kr).

(1) 폐기물 문제 및 쓰레기

① 폐기물 문제

㉠ 폐기물의 개념

폐기물의 사전적 의미는 못 쓰게 되어 내버린 물건을 의미하며, 인간의 생활이나 사회활동으로부터 발생하는 쓰레기, 연소재, 오니, 분뇨, 폐유, 폐산, 폐알칼리, 동물의 사체, 기타 오물 또는 불용물로서 보통 고형상, 액상으로서 사용하지 않는 것, 불필요한 것(방사성 물질과 이에 오염된 물질은 제외)으로 폐기된 것을 말한다(https://search.daum.net/백과사전).

폐기물관리법에 의하면 폐기물은 '사람의 생활이나 사업 활동에 필요하지 아니하게 된 물질'로서, '쓰레기, 연소재, 오니(침전물), 폐유, 폐산, 폐알카리, 동물의 사체 등'을 예시하여 정의하고 있다(폐기물관리법 제2조).

또한 생활폐기물이라 함은 사업장폐기물 외의 폐기물을 말하며, 사업장폐기물이라 함은 대기환경보전법, 수질환경보전법 또는 소음·진동관리법의 규정에 의하여 배출시설을 설치·운영하는 사업장이나 기타 대통령령이 정하는 사업장에서 발생되는 폐기물을 말한다.

그리고 산업폐기물의 개념은 사업 활동에 수반하여 발생하는 슬러지, 잔재물, 폐유, 폐산 폐알칼리, 폐고무, 폐합성수지 등 폐기물로서 환경부령이 정하는 것을 말한다.

㉡ 폐기물의 특성

지역사회의 폐기물의 특성은 크게 네 가지로 나누어 볼 수 있다.

- **발생원 특성** : 발생원에 따라 생활계 폐기물, 산업계 폐기물, 환경정비시설 폐기물로 나누며, 처리방법에 따라 소각용, 퇴비화, 매립물, 재활용 등으로 분류한다.
- **물리적 특성** : 폐기물의 밀도, 수분 함량, 입자의 크기, 수분 용량, 형태, 중량, 냄새 등으로 구분할 수 있다.
- **화학적 특성** : 인화점, 독성, 부식성, 폭발성, 중금속, 함량과 성분 분

석, 원소 분석, 발열량 분석 등이 필요하다.

- **생물학적 특성** : 폐기물이 부패되면서 발생되는 병원균에 의한 감염이나 병원, 제약회사, 대학, 연구소 등에서 발생되는 주사기, 실험동물이나 수술 관련 물품 등에 묻어 있던 병원균에 의한 감염 등을 들 수 있다.

② 폐기물의 구분과 발생현황

일반적으로 폐기물은 발생원 및 발생량 주체에 따라 '생활폐기물'과 '사업장폐기물'로 크게 구분한다(www.me.go.kr).

㉠ 지정폐기물 특성

지정폐기물이라 함은 사업장 폐기물중 폐유·폐산 등 주변 환경을 오염시킬 수 있거나 감염성 폐기물 등 인체에 위해를 줄 수 있는 유해한 물질로서 대통령령이 정하는 폐기물이다. 그 특성을 살펴보면 다음과 같다.

- **부식성** : 산, 알카리 등으로 부식의 우려가 있는 폐기물이다.
- **반응성 또는 인화성** : 타 화학물질과 반응 시 위해성의 우려가 있으며, 인화가능성이 있는 폐기물이다.
- **유해성** : 인체에 직접적으로 해를 끼칠 수 있는 물질을 함유한 폐기물이다.
- **유해가능성** : 유해물질이 함유된 폐기물은 폐기물 시험법에 의해 용출 실험한 결과 환경부령에 명시한 농도 이상의 화학물질을 함유한 경우에 지정폐물로 간주(광재, 분진, 폐주물사 및 폐사, 폐내화물 및 도자기 편류, 소각 잔재물, 안정화 또는 고형화 처리물, 폐촉매, 폐흡착제 및 폐흡수제, 오니)한다.
- **난분해성** : 난분해성은 주로 인위적으로 합성된 고분자화합물로서 화학적·생물학적으로 분해되기 힘든 물질(폐합성수지, 폐합성고무, 폐페인트 및 폐락카)이다.
- **감염성** : 병원 등에 발생되는 것으로 병원성 미생물등이 매개하여 병

원성이 전이될 수 있는 적출물, 혹은 잔재물이다.

㉡ 폐기물의 발생현황

최근 지역사회별 폐기물 발생현황을 살펴보면 폐기물 총 발생량은 경기, 경북, 충남 순으로 많았으며, 이들 3개 시·도가 전체 발생량의 38.5%를 차지하고 있다.

먼저 생활폐기물 발생량 48,934톤/일 중 23,428톤/일(47.9%)이 인구가 밀집되어 있는 서울, 경기, 부산지역에서 발생하고, 서울, 인천, 경기 등 수도권의 발생량은 22,416톤/일(45.8%)이며, 서울, 경기, 부산지역의 인구 점유율은 51.2%이다(환경부, 2018).

또한 생활폐기물 발생량 증가의 주원인은 종량제봉투 안에 분리배출 대상 품목인 종이류, 플라스틱류, 음식물류가 늘어난 결과로 확인되었다. 그리고 사업장 배출 시 설계 폐기물 발생량 137,961톤/일 중 75,177톤/일(54.5%)이 전남, 충남, 경북 순의 3개 지역에서 발생하였고, 건설폐기물 발생량 186,417톤/일 중 81,235톤/일(43.6%)이 경기, 서울, 경북 지역에서 발생하였다(환경부, 2018).

그리고 우리나라 지역사회별로 폐기물 처리현황은 2019년도 폐기물의 처리에 있어 주요방법은 재활용이며, 매립은 점점 감소하고 있으나 소각율은 다소 증가하였다.

③ 폐기물오염 피해와 문제점 및 대책방안

㉠ 폐기물 오염의 피해사례(www.me.go.kr)

- 러브커넬 유독성 폐기물 매립 사건

1890년대 초 나이아가라 폭포 인근에 윌리엄 T. 러브(William T. Love)라는 이가 운하를 건설하려 했으며, 채산성 악화로 1920년 나이아가라 시에 팔린 러브커넬의 땅은 화학폐기물 매립지로 사용되다가, 1942년 뒤에 '후커 화학 & 플래스틱'이라는 화학회사도 이곳에 1952년까지 2만 2000톤의 화학폐기물을 매립하였다.

이곳에 사는 지역에 진흙을 부어 복토하고 폐쇄하였으나, 1950년대

후반부터 20년간 러브커넬에서는 암 발생, 기형아 출생 등 심각한 환경보건 문제가 끊이질 않았다. 오염된 지하수를 생활용수로 사용하고 있던 주민들의 유산율은 다른 지역의 4배였고, 1974~1978년 사이 태어난 아이들의 56%가 선천성 기형아였으며, 사람의 출입은 금지되어 있지만, 야생동식물의 출입은 완전히 막을 수 없어 철망을 뚫고 들어온 동물들의 피해가 계속되었다.

• 중국 해주시

중국 절강성 남단의 해주시는 항구도시이다. 이 도시는 일본과 한국 등 아시아 전자산업 국가가 수출하는 전자폐기물이 대량으로 불법 처리되는 곳으로서 전자폐기물 불법소각, 매립, 침출수로 인한 토양과 지하수 오염, 보건과 자연생태계의 피해는 날이 갈수록 커지고 있다.

• 이탈리아 나폴리 인근 매립장

지역 마피아가 장악한 이탈리아 캄파니아 주의 나폴리 인근 매립장에서 불타다가 만 산업쓰레기와 생활쓰레기들이 매립되어 있다. 불법소각이 일상화된 '불의 땅'에서 다이옥신이 내려앉은 풀을 뜯어 먹은 물소들은 결국 다이옥신에 오염된 모짜렐라 치즈를 생산하게 되었고, 이 산업폐기물이 오염시킨 이탈리아산 모짜렐라 치즈는 2008년 3월 말 기준치 이상의 다이옥신이 검출되어 이탈리아는 물론 세계 각지의 수입국에서 사회문제가 되었다.

㉡ 폐기물의 문제점

우리나라 폐기물은 보관, 수집, 운반, 처리 등의 각 과정에서 악취나 매연, 유독가스 등을 발생시키고, 특히 소각과정에서 인체에 치명적 독성을 지닌 다이옥신과 수은, 납, 비소, 카드뮴 등의 유해 중금속을 배출하고 있다.

또한 폐기물을 매립한 후에는 중금속을 포함한 여러 유해물질이 땅속에 스며들어 토양, 지하수와 하천을 오염시키고, 바다 속에 투기하는 경우에는 해양을 오염시키고 있다.

먼저 우리나라 폐기물의 일반적 문제점을 살펴보면 다음과 같다.

- 경제규모의 확대와 산업구조의 고도화, 소비자들의 다양한 구매욕구 등으로 폐기물이 급격히 증가하고 있다.
- 다양한 일회용품 사용증가에 따른 폐기물이 난분해성이고 처리가 곤란한 폐기물이라 문제이다.
- 대량생산, 대량공급 체제에 따른 물량증가와 과대포장, 새롭고 다양한 소재의 포장용기 등장과 신제품의 출현, 상품의 수명단축 현상으로 폐기물의 질이 다양하고 발생량이 대량 증가한다.
- 공중위생상의 질병증가와 미관훼손, 제2의 환경오염이 유발된다.
- 다이옥신 오염을 부르는 불법소각, 석면 피해를 부르는 건설폐기물 불법투기, 중금속이 포함된 지정폐기물 불법처리로 생태계 파괴 및 주민들의 심각한 건강피해 우려 등이 발생한다.
- 건설폐기물의 처리·재활용의 문제점이 심각하다.
- 생활폐기물 수거 및 처리의 문제와 행정, 제도상의 문제가 심각하다.

좀 더 구체적으로 폐기물재활용의 문제점을 살펴보면 분리선별, 보관과 중간처리 미흡문제와 사업자의 회수, 재활용기술 개발, 생산공정 개선 등의 미흡과 재활용제품의 사용기피, 님비현상과 재활용업체의 영세성, 지가상승 등으로 인한 재활용시설 확충미비 등을 둘 수 있다.

㉢ 폐기물의 대책방안

우리나라 폐기물의 대책방안을 살펴보면 다음과 같다.

- 우리나라도 발생된 폐기물의 처리단계를 넘어서 모든 폐자원이 재순환되는 자원순환 사회 구축(추진전략 감량 → 재활용 → 처리 효율적 생산·소비 → 물질 재활용 → 에너지 회수 → 처리 선진화)이 필요하다.
- 재활용품 품질 인증제도가 필요하다.
- 폐자원, 바이오의 확대 및 재활용 기술개발을 위한 국가차원의 개발 사업과 다양한 재활용산업 지원 및 국가 신재생에너지 보급이 필요하다.
- 1회용품 사용규제 및 포장폐기물 발생억제가 필요하다.

- 음식물류 폐기물 줄이기 및 재활용이 필요하다.
- 쓰레기 종량제 개선 보완이 시급하다.
- 사업장 폐기물 감량화 제도 정착이 필요하다.
- 폐기물 예치금, 폐기물 처리 부담금, 보조금 제도 등을 적극 활용해야 한다.
- 폐기물 위탁처리 시스템 구축이 시급하다.
- 폐기물처리에 관련 법규개선이 필요하다.
- 재활용에 대한 사회적 인식 개선 홍보 및 수요처 확보 등이 필요하다.

(2) 쓰레기 문제

① 쓰레기의 개념과 발생현황

우리가 생각하는 쓰레기라는 개념은 우리의 생활 또는 산업 활동에 의해 발생된 필요 없게 된 물질로서 가정에서는 음식 찌꺼기, 포장용기 및 종이 등이 발생하고, 산업체에서는 폐목재, 고철, 폐유, 폐합성수지 등이 고체상 또는 액상으로 발생되는 것을 말한다.

그리고 쓰레기라는 사전적 의미의 개념은 비로 쓸어낸 먼지나 티끌, 또는 못 쓰게 되어 내다 버릴 물건이나 내다 버린 물건을 통틀어 이르는 말이며, 환경부의 조사에 의하면 우리나라 국민 한 사람이 평생을 살면서 배출하는 생활쓰레기는 무려 55톤에 이른다고 제시하고 있다(https://search.daum.net/어학사전).

② 쓰레기의 분해기간

일상생활 용품들의 쓰레기 분해기간은 다음과 같이 소요된다.

〈표 11-1〉 일상생활 용품의 쓰레기 분해기간

폐기물	기 간	폐기물	기 간
종 이	2~5년	우유팩	5년
플라스틱백	10~12년	담배필터	10~12년
일회용컵	20년 이상	나무젓가락	20년
나일론천	30~40년	가죽구두	25~40년

금속(철)캔	100년	플라스틱 용기	50~80년
플라스틱병	100년 이상	일회용 기저귀	100년 이상
알루미늄캔	500년 이상	칫 솔	100년 이상
유리병	1000년 이상	스티로폼	500년 이상

자료 : 환경부(2019). www.me.go.kr

③ 우리나라 쓰레기 발생현황

우리나라에서 발생하는 음식물쓰레기는 특수한 우리나라의 음식문화에 힘입어 하루에만 약 1만 4천톤이다(환경부, 2018년 기준).

국민 1인당 평균 음식물 쓰레기 발생량은 0.28kg으로 선진국인 프랑스 0.16kg, 스웨덴 0.086kg보다 월등히 높은 편이다.

④ 쓰레기의 증가원인과 외국의 사례

㉠ 음식물 쓰레기의 증가원인

우리나라의 푸짐한 상차림과 국물 음식을 매우 좋아하는 음식문화, 인구증가, 생활수준의 향상, 식생활의 고급화로 인해 막대하게 증가하여 우리나라 전체 쓰레기 발생량의 3분의 1가량인 28.7%가 음식물쓰레기인 것으로 나타났다.

또한 우리나라 음식쓰레기의 다량배출 원인을 살펴보면 음식이 마른 반찬류가 아니고 국물이 많으며, 다량으로 제공되고 있고, 주부들이 계획적인 식단 작성을 하지 않으며, 그날그날 음식을 준비하거나 음식의 가지 수가 많고, 남은 반찬의 보관이 잘 되지 않아 버리는 경우가 많으며, 손님 접대 시도 필요 이상으로 푸짐하게 차리는 경우가 많은 것으로 나타났다.

㉡ 음식 쓰레기의 발생량

우리나라 음식물, 채소류, 남은 음식 물류량은 2018년 기준으로 전국 음식물, 쓰레기 일일 발생량은 273.1톤(음식물 채소류)과 13,264.2톤(남은 음식물류)을 더해서 13,537.3톤/일이 되고, 음식물 쓰레기 연간 발생량은 여기에 365일을 곱한 4,941,115톤, 전체 쓰레기 중 음식물 쓰레기는

26%를 차지한다(환경부, 2018).

이는 환경부 자료에 의하면 하루에 음식물쓰레기는 8톤 트럭 약 1,200대분 정도 발생하는 것이다. 음식물쓰레기는 가정에서 53%가 발생하며, 나머지는 식당이나 시장에서 발생되고 있고, 발생된 음식물쓰레기를 성상별로 보면 채소류가 전체의 53%, 육류 및 어패류 18%, 곡류 15%, 과일류가 14%를 차지하고 있다.

ⓒ 쓰레기 폐기물의 처리방식

우리나라 쓰레기 폐기물의 처리방식을 살펴보면 크게 세 가지로 구분할 수 있다.

- **재활용** : 폐기물을 처리하는 데 가장 우선시되는 것은 재활용이나 재사용을 의미한다. 가정이나 산업체 모두가 분리수거를 철저히 하여 폐기물을 다시 자원화시킬 수 있도록 힘써야 하고, 또한 재활용, 재사용한 후에는 2차오염이 생기지 않도록 안전하게 처리해야 한다.
- **위생매립** : 매립은 모든 폐기물에 다 적용될 수 있으나 매립지의 한계와 2차 오염 유발에 따른 사후관리가 필요하며, 폐기물의 분해가 쉽고 2차 오염을 방지하기 위해서는 위생매립법을 적용해야 한다.
- **소각** : 소각처리는 폐기물을 태워서 없애는 방법으로 부피를 감소시키고 적은 면적에 설치가 가능하여 여러 지자체에서 소각장 설치를 선호하나, 폐기물의 종류에 따라 소각방법이 다양하고 처리비용이 많이 든다. 또한 재사용, 재활용이 가능한 품목까지 마구잡이로 태워지는 경향이 있어 자원의 낭비와 재활용산업을 위축시키는 결과를 가져오기도 한다.

ⓔ 음식물 쓰레기 처리의 매각과 소각의 비교

지역사회에서 혼합 쓰레기 내에서의 음식물쓰레기에 의하여 유발된 비용을 살펴보면, 혼합 소각 시 음식물쓰레기에 소요되는 비용은 정상적인 운전 시보다 일부 약 60%가 추가로 소요된다.

특히 음식물 쓰레기에 소요되는 비용이 우리나라 평균 소각지역에서는 28%, 매립지역에서는 22% 높은 것으로 나타나 매립 비용보다 소각 비용이 더 들어간다.

경제적인 측면에서 평가할 때 물질 재활용은 에너지 재활용이나 매립에 비하여 월등하게 우수한 처리방법인 것으로 평가되고, 소각 또한 매립보다는 우수한 해결책이기는 하지만, 비효율적으로 운영되는 경우 매립보다 더 큰 경제적 손실을 가져올 수 있다.

그리고 매립은 실제로는 높은 비용을 치러야 하는 방법임에도 불구하고 매우 낮은 비용으로 처리할 수 있는 방법으로 나타났다.

ⓜ 쓰레기처리의 사각지대 '농·어촌 불법소각'

도시보다 농·어촌 지역에서 빈번하게 발생하는 환경문제가 바로 불법소각이며, 지자체에서 쓰레기를 수거하는 체계가 미흡한 점이 불법소각을 부추기는 이유가 되기도 하지만 다량으로 발생되는 유해한 쓰레기까지 무분별하게 소각되는 사례가 많이 발생한다.

특히 농촌이나 어촌지역에서 대량으로 발생하는 석유화학제품인 폐비닐이나 페스티로폼을 소각하는 과정에서 엄청난 양의 다이옥신이 발생하고, 이는 사람이 곧바로 들이마시는 것은 물론 땅과 물에 스며들어 또 다른 재앙을 불러오게 된다.

따라서 이에 대한 대책이 필요하며 주요 개선내용은 다음과 같다.

- 농업용 폐비닐을 절대 태우거나 매립하지 않기

  폐비닐, 플라스틱, 스티로폼 등을 태울 때 발생하는 연기 속에는 허용치의 몇백 배를 초과하는 다이옥신 등 치명적인 공해물질이 포함되어 있다. 불법소각은 곧 유독가스를 퍼뜨리는 일이며, 유독가스가 내려앉아 오염된 흙에서 생산되는 농산물이 우리 몸속에서 치명적인 중금속 오염을 일으킨다.

  환경부 자료에 의하면 농업용 폐비닐의 처리 현실은 연간 폐비닐 발생량 23만 8천 톤 가운데 40%인 14만 2천 톤이 불법 소각되거나 방치되고, 연간 4만 톤 가량의 폐비닐이 그대로 땅속에 파묻힌다. 더구나 폐비닐 처리 사업소 60곳 가운데 절반이 넘는 32곳이 포화상태에 이르러 해마다 2만 톤 이상을 제대로 처리하지 못하고 있으며, 지금까지 32만 7천 톤이 사업소 야적장에 쌓여있다(환경부, 2018).

그리고 폐비닐 수거율이 낮은 것은 오염자 부담원칙에 따라 농민들이 자신들이 사용했던 폐비닐을 직접 수거, 마을단위 공동 집하장에 운반해 놓아야 하지만 일손부족 등으로 이를 기피하고 있다. 또한 kg당 50원씩 지급하던 수거 장려금을 자치단체가 예산부족으로 제외시키고 있으며, 읍면사무소 및 자원재생공사의 인력과 장비부족, 민간수집상들이 하우스용 비닐 등 질 좋은 비닐만을 골라 수거하고 있는 것도 한 원인으로 지적되고 있고, 폐비닐의 발생량에 비해 처리시설이 턱없이 부족하다.

⑤ 쓰레기의 문제점과 대책방안

㉠ 음식물 쓰레기의 문제점

우리나라 음식물 쓰레기의 문제점을 크게 4가지로 살펴볼 수 있다.

- 매립 문제

음식물 쓰레기 매립으로 지독한 악취발생과 파리, 모기, 구더기 등 각종 해충 및 병원성 세균발생, 고농도의 음식쓰레기 침출수에 의한 토양오염, 수질오염, 대기오염, 지하수오염 등 심각한 오염원이 발생하고 있다.

- 소각 문제

음식물쓰레기 자체의 높은 수분율(80%)과 낮은 발열량(895kcal/kg)으로 인해 소각효율이 낮고, 소각에 필요한 연료 소모량이 많으며, 소각비용이 많이 든다. 음식물 쓰레기 소각 시 다이옥신(발암물질)과 기타 대기 유해물질을 배출할 가능성이 높다.

- 사료화 문제

음식물 쓰레기의 특성상 쉽게 부패되어 불량 사료화가 발생하며, 동물성 음식물쓰레기는 광우병, O-157, 구제역 등의 치명적 전염병의 유발이 가능하다. 또한 한국형 음식물 쓰레기의 특성상 높은 염분이 함유되어 불량사료 생산이 가능하며, 높은 염분으로 인해 가축의 질병이 발생할 수 있다.

그뿐만 아니라 이쑤시개, 병뚜껑, 플라스틱 조각, 조개껍데기, 뼛조각 등의 이물질 함유로 인해 동물들의 폐사할 가능성이 높으며, 세제류 및 유독물질 함유된 음식물쓰레기는 가축의 성장지연 및 기타 질병을 유발한다.

- 퇴비화 문제

음식물쓰레기에 함유된 높은 염분으로 인해 작물의 고사, 질병, 낙과, 발아불량 등 작물 생산성과 생산품질이 저하되고 함유된 세제류 및 유독물질 역시 작물생산성 및 품질저하를 초래한다.

㉡ 음식물 쓰레기의 일반적 문제

우리나라 음식물 쓰레기의 일반적 문제점은 다음과 같다.

- 메탄가스 발생으로 온난화 발생 및 대기오염이 발생한다.
- 냄새 문제로 심한 악취가 난다.
- 침출수 문제가 심각하다.
- 새로운 매립장과 소각장(자원회수시설) 부족으로 인해 오는 도시 및 지역 간의 갈등이 심각하다.
- 환경 훼손문제로 고농도 폐수로 수질오염 및 해양 배출 오염이 심각하다.
- 경제적 낭비문제로 음식물 쓰레기의 처리비용이 많이 소요된다.
- 사회적 문제로 불필요하게 많은 반찬은 낭비가 심한 음식문화로 인식되어 한식의 세계화에 걸림돌이 되며, 식량과 곡물의 자급률이 낮아져 농·축·수산물의 수입이 증가하게 된다.

⑥ 음식물 쓰레기의 대책방안

우리나라 지역사회에서 발생하는 음식물 쓰레기의 대책방안으로 세분화하여 살펴보면 다음과 같다.

㉠ 음식쓰레기의 감량화 방안

우리나라 가정에서 음식쓰레기 발생량을 감량화하는 방안에 대해서 살펴보면 다음과 같다.

- 며칠 또는 일주일 간의 식단을 작성한다.
- 야채나 생선 등의 소포장 단위의 구입을 생활화한다.
- 냉장고에 들어있는 식품을 1~2주일에 한 번씩 점검하여 보관기관이 너무 오래된 식품이 없도록 관리한다.
- 가족의 식사량에 맞추어서 조리하며 계량컵의 사용을 생활화한다.
- 국물이 적은 음식 위주로 조리한다.
- 채소 등을 적당히 다듬고 잔반 등 남기는 음식을 최소화한다.

다음으로 사업체와 직장에서의 음식물 쓰레기 감량화 방안을 살펴보면 다음과 같다.

- 적정량을 구입하여 체계적으로 관리한다.
- 원산지에서 내용물만 공급한다.
- 백화점이나 슈퍼에서 소량, 부분 판매를 실시한다.
- 자유 배식제와 주문 식단제를 실시한다.
- 직장인들의 도시락 지참을 권장한다.

그리고 학교에 있어서 음식쓰레기 감량화 방안을 살펴보면 다음과 같다.

- 도시락 지참을 권장한다.
- 급식을 하는 경우에는 자유급식을 한다.
- 우유 등을 큰 통에 넣고 주입기로 배급한다.
- 채소 등은 다듬은 것으로 구입한다.

다음으로 지역사회에서 쓰레기를 줄이는 14가지 방법을 살펴보면 다음과 같다(https://tip.daum.net/question).

- 쓰레기는 반드시 분리 배출한다.

- 쇼핑할 때는 장바구니 사용을 생활화한다.
- 1회용 봉투 대신 종량제 봉투에 물건을 담아오고 가정에서는 여기에 쓰레기를 담아 버린다.
- 부득이하게 사용한 1회용 비닐봉투는 별도 분리 배출하여 재활용한다.
- 리필제품을 사용하고 1회용품은 꼭 필요할 때만 사용한다.
- 과대포장은 삼가하고 음식물은 먹을 만큼만 만들며 찌꺼기는 물기를 꼭 짜서 버린다.
- 옷과 장난감은 이웃과 돌려쓴다.
- 고장난 물건을 수리해서 사용하며, 종이의 뒷면을 재사용한다.
- 재활용 가능 표시 제품을 사용한다.
- 쓰레기를 함부로 버리거나 태우지 않는다.
- 내 집 앞과 마을을 청소한다.
- 농기계 폐윤활유는 분리하여 배출한다.
- 쓰레기를 버리거나 태우는 현장을 발견하면 시, 군, 구청 환경부서에 신고한다(국번없이 128).
- 음식물쓰레기 자원화가 필요하다. 퇴비화 시설 설치에 대한 국가의 자금지원과 퇴비제품의 수요를 확대시키기 위하여 퇴비 품질기준 개선 등이 필요하고, 음식물 쓰레기 감량화 운동 및 쓰레기 재활용 국민의식 개혁 운동 등 홍보 전개와 음식물 처리기(디스포저) 정착 운동 등이 필요하다.

(3) 해양 쓰레기

① 해양 쓰레기의 개념과 종류

해양 쓰레기란 고의 또는 부주의로 해안에 방치되거나 해양으로 유입, 배출되어 해양환경에 악영향을 미치는 고형물을 의미한다. 인간으로부터 기인되어 생활 또는 산업에서 발생되어 연안으로 이르거나 강이나 바다에 폐기되는 고형의 물질들을 칭하고 바다 및 연안환경에 폐기 또는 처분되거나 버려지는 고형물질로 지속적으로 제조·가공되는 것을 의미한다(https://search.daum.net/어학사전).

② 해양 쓰레기의 종류

해양 쓰레기의 종류를 정리하면 다음과 같다.

㉠ **플라스틱류** : 폴리에틸렌, 폴리프로필렌, 폴리염화비닐 등이다.

㉡ **스티로폼류** : 폴리스텔렌 계열의 우드락, 폼보드 등이다.

㉢ **부유성 쓰레기** : 비닐봉지, 목재, 담배꽁초, 종이류, 의복 및 천, 고무류 등이다.

㉣ **침적성 쓰레기** : 로프, 유리조각, 금속류 등이며, 해양 쓰레기 중 플라스틱류가 가장 문제가 되는 이유는 분해가 쉽지 않다는 점이다.

③ 해양 쓰레기의 발생현황

우리나라에서 발생되는 해양 쓰레기 현황은 어업활동, 선박항해 등 해상기인 쓰레기 발생량 연간 50,400톤과 강, 하천 또는 해안가로부터 유입 등 육상기인 쓰레기 연간 발생량 109, 400톤으로 총 연간 발생량은 159,800톤이다(환경부, 2018).

또한 우리나라에서 수거되는 해양 쓰레기 유형을 보면 다양하지만 목재류, 폐타이어류, 고철류만 재활용되며, 거의 모든 해안에서 발견되는데 제주도(11.4%), 서남해안(47.4%)만 수거된다는 점이다.

④ 해양 쓰레기의 피해사례(www.me.go.kr)

㉠ 해양 쓰레기 플라스틱 바다

바다는 지구 전체 동식물의 80% 이상을 차지하는 풍부한 생물자원 및 광물자원 등을 무한정 가지고 있는 보고인데, 지금 한반도 주변 바다는 육지 쓰레기의 종말처리장이라 해도 과언이 아니며, 인간의 무관심과 소홀로 병들어가고 있는 바다, 죽어가는 바다, 신음하는 해안으로 플라스틱 쓰레기가 바다를 점령하고 있다.

분해 시간만 해도 수백년이 걸려 신종 바다오염원으로 지목받고 있는 플라스틱 쓰레기가 넘쳐나고 있다. 특히 플라스틱, 비닐, 스티로폼 쓰레기로 인한 해양피해는 해양생물이 버려진 폐그물이나 어구 등에 걸려 죽어가는 경우와 플라스틱을 먹이로 착각, 섭취한 뒤 죽는 경우로

낚시 줄에 엉켜 죽어있는 새들, 폐그물에 걸려 죽은 고래를 비롯 각종 피해사례가 발생하고 있다.

㉡ 항해도중 폐유 연안에 불법 대량 유출사건

항해 도중 폐유를 연안에 불법 대량 유출한 선박으로서 2001년 3월에 포항해양경찰서는 홍콩국적 화물선 쥬피터 라이트호(1만 4천 526톤)를 해양오염 방지법 위반 혐의로 적발, 관련자를 입건하고 벌금 6천만 원을 부과해 징수한 사건으로 인천항에서 포항으로 항해하던 중 서천과 가까운 어청도 해상과 거제도 남쪽 해상에서 두 차례에 걸쳐 항해 중 발생하는 폐유와 기름찌꺼기 등 혼합물 1만 2천ℓ를 불법 배출한 사건이다.

㉢ 태평양 바다의 쓰레기 섬

1997년 북태평양 아열대 구역, 하와이와 미국 본토 사이에 있는 떠다니는 쓰레기 섬으로 한반도 7배 크기이며 '플라스틱 아일랜드'라 불린다. 이곳의 해류와 바람은 태평양에서 원을 그리며 움직이며 소용돌이를 만들고, 떠다니는 쓰레기들을 잡아 가두는 역할을 해 거대한 섬과 같은 쓰레기 더미를 만든다. 쓰레기 농도는 위치와 시간에 따라 차이가 있으며, 고무장화, 칫솔, 식품용기, 장난감, 플라스틱이 90% 이상이며, 가벼운 플라스틱이 대부분인 이 쓰레기들은 물 위에 스프 건더기처럼 둥둥 떠 있다.

㉣ 뱀머리 돌고래 사망사건

2012년 8월 26일 제주 김녕 앞바다에 살아있는 어린 암컷 뱀머리 돌고래(몸길이 2.14m, 체중 71.3kg)가 해안가로 떠밀려 왔다. 해양경찰과 지역주민들은 구조 활동을 벌여 마르고 기운이 없는 뱀머리 돌고래를 바다로 돌려보냈지만 뱀머리 돌고래는 다시 해변가로 밀려왔다. 이에 돌고래를 제주 소재 돌고래 사육장으로 이송, 치료를 했으나 구조된 지 5일 만에 폐사했다. 치료 당시 스스로 먹이를 먹었으나 수 회 구토 증상을 보였다.

부검 결과 매우 야윈 상태로 근육량과 지방층이 부족했고, 비닐 및 엉킨 끈 뭉치 등으로 위가 확장된 것을 확인했으며, 결국 위 내 이물질로 인한 소화기 폐색이 만성적인 영양결핍을 초래해 폐사한 것으로 보인다.

⑤ 해양 쓰레기의 문제점

해양 쓰레기의 문제점을 살펴보면 다음과 같다.

㉠ 해양 생태계 파괴문제이다.
㉡ 해양 안전사고가 자주 발생한다.
㉢ 해안가 경관훼손이 심각하다.
㉣ 쓰레기 수거 및 처리비용 문제가 증가하고 있다.
㉤ 연근해 해역의 경제적, 생태적, 환경적 피해가 증가하고 있다.
㉥ 어획량이 점점 감소하고 있다.
㉦ 해양생물의 오염피해 및 서식지 및 산란지가 파괴되고 있다.
㉧ 오염된 해양 수산물이 인체에 피해를 주고 있다.
㉨ 도시하수나 농업 폐기물, 식품가공 폐기물, 쉽게 분해되는 화학공장 폐기물, 유출된 기름 등과 같은 분해성 폐기물과 농경지로부터 유출되는 질산염이나 인산염으로 된 비료, 산과 알칼리, 주로 금속제련 산업에서 배출되는 시안화물, 수은, 구리, 납, 아연과 같은 중금속과 각종 살충제에 들어있는 할로겐화 탄화수소류, 폴리염화비페닐(PCB)류 등의 난분해성 폐기물, 나일론 끈이나 각종 플라스틱류, 발포 플라스틱 제품 등의 고형폐기물 등 정화처리가 안되고 있다.

⑥ 해양 쓰레기의 개선방안

해양 쓰레기의 개선방안을 살펴보면 다음과 같다.

㉠ 정부와 민간의 개선대책 방안이 구체적으로 대안을 제시해야 한다. 예를 들어, 해양 쓰레기 선상 집하장 설치운영과 해양 폐기물 정화사업, 연안 대청소 행사 활성화, 해양 쓰레기 자원화기술 개발 및 도입, 해양

쓰레기 분포현황 실태 정기정밀조사, 해양 쓰레기 통합정보시스템 구축, 국가 해양 쓰레기 모니터링 실시, 해양 쓰레기 대응센터 설치, 어구관리 시스템 구축, 친환경 어구사용 활성화, 어장관리해역 어장정화 사업, 하구 쓰레기 수거처리를 위한 상·하류 간 비용분담 체계 마련, 하구, 해안 쓰레기 정화사업, 어선 생활 쓰레기 되가져오기 활성화, 해양보전기금 조성사업 활성화, 해양 폐기물 모니터링 활동 및 바다청소 활동 등이 대표적인 개선방안이다.

㉡ 재활용을 고려한 어구제작 및 표준화를 통한 효율적 수거처리 재활용 방안이다.

㉢ 국제협력의 강화방안이다. 해양 쓰레기와 해양오염 문제를 해결하기 위한 국제기구, 국제협약, 국제협의체를 조직하여 적극 대처가 필요하다.

㉣ NGO의 역할분담이 필요하다. 정부와의 견인역할과 국제사회와의 연대역할 협력 모색이 필요하다.

㉤ 해양 쓰레기 문제에 대한 국민인식 확대와 홍보확대 교육이 필요하다.

㉥ 민관협력 구축모색과 해양 분쟁의 전문가 양성이 필요하다.

(4) 기후변화

① 기후변화의 개념과 요인

장기간에 걸친 기후 경향성의 변화로 대규모 변화에 의해 새롭고 뚜렷한 기후상태가 오랫동안 지속되는 것을 기후변화라 한다.

또한 수십 년 또는 그 이상 지속되는 기후 또는 변동성이 평균적 상태에 대해 통계적으로 중요한 변동을 '기후변화'라 말한다.

② 기후변화의 원인

기후변화의 원인을 살펴보면 다음과 같다(www.me.go.kr).

㉠ 온도 상승

지구온난화를 유발하는 대기 중 온실 가스는 산업혁명 이래 화석 연료인 석탄, 석유, 가스의 연소, 산림 파괴, 대량 소비사회 등 인간의 여러 활동에 기인하여 크게 증가하였다.

특히 지구온도가 1℃ 상승하면 전 세계 토지공간의 최소 10%가 소멸되고 산호초의 80%가 백화현상 피해를 입히게 된다. 또한 온도가 만약 2℃가 상승하면 생물종의 15~40%가 멸종하고, 3℃ 이상 상승하면 생물종이 20~50%까지 멸종하며, 아마존 열대우림이 파괴된다.

그리고 21세기 말에는 세계 평균 온도가 3~6℃가량 상승하게 되고, 지구표면 온도는 지난 100년 동안(1906~2005) 0.74±0.18℃ 상승하였고, 우리나라 6대 도시 연평균 기온도 100년 동안 1.8℃ 높아졌다.

㉡ 해수면 상승

지구 평균 해수면은 1961년~1993년간 매년 1.8mm씩 상승하였고, 21세기 말에는 지구 해수면 상승이 18~59㎝ 정도 증가할 예정이다.

또한 전 세계의 빙하가 감소하는 현상과 극심한 가뭄과 홍수를 유발하는 엘니뇨 현상이 증가할 것이다.

㉢ 미래의 기후 예측

현재와 같이 지속적으로 화석연료를 사용한다면 21세기 말까지 지구 평균 기온이 최대 6.4℃ 상승하고, 해수면은 59cm 상승할 것으로 전망하고 있고, 2000년에서 2030년까지 전 세계 온실 가스는 25~90% 증가할 것이다.

③ 기후변화의 요인

기후변화의 요인은 자연적인 원인과 인위적인 원인이 있다(https://100.daum.net/encyclopedia).

㉠ 자연적인 원인

기후변화는 외적으로 야기된 변화 뿐만 아니라 기후시스템 요소의 변화와 요소 간의 상호 작용에 의해서 발생한다. 외적 요소에 의한 기후변화의 대표적인 예로는 화산분화에 의한 성층권의 에어로졸 증가, 태양 활동의 변화, 태양과 지구의 천문적인 상대위치 변화 등이다.

또한 대기권, 수권, 빙권, 지권, 생물권 각 요소들이 각기 상호 작용하여 끊임없이 변화하고 있다.

㉡ 인위적인 원인

인간 활동이 대규모적으로 기후에 영향을 미치기 시작한 것은 산업혁명 초기인 18세기 중엽부터로 1970년부터 2004년 사이에 지구 온실가스 배출량은 70%나 증가하였다.

특히 인간 활동, 공장이나 가정에서의 화석연료 연소와 생물체의 연소 등은 대기 구성 성분에 영향을 주는 온실가스와 에어로졸을 생산하여 온실가스를 증가시키고, 대기 중 에어로졸에 의해 태양 복사에너지 반사와 구름의 광학적 성질변화를 일으키고 있다. 또한 프레온가스 및 불소 화합물, 브롬 합성물 등의 방출은 복사 강제력에 영향을 주고 있고, 성층권의 오존층도 감소하고 있다.

그뿐만 아니라 도시화와 무리한 토지개발이나 산림채취 등으로 인한 토지 이용의 변화는 지구표면의 물리적, 생물학적 특성에 영향을 주고 있다.

④ 기후변화의 환경영향

기후변화에 따른 환경영향을 다음과 같이 정리할 수 있다(www.me.go.kr).

㉠ 빙하감소 현상

지난 20세기 동안 북극지대 대기온도는 약 5도 증가로 인하여 빙하감소, 극지방 호수의 피빙 기간 감소 등 직접적 영향을 초래하고 있다. 일례로 스위스의 산지 빙하는 1/3까지 줄어 들었다.

㉡ 홍수 현상

지구온난화의 또 다른 영향으로 1966년 및 1997년 라인강 홍수, 1995년 중국 홍수, 1998년 및 2000년 동유럽 홍수, 2000년 모잠비크 및 유럽 홍수, 그리고 2004년 방글라데시 우기홍수 등 전 지구적으로 집중호우와 폭풍우에 의한 홍수가 빈발하고 있다.

㉢ 가뭄 및 사막화

가뭄현상도 지구 온난화의 중대한 영향 중의 하나인데 특히 아프리카에서 아주 심각하게 발생하고 있으며, 니제르, 챠드호 및 세네갈 지역에서는 전체 이용가능한 물의 양이 40~60%나 감소하고 있고, 남북서부 아프리카에서는 연평균 강수량이 감소함으로써 사막화 현상이 가속화되고 있다.

㉣ 해수면 상승

지난 20세기 동안에 해수면은 평균 10~20cm 높아졌고, 앞으로도 지속적인 해수면 상승이 예상되며, 앞으로 해수면이 크게 상승할 경우 방글라데시와 같이 인구가 해변에 밀집되어 있는 국가에서는 바닷물 범람에 의한 심각한 피해가 우려되고, 몰디브와 같은 작은 섬나라는 완전히 사라지게 될 것이며, 해수면 상승은 수십억 인구가 사용하는 물을 오염시킬 뿐만 아니라 대규모 인구의 이주를 유발시킬 것이다.

㉤ 생태계 변화

지구온난화로 인하여 나무의 조기 개화, 새들의 조기 산란, 곤충 식물 및 동물 서식지 변화, 연안 지역의 백화현상 증가, 생물 다양성 감소 등 자연 생태계도 서서히 변화되고 있다.

⑤ 기후변화의 사회영향

기후변화의 영향은 생태계의 변화에 따른 국민생활 행태 변화 및 인간 건강에도 영향을 미치고 있으며, 기온상승과 관련하여 한반도 여름철 고온발생 빈도가 증가 추세이다.

기후변화로 인한 간접적인 건강 영향으로는 기온상승과 비례하여 대기 내 광화학적 반응을 촉진하여 오존농도가 증가하는 등 대기오염을 심화시켜 건강에 영향을 미치며, 말라리아, 세균성 이질 등 매개체를 통한 질병이 증가 추세에 있는 것으로 파악되고 있다.

또한 법정 전염병 중, 쯔쯔가무시증, 말라리아, 세균성 이질, 렙토스피라증, 비브리오 패혈증 등 기후변화와 관련이 깊은 질병들은 꾸준한 증가추세를 보이고 있다.

⑥ 기후변화의 산업계에 미치는 영향

2005년 2월 16일 교토 의정서가 공식 발효되어 온실가스 감축의무를 지고 있는 선진국을 중심으로 배출권 거래제도 및 청정개발 체제 등 교토 의정서 이행 매카니즘을 이용한 온실가스 감축노력과 함께 새로이 창출되고 있는 온실가스 감축 관련 환경산업 및 기술개발을 선점하려는 노력이 가속화되고 있다.

유럽 EU는 지역 내에 반입되는 차량에 대하여 1km 주행 시 평균 140g 이상의 CO_2를 배출하는 경우 수입을 제한하는 자발적 협약을 발효하며, 이는 우리나라 주요 수출품목 중 하나인 자동차의 수출증대에 장애요인으로 작용할 수 있고, 기타 수입품목의 경우에도 포장재의 처리에 까다로운 기준을 적용하고 있으므로 이에 대한 대처가 필요한 상황이다.

또한 교토 의정서에 비준하지 않은 미국에서도 마찬가지여서 캘리포니아주의 경우 2009년 이후부터 차량의 CO_2 배출 기준을 엄격히 적용하고 있다.

그리고 대외무역 시장에는 온실가스 배출규제가 무역규제로 작용하는 많은 사례를 발견할 수 있으며, 국내에서도 온실가스 대책 및 노력이 현실적으로 필요하다.

⑦ 기후변화의 국민에게 미치는 영향

온실가스 감축의무 방식에는 여러 가지 가능성이 있으므로 속단하기는 어려우나 2013년부터 온실가스 배출량을 1995년 대비 5% 줄인다고 가정하는 경우 실질 GNP성장률이 0.78% 감소하는 것으로 나타나 국민경제의 어려움이 예상되며, 국가경제를 고려하여 산업계의 감축부담을 국민들이 부담하는 경우 국민들이 실제 느끼는 경제적 압박은 더욱 클 수도 있다.

⑧ 우리나라 기후 영향

우리나라는 지난 100년간 1.5℃ 상승하였으며, 이는 지구 평균의 2배 높은 수치이다. 또한 제주 지역 해수면은 지난 40년간 22cm 상승하였고, 이는 지구 평균의 3배 높은 수치이다.

그리고 급속한 기온상승으로 집중호우 및 태풍이 빈번하게 발생하여 막대한 인명 및 재산상의 피해가 초래될 것이며, 폭염 사망, 기온상승으로 말라리아 환자가 증가할 것이다.

⑨ 기후변화 협약(UNFCCC)

지구온난화에 따른 기후변화에 적극 대처하기 위하여 국제사회는 1988년 UN총회 결의에 따라 세계기상기구(WMO)와 유엔환경계획(UNEP)에 '기후변화에 관한 정부간 패널(IPCC)'을 설치하였고, 1992년 6월 유엔환경개발회의에서 기후변화협약(UNFCCC)을 채택하였다. 우리나라는 1993년 12월에 세계 47번째로 가입되었고, 2008년 7월 기준 192개국이 가입되어 있다.

또한 지구온난화 방지를 위하여 모든 당사국이 참여하되, 모든 당사국은 지구 온난화 방지를 위한 정책, 조치 및 국가 온실가스 배출통계가 수록된 국가보고서를 UN에 제출하였다.

⑩ 기후변화의 대책방안

기후변화의 대책방안을 다각적 시각에서 접근하면 다음과 같다(www.me.go.kr).

㉠ 우리나라 범정부 종합대책 방안

현재 환경부 자료에 의하면 우리나라는 온실가스 감축 의무 국가는 아니나, 주요 온실가스인 이산화탄소의 배출량이 증가하고 있어 온실가스 감축을 위한 국제적 노력에 동참해야 한다는 국제사회의 요구가 드세어질 것으로 예상된다.

- 지구온난화 방지를 위한 국제적 노력에 적극 동참한다.
- 온실가스 배출관리 체계를 구축한다.
- 이행기술 개발 투자 및 기업지원 교육을 강화한다.
- 홍보 및 전문가 양성을 확대하고 대외 협상 기반을 강화한다.
- 기후변화 협약에 철저히 대응하고 온실가스 감축을 위한 다양한 정책을 추진한다.
- 국내 산업보호를 위한 협상전략을 포함하는 장·단기 대응전략이 필요하다.

㉡ 기업적 측면의 대책방안

기후변화 대책방안으로 기업적 측면의 대책방안을 살펴보면 다음과 같다.

- 기존 시설의 효율적 관리

  산업계는 시설 및 기술개발 투자의 주체로서 온실가스 감축의무가 주어지면 산업경쟁력이 온실가스 감축 기술능력에 의해 크게 좌우됨을 고려하여 온실가스 감축을 경영과정에 포함시켜 많은 관심 투자가 필요하다.

  또한 기존 시설의 에너지 낭비요소만 제거해도 상당량의 에너지를 절감할 수 있으므로 산업계 전체 차원의 에너지 절약 노력이 필요하다.

- 생산시설 및 공정을 에너지 효율이 우수한 것으로 교체

  산업계에서는 온실가스 배출의 원인이 되는 에너지 사용을 줄이기 위하여 에너지 효율이 높은 생산 시설과 공정을 도입해야 한다.

- 에너지절약 및 온실가스 감축기술에 대한 투자증대

  온실가스 감축 기술 능력은 기업의 경쟁력을 결정하는 주요 요소가 될 것이나 이러한 기술은 단기간에 축적되지 않으므로 장기간의 투자계획을 바탕으로 지금부터 기술개발에 매진해야 한다.

- 업종전환 및 고부가가치 첨단 산업에의 진출

  현재와 같은 에너지 다소비의 산업구조는 기후변화 협약시대에 국제수출시장에서 가격 경쟁력이 매우 취약하고 에너지 다소비 업종의 한계가 있는데, 기업들은 이 점을 고려해야 한다.

㉢ 국민적 측면의 대책방안

기후변화 대책방안으로 국민적 측면의 대책방안을 살펴보면 다음과 같다(www.me.go.kr).

- 환경 친화적 상품으로의 소비양식 전환

  동일한 기능을 가진 상품이라면 환경오염 부하가 적은 상품, 예를 들

면, 에너지 효율이 높거나 폐기물 발생이 적은 상품을 선택하는 것이 필요하다.

- 에너지와 자원절약의 실천

가정 및 직장에서의 냉난방 에너지 및 전력의 절약, 수돗물 절약, 차량 공회전 자제, 대중교통 이용 카풀활용, 차량 10부제 동참 등의 노력과 참여가 필요하다.

- 폐기물 재활용 적극 참여

온실가스 중의 하나인 메탄은 주로 폐기물 매립 처리과정에서 발생하며 재활용이 촉진되면 매립지로 반입되는 폐기물량이 감소하므로 메탄 발생량도 감소하며, 또한 폐지 재활용은 산림자원 훼손의 둔화를 통하여 온실가스 감축에도 기여한다.

- 나무 심고 가꾸기

나무는 이산화탄소의 좋은 흡수원이며, 북유럽과 같이 산림이 우거진 국가는 흡수량이 많아 온실가스 감축에 큰 부담을 느끼지 않는 것이 좋은 예이기 때문에 나무를 심고 가꾸는 데 힘써야 할 것이다.

- 탄소 포인트제 실시 활성화

전기, 상수도, 도시가스 등의 절감량을 온실가스 감축분으로 환산하여 포인트를 지급하고, 이에 상응하는 인센티브를 제공하는 전 국민 온실가스 감축 실천 프로그램을 실시해야 한다.

- 전문인재 양성

온실가스 감축부담에 대비 지자체 및 기업 등에서 온실가스 배출량 관리 및 감축전략 수립·이행을 전담할 전문인력의 수요가 증가할 것으로 예상하여 이에 차세대 성장 동력인 기후친화산업의 인력 요구에 부합하는 맞춤형 인력을 양성하고, 기업이나 지자체에서 필요로 하는 기후변화 관련 전문인력을 공급함으로써 관련 산업의 활성화와 신규 일자리 창출에 기여해야 한다.

- 이산화탄소(CO_2)를 줄이는 생활의 지혜

  실내온도를 적정하게 유지하는 운동을 전개해야 한다. 여름철 실내온도를 26~28℃, 겨울철 난방 온도를 20℃ 이하, 여름철에는 간편한 복장, 겨울철에는 내복착용, 승용차 사용을 줄이고 대중교통을 이용해야 한다.

  또한 버스나 지하철 등 대중교통을 이용하거나 걷기로 내 몸과 지구에 건강을 선물해야 한다. 가까운 거리는 걷거나 자전거로 이용하기, 승용차 요일제, 카풀참여, 경차 운전하기, 친환경 제품을 구입하기 등이다.

다음으로 녹색소비 운동 전개하기다. 녹색소비는 자원을 절약하고 온실가스도 줄인다. 녹색소비 운동의 내용으로는 환경마크가 붙은 제품 구입, 에너지 소비효율이 높은 가전제품 이용하기, 재활용 제품 애용하기, 물을 아껴 쓰기 등이 있다.

또한 샤워시간을 1분 줄이기 운동이다. 샤워시간을 1분 줄이면 이산화탄소도 7kg 줄어든다. 그뿐만 아니라 샤워기와 양변기는 절수형을 설치하며, 양치질과 세수할 때 물을 받아서 쓴다든지, 세탁은 한 번에 모아서 한다든지, 쓰레기를 감량하고 재활용에 참여하기 운동 등도 있다.

아울러 일회용 컵 대신 개인 컵을 사용하기다. 그리고 쓰레기를 철저히 분리배출하기, 1회용품 사용을 줄이기, 장바구니 이용 생활화하기, 리필제품 구입하기, 올바른 운전 습관 유지하기 등이 있다.

아울러 자동차 급출발·급가속 하지 않기 운동이다. 자동차를 급출발·급가속 할 때마다 40원씩 낭비된다. 또한 출발 전에 행선지를 미리 파악하기, 서서히 출발하고 서서히 정차하기, 경제속도로 운전하고 공회전 하지 않기, 타이어 공기압 유지, 불필요한 짐을 싣고 다니지 않기, 전기제품을 올바르게 사용하여 에너지를 절약하기 운동 등이 있다.

마지막으로 플러그 뽑기 운동하기다. 텔레비전을 보지 않을 때 끄기, 컴퓨터를 사용하지 않을 때는 끄기, 냉장고에 음식물을 가득 채우지 않기, 에어컨보다 가급적 선풍기를 사용하기, 고효율 조명등을 사용하기, 불필요한 전등 끄기, 사용하지 않는 전기 기기는 플러그를 뽑기, 낮은 층은 엘리베이터를 이용하지 않기, 나무를 심고 가꾸기 등이 기후변화 대책방안이다.

(5) 지구 온난화

① 지구 온난화 개념과 영향

지구 온난화란 탄산가스 등 온실가스에 의해 지구의 평균 기온이 올라가는 현상이다. 또한 지구표면의 평균온도가 상승하는 현상이라고도 하며, 지구온난화는 기상이변 등으로 지구의 평균 기온이 높아지는 현상이라고도 한다(https://search.daum.net/백과사전).

② 지구 온난화의 원인

지구 온난화의 원인을 살펴보면 다음과 같다(www.me.go.kr).

㉠ 인간의 활동으로 인한 온실기체의 원인으로 대기중의 이산화탄소가 증가한다. 산업화 이후 인간의 인위적인 활동으로 인한 대기중의 온실가스의 증가, 화석연료나 열대림의 화재로 대량으로 방출되는 이산화탄소 등이다.

㉡ 인간의 활동으로 인한 메탄가스 증가이다. 가축 이용의 증대와 농업의 확대로 산출되는 메탄가스 증가가 원인이다.

㉢ 농업이 시작된 이래로 토지 이용의 변화도 온난화에 영향을 주고 있다.

㉣ 농업이나 산업화, 도시화 등을 위한 삼림의 제거는 대표적 온실 기체인 이산화탄소의 흡수원을 제거한다.

㉤ 산호가 줄어듦으로써 공기 중에 있는 이산화탄소를 자연계가 흡수하지 못해서 이산화탄소의 양이 계속 증가한다.

㉥ 냉매재, 살충제 또는 세척제로 사용하는 프레온 가스 증가 및 화학비

료에서 나오는 질소 등이 증가한다.

㉦ 온실효과의 상승이다. 이산화탄소, 메탄, 프레온가스, 질소산화물, 오존배출원의 증가가 그 주요 원인이다.

③ 지구 온난화의 과정

지구 온난화의 과정을 정리하면 다음과 같다.

㉠ 1972년 로마클럽 보고서에서 처음 지구온난화가 공식 제기되었다.

㉡ 1985년 세계기상기구(WMO)와 국제연합환경계획(UNEP)이 이산화탄소가 온난화의 주범임을 공식 선언하였다.

㉢ 1988년 기후변화에 대한 정부 간 위원회(IPCC)가 구성되어 기후변화에 관한 조사연구가 시작되었다.

㉣ 1988년 미국항공우주국(NASA)과 미국의회에서 지구온난화 발언 계기로 일반인에게 알려지게 되었다.

㉤ 1997년 지구온난화를 예방하기 위하여 체결한 국제협약 교토의정서로 온실가스 배출량을 줄이자는 운동을 전개하였다.

㉥ 2008~2012년까지 1차 교통의정서 이행 기간 온실가스 감축 5.2%를 위해 노력하였다.

④ 우리나라 지구 온난화의 온도변화 실태

환경부 자료에 의하면 우리나라는 1991년부터 2000년까지 한반도의 연평균기온 13.5℃로 1912년부터 1990년의 12℃에 비해 1.5℃ 상승하였다. 또한 같은 기간 세계 기온 상승폭인 0.6℃보다 2.5배 높은 수치이며, 한반도 기온상승 전망 추정치로는 2020년도 한반도 0.9도(지구기온 0.7도) 상승, 2050년도 한반도 2.0도(지구기온 1.8도) 상승, 2100년도 한반도 4.2도(지구기온 2.7도) 상승할 것으로 추정하고 있다.

⑤ 생태계 변화 실태

지구 온난화로 생태계의 실태를 살펴보면 다음과 같다(www.me.go.kr).

㉠ 지구 온난화 현상으로 지리산, 한라산 등 고지대 서늘한 지역에서 서

식하는 구상나무숲이 1981년 262ha에서 2007년 216ha로 약 18% 감소하였다.

㉡ 해수면 상승에 따라 2075년에는 여의도 면적의 16.3배인 한국 하구 갯벌 1만3797ha가 사라질 예정이다.

㉢ 한반도 아열대 기후대가 형성되면서 온대과일인 사과재배 면적이 감소한 반면 복숭아는 온난화에 따라 재배 주산지가 경북에서 충북, 강원으로 북상하고 있다. 특히 아열대 과일인 감귤의 경우 제주도에서 재배되다가 전남, 경남 등으로 점차 재배 확대되고 있다.

㉣ 2010년 제주도에서 아열대 조류인 검은 슴새가 발견(동남아시아, 남미, 아프리카서식)되고 있다.

㉤ 2010년 부산앞바다에 아열대 산호류 10여 종 군락과 어렝놀래기, 자리돔, 뱅에돔 등 다양한 아열대 어류가 서식하고 있다.

㉥ 강원도의 명물 명태가 북쪽 이동하여 국내산 황태가 찾아보기 힘들고, 동해 바닷물 온도가 1.39℃ 높아짐에 따라 한류성 어종이 북쪽 이동하여 난류성 어종인 오징어가 연간 10만 톤 이상 잡히고 있다.

⑥ 계절의 변화

우리나라도 계절의 변화를 보면 1920년대에 비해 겨울이 한달 반 정도 짧아지고 여름이 길어지고 있고, 2100년도에는 한반도 평균 기온이 4.2℃ 올라갈 예정이며, 기온이 4℃ 상승하면 벼 수확량이 15% 감소하고 우리 식탁 메뉴가 달라질 것이다.

⑦ 지구 온난화의 피해(www.me.go.kr)

㉠ 생태계의 변화

기후변화에 관한 정부 간 위원회(IPCC)보고서에 따르면 지구 평균기온이 3도 이상 상승하게 되면 생물종의 대부분이 멸종한다. 문제는 현재 추세로는 2100년경에 평균 온도가 4도가량 상승할 수 있다고 보고하는 것이다.

또한 산림의 분포지역이 광범위하게 소멸되고 산림의 평형이 깨어지게 되며, 전반적으로 식생대가 중위도를 기준으로 북쪽으로 100~550km 북상할 것으로 예상하며, 우리나라의 경우 아열대성 식생이 증가할 것으로 예상하고 있다.

㉡ 이상기후 현상

지구 온난화는 각종 이상기후를 발생시킨다. 이상기후로 인해 2010년 유럽의 폭설, 2011년 아시아 지역의 대홍수, 그리고 우리나라의 혹한, 폭염과 폭우 등이 발생하고 있다.

지구 온난화로 지구의 기온이 올라가 대기의 순환 패턴이 달라져 혹서, 사막화 현상, 강우량 증가, 국지적 강수량 분포의 변화, 해수온도와 해수면의 상승 및 지진 등을 초래하는 것으로 알려지고 있다.

또한 미국의 폭설과 영하 53도에 이르는 한파, 필리핀 등 동남아시아의 갑작스러운 한파, 영국 동부지방의 대홍수와 강풍, 브라질은 50도에 이르는 살인적인 무더위, 일본에서의 거대한 폭설 등이 이상기후의 대표적인 현상이다.

㉢ 빙하의 감소

지구 온난화로 남극과 북극에 있는 해빙의 면적이 줄어들고 두께가 얇아지고 있으며, 북극의 경우 1980년대만 하더라도 겨울에 얼었다가 여름에 녹는 단년생 얼음과 여름에도 녹지 않는 다년생 얼음의 비중이 각각 50%씩이었는데, 최근에는 단년생 얼음이 80% 비중으로 바뀌었다.

또한 이산화탄소 농도가 2배가 증가할 시에 2050년까지 산악지역의 빙하가 25% 이상 감소할 것이라고 전망하고 있다.

㉣ 해수면의 상승

해수면 상승의 원인은 지구 온도가 높아짐에 따라 해양의 부피가 열팽창하는 것과 빙하가 녹아 바다로 유입되기 때문이며, 남극과 그린란드가 녹아 내린다.

지구온난화로 인해 지구 전체 담수량의 약 90%를 가두고 있는 남극의 빙산이 일 년에 약 1조 톤의 얼음 덩어리를 방출하고 있다고 한다. 1990년 기후변화에 관한 정부 간 위원회(IPCC)의 '1차보고서'에 의하면 지난 100년 동안 지구표면 대기 평균온도가 0.3~0.6도 상승하였고, 해수면 높이는 10~25cm 상승하였으며, 현재 추세대로 온실가스가 증가할 경우, 2100년 경에는 해수면이 15~95cm까지 상승할 것으로 예측하고 있다.

또한 해수면의 상승으로 투발루, 몰디브와 같은 섬나라들은 영토가 바다가 잠길 위험에 처해 있으며, 해수면이 1m 상승하게 될 시, 우리나라는 서해안과 남해안이 침수되고 전체 국토의 4%가 침수될 수 있다고 보고 있다.

⑧ 지구 온난화의 피해사례

㉠ 알레르기 질환 증가

봄철 알레르기로 인한 재채기나 눈 가려움증 환자가 증가하고 증상도 심해지고 있다. 생활방식의 변화와 환경오염의 영향도 있지만 지구온난화의 영향이 크며, 공기 중 이산화탄소의 증가와 기온상승으로 식물이 더 일찍 개화해 오래 피어있고, 꽃가루도 더 많이 생산되고 있다.

㉡ 동물들의 서식지 이동

20세기 초반 이후 다람쥐와 생쥐 등이 이전보다 더 높은 곳으로 서식지를 이동하고 있으며, 빙하가 녹으면서 북극곰을 비롯한 북극생물들도 서식지를 옮기는 이동 중이다.

㉢ 북극 식물의 생장

북극에서 얼음이 녹는 것은 저위도 지방의 식물과 동물생태에 문제를 야기하는 것은 물론 북극의 식물생태에도 큰 변화를 가져오고 있다. 최근 북극의 토양에서 엽록소의 함유량이 증가했는데 그만큼 북극식물들의 광합성량이 증가했고, 얼음에 갇혀있던 북극 생물들이 온난화와 함께 생명의 전성시대를 맞고 있다.

㉣ 북극 거대 호수들의 소멸

지난 수십년 동안 북극의 125개 거대 호수들이 사라졌다. 이는 지구온난화가 무섭게 진행되고 있다는 증거이며, 호수에 담겨있던 물은 수면 아래의 영구동토가 녹으면서 빠져나간 것으로 밝혀졌다. 호수가 없어지면서 호수에 터를 잡고 있던 생태계도 파괴되었다.

㉤ 대규모 해빙

지구온난화는 거대한 빙하를 녹일 뿐만 아니라 지표면 아래의 영구 동토층도 녹이고 있으며, 그 결과 지표면이 수축하고 불균등하게 아래로 주저앉으면서 철도와 도로, 주택 등을 파손시키게 된다. 또한 고위도 지방에서는 산사태를 초래하며 오랜 기간 얼음 속에 잠복해 있던 천연두 등의 질병이 발생할 가능성이 높다.

⑨ 지구 온난화의 대책방안

㉠ 이산화탄소를 비롯한 온실기체의 방출억제 및 규제를 해야 한다.

㉡ 무분별한 삼림파괴 및 농경지 개간을 억제해야 한다.

㉢ 프레온가스 및 할론가스, 메탄가스 사용절제 및 오존 측정과 오존층 보호를 해야 한다.

㉣ 산업 활동 및 자동차 배기가스에 의한 오염방지를 해야 한다.

㉤ 청정에너지 및 대체에너지를 개발해야 한다. 예를 들어, 수력, 조력, 지열, 풍력과 태양력 친환경에너지 개발 등이다.

㉥ 산업구조의 변화를 주어야 한다. 에너지 절약 및 효율향상 기술개발, 친환경적 제품생산 등이 필요하다.

㉦ 온난화 방지를 위한 국제협약에 가입활동 및 국제적인 환경규제에 적극적인 대처가 필요하다.

㉧ 환경문제에 대한 정부 간 기구와 비정부기구 감시강화 등이 필요하다.

(6) 오존층 문제

오존층의 파괴원인과 대책방안을 살펴보면 다음과 같다(www.me.go.kr).

① 오존층의 개념

오존층이란 오존을 많이 포함하고 있는 성층권 내의 대기층으로 지상에서 20~25km의 상공이며, 인체나 생물에 해로운 태양의 자외선을 잘 흡수하는 성질이 있는 층을 말한다(https://search.daum.net/백과사전).

오존은 약간의 푸른색을 띠고, 특유의 냄새를 지닌 기체로서, 산화력이 강하고, 표백살균에 사용된다. 지상 약 50km 이내에 지구 오존총량의 90%가 존재하는데, 고도 10~50km의 성층권 중에서도 특히 고도 20km에서 30km 사이에 집중적으로 분포되어 있으며, 이 부분을 오존층이라 한다.

② 오존층의 중요성

오존층이 왜 중요한지를 살펴보면 다음과 같다.

㉠ 지표면 오존은 인간의 건강에 해로운 물질이지만 성층권 내에 존재하는 오존은 태양으로부터 방출되는 자외선을 흡수하므로 지구의 생명체를 자외선의 피해로부터 보호해 준다.

㉡ 오존층이 파괴되면 태양으로부터 지구에 도달하는 자외선의 양이 증가해서 인체의 피부와 눈에 해로우며 또한 면역체와 비타민 D의 합성에 악영향을 끼친다.

㉢ 태양계에서 먹이 사슬의 중요한 역할을 맡고 있는 플랑크톤의 체질을 변화시켜 생산량 감소에 따른 먹이 사슬이 파괴되어 생태계에 큰 악영향을 미친다.

③ 오존층의 파괴원인

오존층의 파괴원인을 살펴보면 다음과 같다.

㉠ 남극의 특이한 기상 조건이다. 남반구의 봄철인 9월과 10월 사이에 오존층이 많이 얇아지며, 11월경이 되면 오존층은 다시 원상태로 회복된다.

㉡ 너무 많은 프레온 가스 방출이 문제다. 냉장고 및 에어컨 냉매제, 폴리우레탄 발포제, 스프레이 등이 원인이다.

㉢ 살충제를 만드는 데 쓰이는 화학물질이나 전자부품을 청소하는 데 쓰이는 용제에서 방출가스를 사용한다.

㉣ 온실효과 등이 원인이다.

㉤ 할론가스 사용이 문제다. 예를 들어, 소화기용 사용 등이다.

④ 오존층이 파괴로 인한 피해

㉠ 인간에 미치는 영향으로는 지표에 도달하는 강력한 감마선과 자외선의 양이 증가해서 각종 피부암과 백내장, 화상 등을 일으켜 사람의 건강을 직접 위협하는데, 염색체의 유전자 돌연변이 증가, 피부주름, 기미, 주근깨, 수분부족으로 피부노화 등이 발생한다.

㉡ 생태계 변화로 인하여 육상생물의 돌연변이 발생, 해양의 생태계 파괴, 미생물이나 해안생물들은 강력한 햇빛으로 말미암아 심각한 피해, 생태계 교란 등이 초래된다.

㉢ 기후변화로 인하여 자연재해, 농산물 수확 감소, 식량부족 등이 발생된다.

⑤ 오존층의 파괴 대책 방안

먼저 오존층 파괴의 대책으로 정부의 대책 방안을 살펴보면 다음과 같다.

㉠ 1인당 이산화탄소 배출량을 최소화해야 한다.

㉡ 새로운 에너지 개발과 프레온 대체가스 물질을 개발해야 한다.

㉢ 쓰레기를 태우지 말고 헤어스프레이와 냉방장치, 할론가스의 사용을 억제하며 냉매의 재활용이 필요하다.

㉣ 자동차 연비 향상 및 이산화탄소 배출이 적은 교통체계의 형성이 필요하다.

㉤ 에너지 절약형 제조설비 보급 및 공업단지 등에서 공장 간의 폐열이용 촉진 등에 의한 이산화탄소 배출이 적은 생산구조의 형성이 필요하다.

㉥ 에너지 자원순환 이용촉진 등과 이산화탄소 배출이 적은 에너지 공급구조의 형성이 필요하다.

ⓢ 재활용의 촉진, 환경마크 활용에 의한 이산화탄소 배출이 적은 생활양식의 실현 등이 필요하다.

다음으로 오존층 파괴의 대책으로 개인적 실천의 대책 방안을 살펴보면 다음과 같다.

㉠ 개인 차량의 이용을 억제하고 대중교통을 이용하며 가능한 한 짧은 거리는 걸어야 한다.
㉡ 가능한 한 온수사용을 억제해야 한다.
㉢ 전기를 절전하고 가전제품 사용을 억제하며 온실가스 주범인 에어컨 사용을 자제해야 한다.
㉣ 쓰레기 감량화 및 재활용화가 필요하다. 쓰레기를 폐기할 때와 소각할 때 온실가스 배출이 발생한다.
㉤ 에너지 소비를 절약하고 건물의 열손실 방지를 개선해야 한다. 단열시공과 이중창 시공, 커튼을 바꾸는 것 등이 한 예이다.

2) 외국의 환경교육 사례

(1) 외국의 환경교육 발달과정

외국의 환경교육 발달과정을 환경부와 남상준 자료에 의해 살펴보면 다음과 같다(www.me.go.kr; 남상준, 2005 : 8-26).

① 태동기(1949~1980년 이전)

1972년도 스톡홀름에서 '인류 환경에 대한 유엔 제1차 회의'가 개최되었고, 지구환경 위기에 대한 관심 촉발의 계기를 마련하였으며, 인간 환경의 보전과 개선을 위하여 '인간환경 선언'이 채택되었다.

또한 1973년도에는 유엔환경계획(UNEP)이 설립되었고, 1975년 국제연합 교육과학 문화기구(UNESCO)와 유엔환경계획(UNEP)에 의해 국제환경 교육 프로그램(IEEP) 설립으로 다양한 측면의 환경교육 발전의 기틀을 마련하였다.

그리고 국제환경 교육 프로그램(IEEP)이 만들어져 전 세계적 환경교육의 연구경향, 환경교육 개발연구, 유엔 환경교육 소식지 출판이 진행되었다.

1975년도 베오그라드 국제 환경교육 회의에서는 '베오그라드 헌장' 채택과 유네스코가 지명한 60개국에서 96명의 환경교육 전문가가 참여하였고, 인간과 환경의 균형과 조화라는 측면을 강조하였다.

특히 빈곤, 오염, 문맹, 착취 등을 근본적으로 없애고, 세계 자원이 모든 사람에게 이익이 되게끔 하며, 모든 사람들의 생활의 질을 향상개발 하고자 전 세계적인 규모의 환경교육이 필요하였다.

또한 1977년도 트빌리시 회의에서 '트빌리시의 환경교육에 관한 정부 간 회의'를 개최하고 환경교육의 개념, 영역, 역할을 분명히 하였다. 아울러 국가수준, 국제수준으로 적용할 수 있는 환경교육의 지침이 제공되었다.

1970년대에는 민간 환경단체의 전 세계적 활동으로 그린피스, 로마클럽, 지구의 벗 인터내셔널 등이 주요단체로 부각되었다.

② 성립기(1981~1991년)

이 시기에는 '환경적으로 건전하고 지속가능한 개발(ESSD)' 개념이 등장하였고, 환경문제의 심각성과 해결의 필요성에 대한 인식이 세계적으로 확산되었다. 1987년도에는 모스크바 회의에서 환경교육과 훈련에 관한 국제회의가 진행되었다. 또한 트빌리시 회의의 권고사항을 바탕으로 1990년대에 실천해야 할 환경 교육 및 훈련방안이 제시되었다.

③ 정착기(1992~1999년)

1992년도에는 리우에서 '유엔·환경 개발회의'가 개최되었고, 환경적으로 건전하고 지속가능한 개발(ESSD)을 구현하기 위한 노력이 진행되었다.

특히 국제 협약 채택으로 이 시기에는 다음과 같이 크게 다섯 가지 협약 채택으로 나누어 볼 수 있다.

㉠ 리우환경선언 채택 : 1992년 192개국 지구온난화방지

㉡ 의제 21 채택 : 1992년 114개국 지구환경보전

㉢ 기후변화협약 채택 : 1992년 192개국 지구온난화 방지

㉣ 생물다양성 보존협약 채택 : 1992년 158개국 서명

㉤ 산림원칙 채택 : 1992년 산림보호와 지속가능 관리

④ 확립기(2000년 이후~현재)

이 시기에는 '지속가능 발전' 개념의 부각으로 환경교육은 지속가능 발전교육, 지속가능성 교육으로 바뀌어야 한다는 주장이 많은 국제회의에서 세계인의 보편적 가치로 인정하고 있다.

특히 2002년도에 지속가능 발전 세계정상 회담이 개최되었고, 2005~2014년에는 '유엔 지속가능발전 교육 10년'으로 할 것을 유엔 총회에 권고하였고, 유엔 총회는 이를 수용 후 임무담당을 유네스코(UNESCO)로 결정하였다.

(2) 독일의 환경교육

① 독일 환경교육의 역사(http://cafe.daum.net/eduhue)

독일의 환경교육은 200년 정도 되었으며, 초기 환경교육은 자연보호 분야에 중점을 두었다. 1970년대 이후부터는 환경오염 문제에 중심을 두었으며, 1990년대부터는 환경교육 범위가 자연 및 환경을 보전하는 책임의식 분야로 확대되었다.

또한 2000년대부터는 환경교육을 지속가능한 환경교육으로 연계하여 새로운 문화적 관점, 세계적 사회평등, 경제적 효용성, 환경 친화적 생활양식 등으로 4,600개의 사회환경 교육 기관이 운영되었다.

그리고 연방과 주정부는 지속성 환경교육을 위해 재정지원을 하고, 각 부처 중심으로 계획적이고 체계적으로 진행하였으며, 정규 교육과정 외에 환경단체를 중심으로 환경교육을 매우 활발하게 진행하였다.

② 독일 환경교육 정책 내용

독일 환경교육 정책으로 1971년도 독일정부는 연방환경 프로그램 명칭 아래 환경정책 기본 정책을 채택하였고, 1974년도에는 연방환경청은 독일 유네스코 사무소와 공동으로 환경교육에 관한 논문, 연구보고서 발간 등을 진행하였다.

또한 1978년 독일 뮌헨에서 유네스코 환경교육 심포지엄이 개최되었고, 티빌리시의 환경교육 헌장을 채택하였으며, 1987년 연방교육부와 과학부장관은 유치원, 학교, 직업훈련소, 고등교육기관 등 115개에 달하는 시범 프로그램을 실시하여 재정지원 하였다.

그뿐만 아니라 1990년도에는 독일연방 환경재단을 설립하여 환경교육과 관련된 연구 과제를 지원하였다.

③ 독일 환경교육 관련 기관

1996년도 환경교육연합회에 의하면 독일 전국에 약 570개의 환경교육 관련 단체들이 활동하였고, 그중 독일 환경교육연맹은 1986년도에 학교에 종사하는 교육자들에 의해 설립되었으며, 전국에 환경교육 관련 행사가 진행되었다.

또한 자연교육 및 환경교육연합회는 1988년 설립하여 1990년부터 14개 연방주에 지부를 운영하였고, 환경교육 관련 기관들이 네트워크를 구축하였다.

그리고 자연보호연합회는 1950년에 15개의 자연 및 환경보호단체의 연합회로 출발하여 현재 94개 단체가 환경교육 활동을 진행하고 있다. 또 다른 환경교육기관으로 분트(BUND)는 1975년도 설립 이래 약 365,000명의 회원을 거느린 최대 환경 NGO단체로, 독일환경 자연보전연맹의 약자이며, 16개 연방주에 지부와 지방자치단체별 총 2,200개의 하위조직을 갖춘 거대 환경단체로 성장하였다.

④ 독일의 환경교육 발전을 제도적 변천

독일의 연방 주들은 서로 합의하여 각 주의 독자적인 교육과정들이 서로 어느 정도 접근하였고, 환경교육도 다른 교과 내의 내용으로 교육되었다.

또한 교육기획과 연구촉진을 위해 연방·주·위원회에서 지속가능 발전 교육 모델 프로그램을 진행하고 있으며, 연방 정부와 지방 정부의 지원이 지속되고 있고 단체와 기업 등에서 지원하고 있다.

(3) 미국의 환경교육 발달과정(http://blog.daum.net/by3951)

미국의 환경교육 출발점은 대략 1960년대 말과 1970년대 초이다. 1960년대 말에서 1970년대 초에 미국에서 '환경교육'이 새롭게 확정되어 가던 시점에서 이루어진 유엔 인간환경선언은 세계적 차원으로 환경교육이 확산되는 계기가 되었다.

특히 환경교육 탄생 시점에 광범위한 반향을 불러일으켰던 것은 인간에 의한 자연환경의 '오염'과 '생태계의 파괴'였다. 1970년 지구의 날 이후로 환경교육은 본격적으로 탄생하였고, 1972년의 유엔 인간환경선언과 1977년의 트빌리시선언에서 1987년 모스크바 회의에 이르기까지 약 20여 년은 '환경오염'의 규명과 해결에 초점을 둔 환경교육의 등장과 관심이 대두되었다.

또한 1970년대와 1980년대는 앞에서 살펴본 바와 같이 그대로 환경교육 연구의 주된 패러다임은 과학교육을 환경교육에 '응용'하는 방향으로 등장하였고, 그로부터 30여 년이 시간이 경과하면서 미국에서도 환경운동이 제도화 관료화되었으며, 그만큼 '시민사회운동'으로서 영향력이 약화되었다.

① 미국의 환경교육 발전을 위한 제도적 변천

미연방 환경교육법은 1970년에 1차 제정되어 1990년 11월 16일에 개정된 대중법으로 미 연방환경보호청 아래 환경교육 사무소를 설치하여 연방 환경교육 프로그램을 개발하고 관리하였다. 또한 미연방 환경보호청(EPA) 산하에 환경교육 사무소가 설치되어 있어 학교 환경교육과 사회 환경교육을 담당하였다.

미국 각 주의 환경교육은 주 환경보호청과 자연자원국과 환경보전국, 동물원, 식물원, 국립공원 또는 지방공원 관리국에서 환경교육 프로그램이 운영되고 있다.

그리고 미연방 환경보호청이 2000년 초·중등 교육을 통해 교육부에 지원한 금액은 1억 3천 9백 3십만 달러였으며, 전액 고등교육기관에 투자되었고, 1992년부터 2002년 사이 미연방 환경보호청이 환경교육을 지원한 지원금은 약 2,500여 개 정도의 지원건수에 연간 2백만 내지 3백만 불에 달하고 있다.

(4) 일본의 사회 환경교육 내용

일본의 환경교육의 발전 역사를 간단하게 살펴보면 다음과 같다(www.eswn.kr).

1993년에 환경기본법을 제정하였고, 1995년에는 어린이 환경 클럽을 조성하였으며, 1996년 수변의 학교 설립을 하였고, 1997년에는 자연이 매우 좋아요라는 환경운동 전개 활동을 하였으며, 1998년에는 논 학교, 민간 비영리단체 NPO(Non-Profit Organization)법을 제정하였다. 또한 1999년에는 지구환경 기금을 설립(7억 엔)하였으며, 2000년에는 자연체험 활동 추진 대회 개최와 2002년에는 교육농장 사업을 추진하였고, 2004년에는 환경교육촉진법을 시행하여 2006년에 지속가능 개발을 위한 교육이 10년 동안 확정되었다.

또한 일본의 사회 환경교육은 학교교육 활동을 제외한 청소년 및 성인을 대상으로 한 폭넓은 교육활동을 하고 있다. 특정 비영리활동 법인의 수가 현재 8,300단체이며, 그중에서 '환경보전을 위한 활동'을 목적으로 하는 특정 비영리활동 법인의 수는 2,337법인이 등록하였다.

특히 동경도립 야천공원 자연 관찰원과 산림학교 운영, 숲 어린이클럽 활동, 어린이 공원지킴이 프로그램 등을 운영하고 있다.

또한 공민관의 환경교육 프로그램은 정부에서 제공하는 것으로, 학교 방과 후 프로그램 등을 비롯하여, 지역에 있어서의 환경학습이나 실천체험 등 다양한 활동을 추진하고 있고, 산야초 교실, 비누 만들기 교실, 수질오염 강좌, 모심기, 고구마 수확, 치어 방류, 야산 쓰레기 줍기 등 다양하다.

환경시민(특정비영리활동법인)단체는 에코수학여행(숙박형태의 에코투어), 그린 소비자 체험학습, 강좌, 이벤트 등 다양하게 진행하고 있고, 일본그랜드워크협회는 지역공원이나 병원·복지시설 내 정원의 공동 작성, 환경 등 각종 문제에 대한 워크샵 개최, 강변이나 늪·연못 등의 생태계 체험 학습 등의 사업을 실시하고 있다.

그리고 지속가능한 지역 사회의 건설을 목표로 하는 '마을 가꾸기' 사업이 적극적으로 추진되는 가운데 환경교육이 그 중추적 역할을 수행하게 되어 지역의 공민관을 중심으로 사회 환경교육이 활발하게 추진되고 있다.

아울러 민간단체의 활발한 활동과 행정·기업·주민의 파트너십의 형성과 워크샵, 시민 리더 양성을 위한 프로그램 등은 지속가능한 지역사회의 건설과 그 일환으로서의 환경보전 사업의 적극적 추진을 위해서 노력하고 있다.

(5) 외국 환경교육 실태에 대한 정리

외국 환경교육은 선진국의 경우 환경 문제를 바라보는 시각이 보다 장기적으로 이루어지고 있고, 정부 차원의 환경교육 정책은 교육기관과 환경기관과의 일정한 상호협력 체제를 통해 시행하고 있다.

또한 환경교육이 통합 교육적 시스템 속에 자리 잡고 있었으며, 모든 과목에 있어 환경주제는 가장 중요한 방향성을 가지고 있다.

3. 한국의 환경교육의 실태와 성과

1) 한국 환경교육의 실태

(1) 우리나라 환경교육 용어 사용의 시작(남상준, 2005 : 25-35)

우리나라는 국가경제개발 5개년 계획의 진행과정에서 환경을 고려하지 않은 무분별한 개발로 환경파괴, 환경오염 문제가 발생하기 시작한 1960년대 중반부터 '환경교육'의 용어가 사용되기 시작하였다.

① 태동기(1980년 이전)의 학교환경교육

우리나라 학교환경 교육은 1963년에 공해방지법이 제정·공포되었고, 환경운동과 환경교육이 선구적으로 행해졌다.

특히 1970년대 세계적 조직을 갖춘 민간 환경단체가 조직하였고, 또한 출범하여 매우 활발한 활동을 전개함으로써 세계적 흐름에 따라 환경교육이 논의되기 시작하였다.

그리고 1971년 환경보호법이 제정·공포되었고, 1970년 초반 제3차 경제개발 5개년 계획의 부작용으로 많은 환경문제가 발생하여 환경보전의 필요성이 인식되었으며, 이때부터 환경교육에 대해 언급되기 시작하였다.

1970년대 중반에는 산업발달에 따른 환경오염 문제의 심각성이 대두되었고, 1978년 우리나라는 자연보호헌장을 제정하여 본격적으로 새마을운동에서도 자연보호를 추진하였다.

그러나 환경교육은 국민홍보 수준의 활동으로 국민들의 공통된 인식을 끌어내지 못하였고, 1980년 1월에 환경청이 설립되었다.

② 성립기(1981~1991년, 제4, 5차 교육과정)

한국의 환경교육의 성립기는 분산적 접근을 통해 환경교육을 최초 성립한 시기이며, 도시의 급속 성장과 팽창으로 도시환경이 악화되고 도시 주변 삼림이 심각하게 훼손되던 시기였다. 특히 국민의 소득수준 증대로 삶의 질에 대한 관심 높아지면서, 환경문제의 심각성과 환경 보전의 필요성이 더 요구되었던 시기였다.

또한 1980년 환경권 조항이 헌법에 신설되었고, 환경 교육이 1981년 제4차 교육과정에 처음으로 반영되었다. 사회과에 공해, 자연과에 환경오염 등의 구체적 환경 용어가 이 시기에 등장하였다.

그리고 1985년 제1차 환경교육 시범학교 모집·선정에는 서울 신북 초등학교 외 7개 초·중학교와 1987년 제5차 초·중·고등학교 교육과정에 환경 관련 내용이 '국가사회가 강조하는 8대 중점사항'으로서 여러 교과에 포함되며 실질적으로 지도되었다.

아울러 1989년 한국 환경교육학회가 창립되었고, 국가 수준에서 환경 교육을 체계적으로 연구, 지원하는 체제로 갖추었다.

1990년 1월 환경정책 강화를 위해 환경청에서 환경처로 승격되었다.

③ 정착기(1992~1999년, 제6차 교육과정)의 학교 환경교육

이 시기는 독립된 환경과를 설정하고, 환경교육이 제도적으로 정착된 시기였

으며, 1992년 제6차 교육과정이 진행되는 시기이다.

초등학교는 학교 재량시간 및 특별활동, 학급별 활동시간을 활용해 환경교육이 진행되었고, 중·고등학교는 '환경', '환경과학'이 독립과목으로 신설되었다.

그리고 1994년 12월 환경처가 환경부로 확대되었고, 1996년 공주대학교 등 5개 사범대학교에 환경교육과가 신설되었다.

또한 이 시기는 학교환경교육의 강화를 위한 기본 방향 설정, 실천전략 등 학교환경교육의 제도화, 체계화, 내실화를 다짐하는 시기였다.

④ **확립기**(2000~2007년, 제7차 교육과정)**의 학교 환경교육**

2000년에는 환경교육을 지식과 강의식 교육에서 현장에서 체험하고 직접 만질 수 있는 교육으로 환경체험 교육 프로그램 위주로 전환하였다.

또한 이 시기에는 환경교육의 위상이 확립된 시기였으며, 제7차 교육과정이 진행된 시기였다. 먼저 중학교는 '환경'교과 재량활동의 선택과목으로 주당 4시간 이수하게 하였고, 고등학교는 '생태와 환경' 과목으로 개설 운영되었으며, 일반교양 교과와 일반 선택과목으로 나뉘었다.

그리고 2004년 트럭을 개조한 환경교육 이동차량 '푸름이 이동 환경교실'로 방문교육 실시하였으며, 2005~2006년 유아 및 초등학교 대상으로 환경교재를 개발하여 배포하였다.

⑤ **전환기**(2008년~현재, 8차 교육과정)

이 시기에는 2008년 환경교육진흥법 제정이 공포되었고, 환경교육 종합계획 수립과 환경교육 프로그램 인증제 실시와 환경교육센터 지정과 운영, 사회환경교육 지도사 양성기관을 지정하였다.

2008년에는 저탄소 녹색성장 국가비전을 선포하였고, 2009년에는 유치원 및 초등학교에 환경교육용 교구를 무료 대여사업을 신행하였다.

또한 2009년 개정 교육과정에 창의적 체험활동 도입과 학교밖 체험교육 진행과 2011년 환경교육종합계획수립(2011~2015)과 환경문제, 기후문제, 지구온난화, 에너지, 자원문제, 신재생에너지, 탄소배출권, 녹색시장 산업 등이 진행되었다.

그리고 이 시기에 녹색성장 연구학교, 그린스쿨 시범학교가 지정운영 되었으며, 2011년 이후부터 미래 녹색성장 선도를 위한 글로벌 인재 양성을 위해 '환경과 녹색성장' 교과과정이 시행되었다.

2) 한국 사회 환경교육의 실태(www.me.go.kr)

한국의 사회 환경교육은 처음에 환경부의 체험 환경교육 프로그램을 우선 지원하여 시범사업을 운영하였고, 전국 환경교육 기관에서 자체 개발한 한국 현장체험학습 프로그램 중 우수 프로그램을 선정하여 사업 수행에 필요한 재정 지원사업을 진행하였다.

또한 자연과 환경에 대한 이해와 실천력을 향상시킬 수 있는 프로그램으로 일반교육은 5,000만 원 이내, 특별교육은 1억 원 범위 내 지원하였다.

그리고 민간 환경단체에서 환경교육을 가장 적극적으로 실시하였고, 환경교육 프로그램의 교육형태는 야외답사, 캠프가 50% 이상, 생태적 감수성을 키우는 활동 등이 주로 실시되었다.

우리나라 민간 환경교육 환경단체는 최근 약 668개 단체, 교육 인원은 연간 약 30만 명으로 주로 청소년 위주의 생태체험이며, 초등학생이 특히 많았다. 그뿐만 아니라 공공기관에서도 환경교육 프로그램을 운영하였고, 연간 청소년의 약 100만 명 정도가 환경교육에 참여하였다, 하지만 군부대, 주부, 유아 등은 환경교육의 사각지대로 놓여 있어 향후 활성화 대책이 필요하다.

(1) 환경교육 분야의 성과

우리나라의 환경교육 분야의 성과를 정리하면 다음과 같다.

① 풀뿌리 단체를 비롯한 지역 환경교육 프로그램 운영 및 환경 해설가 지도자를 양성하였다는 점이다.
② 환경교육진흥법 제정 및 시행을 했다는 점이다.
③ 숲 해설 관련 인증제도 도입을 시도했다는 점이다.

④ 청소년수련 활동인증 제도를 도입했다는 점이다.
⑤ 환경교육 10년 발전계획을 수립했다는 점이다.
⑥ 제주도의 환경교육 의무화를 추진했다는 점이다.
⑦ 한국 환경교육의 네트워크를 발족했다는 점이다.
⑧ 초록교육연대 창립을 했다는 점이다.
⑨ 환경교육센터 건립을 활성화했다는 점 등이다.

(2) 환경교육 분야의 전환 필요성

우리나라 환경교육 분야의 새로운 전환의 필요성을 살펴보면 다음과 같다.

첫째, 최근 다층화된 교육수요에 대한 질 높은 프로그램의 공급창출이 무엇보다도 중요시되면서 지역 중심의 차별화된 핵심 환경교육 프로그램의 개발이 요구된다.

둘째, 지역을 중심으로 한 프로그램 운영의 인적역량 강화가 요구된다.

셋째, 학교의 역량만으로 혹은 교육과정을 통한 이론 위주의 환경교육만으로는 충분한 교육효과를 달성하는 데 한계가 있고, 학생·청소년을 대상으로 하는 학교환경교육과 사회환경 교육이 지역을 중심으로 긴밀한 협조체제가 필요하다.

넷째, 지역을 기반으로 한 학교-사회환경 교육의 연계는 사회단체의 파트너십을 통하여 학교 환경교육의 자립성과 자발성, 문제수행 능력의 배양 및 환경교육 운영체계 정립 등을 도와주는 보완 역할이 필요하다.

(3) 환경교육의 문제점

우리나라 환경교육은 수행과정에서 지속성과 일관성이 떨어지고, 다양한 교육매체와 교육 전문가가 부족하며, 교육비 문제, 재정적 어려움과 홍보가 부족하다는 점이 특징이라 할 수 있겠다.

(4) 환경교육의 과제와 전망-환경교육 활성화를 위해 해결해야 할 과제

① 입시 위주의 교육 풍토에서의 정책효과 전파의 한계가 존재한다.

입시 위주의 현 교육 풍토하에서 실천과 참여 위주의 환경교육이 교육 현장 전반으로 확산되기에는 한계가 존재한다. 또한 일선학교 교육 지도자들의 환경교육에 대한 인식이 부족하다.

② 환경교육의 법적 기반이 약하다.

환경교육의 근간이 될 환경교육 관련 법이 부재함으로써 환경교육의 활성화 및 제도화가 지연되는 요인으로 작용하고 있고, 환경교육에 대한 안정적이며, 체계적인 행정적, 재정적 지원 체계가 미흡하다.

③ 학교 환경교육과 사회 환경교육이 이분화되어 있다.

학교 환경교사 및 지도자와 사회 환경교육 전문가, 활동가들 간의 연계 활동의 부족으로 상호 이해와 신뢰가 부족하며, 각 분야에 흩어져 있는 환경교육 역량들이 국가적 차원에서 결집·활용되지 못함으로써 규모의 이익, 집적의 이익을 누리지 못하고 있다.

④ 기타 환경교육에 대한 효과분석 체계가 부족하다.

(5) 환경교육의 여건 전망

우리사회 전반에 환경교육 활성화를 위한 여건을 살펴보면 다음과 같다.

첫째, 지식 정보화 사회의 도래이다. 지식 창출·공유의 정도가 국가, 사회 발전에 원동력이 되기 때문이다.

둘째, 환경보전의 사회적 이슈화 추세이다. 우리사회의 삶에 대한 웰빙과 환경의 질에 대한 관심도가 증가하고 있고, 개발과 보전에 대한 환경이슈와 사회적 갈등사례가 증가하고 있다.

셋째, 환경행정 패러다임의 전환이 필요하다.

매체별 환경관리에서 수용체 중심의 환경정책으로 발전이 필요하고, 환경문제에 대한 사후처리에서 사전, 예방적 정책으로 전환이 시급하다.

넷째, 지속가능한 발전에 대한 국제적 논의가 강화되어야 한다.

지속가능한 발전은 앞으로 국가, 사회가 지향해야 할 새로운 국제적 규범으로 자리매김하고 있기 때문이다.

(6) 환경교육 분야의 정책적 시사점

지속가능한 사회의 지식관리 시스템으로서 환경교육을 활성화하기 위해서는 먼저 지속가능한 사회의 지식 창출과 공유 시스템으로 활용하는 방안으로 환경교육을 지속가능한 사회에 필요한 지식을 창출, 공유, 재생산해야 할 필요가 있다.

또한 개인의 생애주기에 맞는 체계적인 맞춤형 환경교육이 필요하다. 특히 유아에서 노년에 이르기까지 개인의 라이프 사이클에 따라 필요한 교육을 제공하는 맞춤형 환경교육이 필요하다.

그리고 다음으로 지역 환경문제 해결에 기여하는 환경교육이 필요하다. 특히 지역 환경문제에 대한 담론의 장으로서 환경교육이 필요하고 지역 발전에 대한 논의를 재생산, 확산하는 역할 수행이 필요하다.

또한 환경교육은 각종 지역의 환경갈등들을 신뢰를 통해 해결할 수 있도록 함으로써 지역사회의 갈등을 건전한 지역 발전의 기회로 활용할 수 있는 지혜를 주는 교육이 필요하다.

그뿐만 아니라 사회 및 국가 혁신의 추동력으로서 환경교육이 요구되고 있다. 지속가능한 사회의 동력으로서 환경교육은 지속가능한 사회에서 필요한 기술진보와 인적자본 축적의 기초로서 내생적 성장 잠재력을 키우는 성장엔진의 역할이 필요하다.

특히 환경교육은 사전 예방적 환경정책의 효과 극대화를 위한 핵심전략으로서 환경교육에 대한 투자가 필요하고 지속가능한 미래를 위한 가장 안전하고 확실한 투자가 필요하다.

다음으로 국제 환경협력의 이니셔티브(initiative)로서의 환경교육이 필요하다는 점이다. 국제적 환경교육 네트워크를 통해 환경협력의 유리한 지위선점이 필요하고, 문화· 지리적 여건 등이 유사한 한·중·일 환경교육 네트워크를 시작으로 환경교육의 국제협력체계 모델을 개발할 필요가 있다.

아울러 지속가능개발과 의제 21을 중심으로 논의되는 유엔(UN), 경제협력개발기구(OECD) 등 국제기구의 환경교육 활동 등에 적극적인 참여가 필요하고 지구촌 및 해외 동향의 정보 수집 및 파급 채널로 역할이 필요하며, 환경교육 선진국들의 사례를 비교·분석하여 우리나라에 적합한 교육모델로 개발·보급함으로써 우리나라 환경교육의 발전의 계기로 활용하여야 한다.

3) 환경교육의 활성화 전략

환경교육의 활성화 전략을 살펴보면 다음과 같다.

(1) 환경교육 거버넌스를 통한 협력체계 구축

① 환경교육 관계기관의 참여와 협력 강화 방안이다.

교육부, 시·도 교육청, 대학, 일선학교 등 환경교육 관련 기관 간의 유기적 협력과 정보 공유 강화가 필요하다.

② 사회 각 분야에 흩어져 있는 환경교육의 역량 결집이 필요하다.

중앙부처, 지방자치단체, 기업, 시민단체 등 사회 각 분야에 분산되어 실시되고 있는 환경교육 전문 인력간의 네트워크 구축이 시급하다.

(2) 환경교육 추진 기반 구축

① 법, 제도 정비를 통한 환경교육 지원체계의 제도화 방안이다.

환경교육진흥법을 통한 환경교육의 법적 근거를 마련하고, 환경교육 활성화에 필요한 각종 제도들의 신설 및 정비가 필요하다.

② 물리적, 공간적 환경교육의 기반 확충이 필요하다.

생활 주변에서 쉽게 이용할 수 있는 환경교육 센터 등 환경교육시설을 확충하며, 지속가능한 지역사회 발전의 구심점으로 활용해야 한다.

(3) 환경교육 지도자 육성 및 역량 강화

① 환경교육 지도자 및 활동가들의 전문역량을 강화시켜야 한다.

학교 환경교사, 민간단체 환경교육 활동가에 대한 지속적인 교육을 통해 환경교육의 전문성 역량을 강화해야 한다.

② 미래 환경교육 전문가, 지도자를 육성해야 한다.

청소년들을 미래에 사회 각 분야에서 환경교육을 지도할 수 있는 소양을 가진 전문 인적 자원으로 육성해야 한다.

(4) 자기 주도적 학습 유도

① 즐기면서 배우는 에듀테인먼트(edutainment) 환경교육이 되어야 한다.

자발적 참여를 유도하는 보고, 듣고, 즐기는 환경교육이 제공되어야 한다.

② 연령별, 수준별, 분야별로 특화된 다양한 환경교육의 자료 개발이 필요하다.

국민 누구나 쉽게 이해할 수 있고 흥미를 유발시키는 환경교육 자료 개발 보급과 새로운 시대에 부합하는 멀티미디어 자료 등 다양한 형태의 환경교육 자료개발 보급이 필요하다.

(5) 인터넷 기반의 e-Learning 환경교육 체계 강화

① 인터넷을 활용한 보편적 서비스로서의 e-환경교육 서비스가 제공 확대되어야 한다.

세계적 수준의 초고속 정보 통신망 기반을 활용하여 지역 간, 계층 간 격차 없는 보편적 환경교육 서비스 제공이 필요하다.

② 유비쿼터스적 환경교육 인프라 구축이 필요하다.

국민이면 누구나, 언제나, 어디서나 환경에 대한 지식과 정보를 접속할 수 있는 유비쿼터스적 환경교육 기반 마련 구축이 필요하다.

(6) 환경교육 분야별 정책 전략

우리나라 환경교육 분야별로 정책 전략을 살펴보면 다음과 같다.

① 환경교육 활성화 기반 구축 분야

환경교육을 활성화하기 위해 필요한 법, 제도 및 시설 구축이 필요하고, 환경교육 진흥을 위한 법적 기반, 국가 및 지역수준의 환경교육 협력체계 강화와 환경교육 센터 건립 확대 등이 필요하다.

② 환경교육 지도자 역량 강화 분야

학교 및 환경단체에서 환경교육을 담당하는 교사, 활동가들의 양성, 교육 역량 강화 및 연구 활동 지원이 필요하고, 학교 환경교사 및 지도자들의 역량강화와 민간단체 환경교육 전문가 및 활동가의 연수 강화, 그리고 교사 양성대학의 환경교육 강화 등이 필요하다.

③ 수준 높은 환경교육 프로그램 및 교재 개발 보급

환경교육에 필요한 교육활동 프로그램, 교재, 자료 개발보급이 시급하고, 학교 교육과정, 교과서에 필요한 환경교육 자료 및 프로그램 개발, 보고 듣고, 즐기면서 배울 수 있는 다양한 내용과 형식의 환경교육 교재, 자료 개발 및 보급 등이 활성화되어야 한다.

④ 어린이, 청소년의 환경교육 내실화

학교 현장에서 보다 많은 체험을 통해 환경에 대한 감수성을 기를 수 있는 기회를 제공해야 하고, 각급 학교의 교육 과정 내 환경교육 강화와 초등학교에서의 환경교육 강화 등이 필요하다.

⑤ 대학 및 사회에서의 환경교육

사회 각 분야 및 각 계층을 상대로 하는 특성 있는 교육을 실시해야 하고, 환경경영 특성화 대학 추진, 민간단체 환경교육 활동에 대한 지원 강화, 학교 환경교육과 사회환경 교육의 연계강화 등이 필요하다.

4. 노인 환경교육 사례와 미래사회의 환경과제

1) 노인 환경교육의 사례

① 서울강동구 실버환경지킴이(seoulks.ekfem.or.kr)

2007년도부터 강동 노인종합복지관과 연계하여 실버환경 지도자 개발 및 교육 활동 기반 마련 프로그램을 운영하여 2007년도에는 분야별 사업을 진행하면서 실버환경지도자 양성교육을 진행하였고, 자원종사자를 모집하였으며, 2008년도에는 환경 분야별로 전문 교육과 노인자원봉사 환경지킴이 리더를 양성하여 3개의 영역별 자조모임을 통해 역량강화와 전문성을 형성하였다.

2009년도 강동구 지역의 환경분야의 교육활동 매뉴얼을 작성하였고, 강동구 지역사회복지시설 노인자원봉사 리더 파견을 통한 환경지킴이 교육활동, 강동구청 환경보전과와 연계한 환경감기활동을 전개하였다.

주요 사업은 실버환경 지킴이 활동은 소양교육, 이론교육, 실습교육 50시간 교육을 통해 실버환경지도자로 인증받고 찾아가는 실버환경교실로 지역 어린이집, 학교 관공서 등 환경교육을 담당하였고, 청소년 습지학교, 생태투어, 환경캠페인활동, 환경모니터링, 환경자료집을 발간한 사업이다.

현재는 실버환경지킴이는 지역의 1세대와 3세대 간의 만남의 기회를 통해서 세대 간의 갈등 해소와 지역의 환경문제와 지구온난화 문제를 함께 실천해 나가는 데 사업의 목적을 가지고 진행하고 있다.

② 김포시 노인종합복지관 실버환경봉사단(www.gimposenior.org)

2017년부터 김포시 노인종합복지관에서 지역사회노인들을 대상으로 친환경 가치관 형성를 위한 김포지역 환경친화 프로젝트 '에코백' 프로젝트 행사로 20여 명의 노인들을 대상으로 환경봉사단 환경지도사 전문교육과정을 진행하여 지역의 유치원과 어린이집을 방문하여 환경교육을 실시하고 있다. 특히 사단법인 환경교육센터가 주최가 되어 실버 환경교육 지도자를 양성하여 유아교육기관과 초등학교에 찾아가는 환경교육을 진행하고 있다.

③ 성남시 중원노인종합복지관 노인환경봉사단(jwnoin.org)

성남시 중원노인종합복지관의 노인 봉사단사업은 어르신들이 스스로 봉사활동에 참여할 수 있는 기반을 마련하여 선배시민으로서 다양한 경험을 사회에 환원하며, 활기찬 노후생활을 할 수 있도록 하고, 주체적이고 능동적으로 활동하는 건강한 노년상을 제시하고자 봉사단을 운영하고 있다.

특히 노인환경 봉사단으로 꿈-그린(Green)봉사단은 게릴라 가드닝(guerrilla gardening), 환경 걷기운동, 환경 캠페인 참여 봉사를 연중 수시로 진행하고 있다. 게릴라 가드닝은 정원사가 사용할 법적 권리나 사적 소유권을 갖지 못한 땅에 정원을 가꾸는 활동을 말한다. 다시 말해 짜투리 땅을 이용해 꽃씨를 심고, 쓰레기를 버리는 담벼락이나 가로수 밑에 화초를 심는 등 땅을 땅답게 활용하고 방치된 땅에 새로운 의미를 부여하는 사업이다.

현재 노인환경 봉사단은 지역 내 녹지조성 및 환경보호 인식을 확산하고자 버려진 공간에 식물을 심는 '게릴라 가드닝' 활동을 진행하고 있다.

또한 '꿈-Green 봉사단'은 게릴라 가드닝을 통해 성남시 성남동 일대를 중심으로 먼저 시작해 월 1회 꽃씨를 뿌리고 모종을 심고 있다. 아울러 인근에 거주하는 주민들에게 화초 가꾸기를 홍보하면서 환경보호 및 녹지조성에 대한 필요성도 알리고 있다.

2) 미래사회의 환경위기와 과제

(1) 식량위기와 기후변화

지구 온난화로 인한 오존층 파괴로 지구 온도에 +5, -5의 변화가 생기면 세계 곡창지대가 황폐화가 될 것이다. 우리나라도 갈수록 농촌인구는 줄고 도시인구는 늘어나 식량, 안보 면에서 심각하다.

특히 전 세계 온도변화에 따른 쌀 부족 현상이 나타날 것이며, 전 세계 잉여쌀은 생산량의 5% 정도로 세계 각국이 쌀 수입을 하고 있는 실정인데 이에 대한 변화로 식량위기가 올 수 있다.

그리고 기후변화로 인하여 북극이 2월에 비가 내리고, 순록이 죽어가며 폭포가 급증하면서 해수면이 상승할 것이고, 지구 온도가 1도 상승하면 전 세계 토지 공간이 최소 10%가 소멸할 것이다.

또한 지구 온도가 2도 정도 상승하면 지구촌 생물 종 15~40%가 멸종할 수 있다.

(2) 에너지 위기와 해커들의 전쟁

① 에너지 위기

전 세계의 원자력 발전소는 2018년도 이후 약 437개이며, 436개가 가동 중이고 현재 건설중인 68기가 진행 중이면서 점점 증가 추세에 있다.

원자력 발전소 수명은 대개 30~50년 정도이며, 그 시점은 2025년 이후부터 노후화가 심각하여 전 세계에 위치하고 있는 원자력발전소의 방사능 누출 위험과 동시에 위험요인으로부터 폭발할 가능성도 있다.

현재 도시화와 산업화, 정보화가 되면 될수록 에너지 소비량이 증가하고 있다.

우리나라는 25기 가동 중에 있으며, 세계 30개국 중에서 여섯 번째 원자력발전소 국가이다. 미국이 약 100기, 프랑스 약 58기, 일본이 약 43기, 러시아가 약 37기, 중국 36기, 한국 25기, 인도 22기가 가동 중에 있으며, 이로 인한 원자력 발전소에서 나오는 핵폐기물도 문제가 심각하다. 따라서 제3에너지인 자연을 이용한 친환경 에너지 개발이 시급하며, 현재 풍력이나 조력, 지력, 태양열을 이용한 에너지 개발이 활발하다.

② 해커들의 우발적 전쟁

현재 전 세계에 흩어진 해커들이 약 20만 명 정도가 조직화, 집단화, 조직화, 연계화했을 경우 지구촌에 사이버테러 집단으로 등장할 수 있으며, 새로운 지구촌의 위협의 대상이 될 수 있다. 예를 들어, 발전소, 댐, 군사기지, 사회간접시설 등 정보화 시스템에 관련된 곳에 엄청난 혼란과 타격을 주고, 막대한 피해를 줄 것이다. 이 인원이 동시에 한 나라의 도시를 집중 해킹한다면 30분 정도면 도시 전체를 마비시킬 수 있는 능력을 가지고 있다.

(3) 쓰레기 대란 및 물 전쟁

① 쓰레기 대란

우리나라 쓰레기 발생량은 하루 평균 2만 3천 톤 정도이다. 2020년 이후에는 김포의 수도권 쓰레기 매립장 약 630만 평이 점진적 포화 상태로 추정되어 서울 수도권 지역에 쓰레기 처리 문제가 심각하게 대두될 것이다.

그뿐만 아니라 전국 쓰레기 매립장도 8백 60여 개이나 점점 포화에 이르러 가고 있다. 또한 우리나라 전체 쓰레기 발생 중 식단문화로 인하여 음식물 쓰레기가 약 28% 정도 차지하여 가장 많이 발생하고 있고, 음식물 처리비용도 많이 소요되고 있다. 따라서 우리나라도 매립장 대안으로 자원회수시설(쓰레기 소각장)들이 가동되고 있는데 현재 269개가 운영되고 있지만 노후화로 인한 또 다른 환경문제를 낳고 있다.

그리고 쓰레기 처리에 대한 자원회수시설 건설을 계속 진행한다면 환경분쟁 발생과 쓰레기 소각장으로 인한 다이옥신오염 물질과 부동산가격 하락 발생 등 지역 이기주의 현상이 심화될 수가 있다.

따라서 이러한 현실을 고려할 때 가정에서부터 분리수거의 일상화와 쓰레기 감량화, 음식물 쓰레기 줄이기 운동, 쓰레기 재활용 운동 등을 전개해 나가야 한다.

② 물 전쟁

지구촌이 지구온난화로 인해 물 부족 사태가 심각해져 가고 있고, 우리나라도 현재 5억 톤의 물이 필요로 하는 댐이 7개 정도가 필요할 정도로 물 위기 관리가 심각하다. 전 세계에서 우리나라가 1인당 하루 물 소비량이 가장 많은 나라이다. 또한 지하수 오염도도 농촌을 포함해서 83% 정도 오염되었다. 지하수 관리가 전혀 이루어지지 않고 있다. 한번 오염된 지하수가 정화되려면 수백 년이 걸린다는 사실을 명심해야 한다. 앞으로 기름 값보다 물 값이 더욱 비싸질 것이다.

환경오염의 심각성을 깨달아 미래 후손들에게 쾌적한 환경을 물려주어야 할 막중한 책임이 있으며, 인간이 환경을 파괴하면 환경이 인간을 파괴한다는 것을 명심해야 한다.

따라서 이러한 현실을 고려해 볼 때 노인들을 우리나라 환경 지키미 전문가로 양성해서 교육기관, 종교기관, 시민단체기관, 평생교육기관, 공공기관, 민간기관 등에 환경교육을 지도해 나갈 수 있는 지원체계를 만들어 나가야 한다.

핵심정리

1. 음식물 쓰레기의 일반적 문제

① 메탄가스 발생으로 온난화 발생 및 대기오염이 발생한다.

② 냄새 문제로 심한 악취가 난다.

③ 침출수 문제가 심각하다.

④ 새로운 매립장과 소각장 부족으로 인해 오는 도시 및 지역 간의 갈등이 심각하다.

⑤ 환경 훼손문제로 고농도 폐수로 수질오염 및 해양 배출 오염이 심각하다.

⑥ 경제적 낭비문제로 음식물 쓰레기의 처리비용이 많이 소요된다.

⑦ 사회적 문제로 불필요하게 많은 반찬은 낭비가 심한 음식문화로 인식되어 한식의 세계화에 걸림돌이 되며, 식량과 곡물의 자급률이 낮아져 농·축·수산물의 수입이 증가하게 된다.

2. 우리나라 환경교육 분야의 성과

① 지역 환경교육 프로그램 운영 및 환경 해설가 지도자를 양성하였다는 점이다.

② 환경교육진흥법 제정 및 시행을 했다는 점이다.

③ 숲 해설 관련 인증제도 도입을 시도했다는 점이다.

④ 청소년수련 활동인증 제도를 도입했다는 점이다.

⑤ 환경교육 10년 발전계획을 수립했다는 점이다.

⑥ 제주도의 환경교육 의무화를 추진했다는 점이다.

⑦ 한국 환경교육의 네트워크를 발족했다는 점이다.

⑧ 초록교육연대 창립을 했다는 점이다.

⑨ 환경교육센터 건립을 활성화했다는 점 등이다.

3. 미래사회의 환경위기와 과제

① 식량위기와 기후변화

② 에너지 위기와 해커들의 전쟁

③ 쓰레기 대란 및 물 전쟁

12 CHAPTER 노인교육과 평생교육

1. 노인 평생교육의 목적과 요구

1) 평생교육의 등장배경

전 세계의 초창기 학교 교육은 기존 지배계층의 지배구조와 사회체제를 유지·보존하기 위한 기능을 담당해 왔다. 특히 지배계층의 자녀를 위한 귀족교육이었고, 특정 개인의 사상과 소수 선택 집단을 위한 교육을 강조하여 왔다.

그리고 18세기 이후 교육의 대중화가 부각되기 시작하였고, 19세기에는 학교교육이 의무교육으로 이행되었다. 이후 20세기에는 국가에 의해 제도화된 형식화된 학교교육의 한계와 문제점이 심각하게 대두되었다. 21세기에 이러한 상황하에서 세계 모든 국가에서 효율성, 효과성이 떨어지는 획일적 학교교육의 대안으로 평생교육이 등장하기 시작하였다.

결국 평생교육의 등장배경은 학교의 위기, 교육평등 기회보장과 교육경쟁력 강화, 유능 인적 자원 개발 등의 변화 시도, 인간 자아실현 등과 연계되었고, 인공지능 지식기반사회의 도래, 성인인구의 증가, 삶의 질 향상, 여가시간의 증대, 교육수준의 고급화 등과 연결되어 있다.

최근 현대사회에서는 교육을 보편적 개념으로 "요람에서 무덤까지" 계속되어야 할 삶의 중요한 양식으로 이해하여 평생교육의 시대가 진행되고 있다.

2) 평생교육의 개념

일반적으로 평생교육의 개념은 보는 시각과 시대의 흐름, 기관, 학자에 따라 다르게 정의하고 있다.

평생교육이라 함은 평생교육법 제2조 제1항에 의거 "학교의 정규교육과정을 제외한 학력보완교육, 성인 문자해득교육, 직업능력 향상교육, 인문교양교육, 문화예술교육, 시민참여교육 등을 포함하는 모든 형태의 조직적인 교육활동"을 말하고 있다.

3) 평생교육의 일반적 필요성

평생교육이 필요한 이유를 살펴보면 다음과 같다.

① 인구구조적인 변화에 따른 질적 변화를 요구하고 있다.

현재 사회구성원의 평균 수명이 급속하게 증가하고 있고, 급속한 고령화가 진행되고 있으며, 국민들의 교육 수준이 향상되고 있으며, 경제발전에 따른 소득수준 정도의 변화와 같은 인구학적 특성의 변화가 진행되어 질적 변화가 요구되기 때문이다.

② 글로벌 네트워크가 확대 진행되고 있기 때문이다.

지구촌의 지역네트워크 구축화가 빠르게 진행되고 있고, 국가 간, 지역 간, 통합 간의 상호의존성의 장·단점이 존재하며, 글로벌 경제시대에 기능 중심의 전문가보다는 통합된 역량을 갖춘 전문가가 요구되고 있고, 최근 들어 소비문화와 소비자 중심주의 문화로 탈바꿈하고 있기 때문이다.

③ 정보화 기술의 발전이다.

평생교육의 패러다임을 변화시킨 요인 중 하나가 오프라인 교육에서 온라인 교육방식으로의 변화이다. 예를 들어, 이-러닝(e-learning)학습과 유비쿼터스 학습(ubiquitous learning), 인터넷과 SNS를 통한 동영상 및 원격교육 등을 들 수 있겠다.

④ 지역사회 주민들과의 소통과 인생의 재도전을 위해서이다.

지역사회 주민들의 욕구를 충족시키고 서로의 의사소통을 위한 교육 프로그램이 필요하고, 인생의 성장과 발달 과정 속에 행복하고 성공적인 노후를 보내기 위해서이다.

⑤ 은퇴 후 정년 없는 100세 시대를 준비하기 위해서이다.

정년퇴직 후 찾아오는 신체적, 정신적 변화에 대처하고, 경제적 고통과 사회적 상실감을 이겨내기 위해서 끊임없이 자기개발을 위해 도전해야 하고, 직업재창출을 위해서 자격증 취득과 직업 재도전과 아울러 자신의 삶의 질을 높여나가기 위해서이다.

4) 평생교육의 목적

평생교육의 목적은 자기주도적인 학습을 지속적으로 추구하고 실천하는 인간을 육성하여 개인의 삶의 질을 향상하고 이를 통해 바람직한 사회를 건설하는 것이 주요 목적이다. 좀 더 구체적으로 평생교육의 목적을 살펴보면 다음과 같이 정리할 수 있다.

① 노년기 노후를 살아가는 데 필요한 지식, 기술, 자격을 습득할 수 있는 환경, 즉 학습사회를 구현하는 것을 중요한 과제로 삼고 있다.
② 인공지능 정보화 사회에서 지식기반으로 발전하고 있으며, 교육은 경제적 성공과 사회적 책임, 그리고 자아실현을 위해서 필수불가결한 요소이다.
③ 은퇴 후 급변하는 사회 속에서 생존과 더불어 사회에 적응하기 위해서는 교육과 평생학습이 뒷받침되어야 하며, 국가는 노인들에게 평생교육과 평생학습권을 보장해야 한다.

5) 평생교육의 이념과 원리

평생교육의 이념과 원리를 살펴보면 다음과 같이 살펴볼 수 있다.

① 평생교육은 일관성과 다양성을 추구한다.

평생교육은 모든 형태의 교육을 일관된 원리와 교육체계에 의해서 추진되어야 한다. 다시 말해 어려서부터 노인에 이르기까지 생애교육 과정이 학교교육에서 사회교육에 이르기까지 다양한 형태의 교육이 평생교육이라는 일관된 교육이 되어야 한다.

또한 평생교육이 추구하는 교육은 연령별, 지역별, 계층별, 성별에 따라 학습자가 원하는 교육이 진행되어야 하고 다양한 교육 프로그램이 진행되어야 한다.

② 교육권과 평생 학습권이 보장되어야 한다.

대한민국 국민이면 법률에 의거 교육권과 평생학습권이 우리사회에서 보장되어야 한다. 평생교육은 전 생애에 걸쳐 자신의 성장과 발전을 위해 언제 어디서나 원하는 학습을 쉽게 할 수 있는 교육권과 평생 학습권을 보장해야 하며, 모든 국민에게 차별 없는 기회를 제공하고 교육기회를 균등하게 확대하며, 교육의 민주화를 추구해야 한다.

③ 교육의 개별화와 정보화를 추구해야 한다.

평생교육은 개인의 교육요구와 여건에 부합하는 교육의 개별화를 추구해야 하며, 개개인의 다양한 교육요구에 따른 정보를 쉽게 접근하고 이용할 수 있도록 통합된 시스템을 제공해야 한다.

④ 정년 없는 100세 시대의 평생학습사회의 실현을 추구한다.

평생교육은 언제, 어디서나, 누구나, 원하는 것을 배울 수 있는 교육 환경이 구축되어야 하고, 평균수명 증가에 따른 정년 없는 100세 시대를 위해서 평생학습 사회를 구현해야 한다.

⑤ 평생교육을 통한 개인의 자아실현과 삶의 질 향상을 추구해야 한다.

평생교육은 일생을 통한 학습의 기회를 균등하게 제공함으로써 개인의 성장과 자아실현, 그리고 삶의 질 향상에 노력해야 한다.

또한 평생교육의 실질적인 운영원리도 학습자가 자유롭게 참여해야 하고, 자발적인 자기주도 학습이 이루어져야 한다. 그리고 학습할 내용이 개인 따라 다양해야 하고, 교수자와 학습자와의 관계가 평등해야 한다.

결국 21세기 미래사회에서는 언제 어디서나 자기성장을 위해 끊임없이 배우는 데 노력해야 한다.

6) 인공지식 기반 사회에서의 교육환경

인공지식 기반 사회에 있어서는 지식을 어떻게 생산, 관리, 활용하느냐가 핵심적 과제이며, 한 나라가 자력으로 수준 높은 지식을 얼마나 생산할 수 있느냐가 국가 자립도의 지표가 된다.

특히 인공지식 기반 사회에서는 생애의 한정된 시기에 교육하는 것만으로는 안 되고, 전 생애 기간 동안 교육해야 하며, 특정 대상에게만 교육해서는 안 된다. 또한 모든 국민에게 교육 기회를 형평성 있게 제공해야 하며, 국가와 교육자들이 선정한 내용으로 가르쳐서는 변화하는 지식 세계에 바르게 적응할 수 없어 새로운 지식과 기술을 습득하기 위해서는 평생학습의 교육환경 중요성이 점점 증대되고 있다.

7) 미래사회 교육 패러다임의 전환

21세기는 평생학습을 필요로 하는 사회이면서, 미래사회는 쉽게 예측하기 어려운 불확실한 사회이고, 위험의 요소가 편재되어 있는 불완전한 사회이다. 또한 사회의 각 부문 간 또는 부문 내의 분화가 심한 동시에 다양한 기회가 열려 있는 복잡한 사회라고 말할 수 있다.

급속하게 변화하는 세계에 의해 제시된 도전들에 대응하기 위해서 학습자는 스스로 학습할 수 있는 능력을 키워 나가야 한다. 21세기 교육의 새로운 패러다임 전환으로 가르치는 제도로부터 배우도록 만드는 제도로의 전환교육이 필요하다.

실질적으로 평생교육 패러다임의 변화 특징을 살펴보면 다음과 같다.

① 교수자 중심에서 학습자 중심의 맞춤형 평생교육으로 전환된다는 점이다.
② 기존 교육기관에서 다양한 교육기관으로 변화된다는 점이다.

③ 오프라인 교육시대에서 온라인 교육시대로 강화되고 있다는 점이다.
④ 단순한 실용교육에서 인생재도전의 새로운 직업과 기술을 추구한다는 점이다.
⑤ 인공지능 지식정보사회에서 다양한 교육매체가 발전하고 있다는 점이다.
⑥ 자기 주도적 스스로 학습형태로 유형이 변화되고 있다는 점이다.
⑦ 개인의 자아실현과 삶의 질을 위해 노력하고 있다는 점이다.
⑧ 평생교육에 대한 정보를 쉽게 얻을 수 있고, 교육 프로그램 선택의 폭이 넓어졌다는 점이다.

8) 국제사회에서의 평생교육 강조

경제협력 개발기구 OECD(Organization for Economic Co-operation and Development) 교육장관 회의에서의 교육제도의 변화 정책을 살펴보면 다음과 같다.

① 학교와 대학 중심의 공식적 교육뿐만 아니라 모든 형태의 평생학습에 대해 인정해야 한다.
② 평생학습을 위한 학습 동기유발, 자기주도 학습능력 등 학습능력을 개발해야 한다.
③ 전 생애에 걸친 다양한 학습기회에의 접근을 확대해야 한다.
④ 제도교육 중심의 재원분배 구조를 모든 학습영역과 학습장으로 확대 개편해야 한다.
⑤ 교육에 대한 교과부의 단일 지배로부터 여러 관련 부처 및 교육 관련 사회단체들과 협력과 유대하는 새로운 지배구조로 거듭나야 한다는 내용 등이 주요 정책 내용이다.

21세기는 평생학습 사회이다. 평생 학습사회란 "모든 성인들에게 인생의 모든 단계에서 교육기회가 제공될 뿐만 아니라 학습, 자기성장, 자아실현을 지향하여 모든 제도를 그 목적달성을 위하여 가치전환을 이룩하는 사회" 라고 말하고 있다.

특히 교육은 더 이상 교육을 위한 교육이 아니라 삶을 위한 교육, 생존을 위한 교육으로 전환되어야 하며, 단순한 지식을 쌓아가는 학습에서 생활에 적용할 수 있는 실용지식을 배워가는 학습으로 전환되어야 한다.

9) 노인 평생교육이 강조되는 이유

시대적 요청에 따른 노인 평생교육이 강조되는 이유를 살펴보면 다음과 같다.

① 급격한 사회변화

4차 산업혁명과 과학문명의 발달, 정보화의 눈부신 발전이 사회변화의 주기를 아주 짧게 만들어가고 있으며, 정보의 변화 속도가 너무 빠르게 전개되고 있어서 시대에 뒤처지지 않기 위해서는 새로운 정보의 업그레이드가 필요하고 새로운 정보를 습득하기 위해서는 노후에 지속적인 학습이 필요하다.

② 노인인구의 증가

출생률 저하로 인하여 일시적으로 인구증가가 감소할 우려가 있으나 의학기술과 생명공학의 발달로 수명연장이 가능하고 노인인구의 증가가 급속히 증가하고 있어 고령사회가 진행중이며, 초고령사회가 다가오고 있다.

이에 정년 이후의 노인들의 삶에 대하여 새로운 접근이 필요하고 이를 실현시키기 위한 일환으로 노인 평생교육이 이루어져야 한다.

③ 정보화 기술의 변화

생명공학의 발전으로 인간수명 연장과 우주개발 시대를 열어가려는 인간들의 노력들이 새로운 삶의 도전에 꿈을 만들어 가고 있으며, 이에 따라 정보화 기술의 발전은 노후에도 지속적인 학습을 요구하고 있다.

④ 인공지능 시대의 도래

인공지능 시대 속에 인터넷을 활용하여 수많은 정보를 세계인이 서로 공유하고 있고, 수많은 인공위성과 더불어 정보통신 발달로 인하여 시간과 장소에

구애받지 않고 학습할 수 있는 새로운 학습 환경을 만들어 가고 있어 노후에도 새로운 지식과 기술을 습득할 기회가 제공될 것이다.

⑤ 여가생활의 증가 및 삶의 질의 변화

경제적인 발전과 더불어 정년퇴직 후 여가시간이 늘어나 자기개발과 새로운 영역에 대한 호기심을 만족시키기 위한 평생학습 시간으로 여가를 활용해야 하고 삶의 질을 위해 끊임없는 자기개발을 해야 한다.

⑥ 인생 이모작을 위한 자기개발 필요

정년 없는 100세 시대 도래와 안정적인 노후 삶을 우해 끊임없이 도전해야 하며, 경쟁사회 변화 속에서 살아가기 위해서는 평생교육이 필요하다.

⑦ 다기능 경쟁사회에서의 정신적 위기 극복 변화

급격하게 변화하는 다기능 경쟁사회는 노후에 인간의 정신과 육체를 피로하게 만들고 이로 인한 정신적 위기를 맞게 되어 이를 극복하기 위해 자기성장을 위해서 평생학습이 필요하다.

⑧ 평생직업의 전문성 요구

인공지능 정보화 사회의 변화는 노동의 내용과 직업군을 새롭게 변화시켰을 뿐만 아니라 직업주기를 단축하는 결과를 낳을 것이며, 대기업들의 인재상의 변화와 사회가 요구하는 인재상의 변함에 따라 개인들의 지속적인 자기개발의 시대가 더욱 필요한 시대가 올 것이며, 정년퇴직 후를 대비해야 할 것이고, 퇴직 후에 평생 직업이라는 인식을 가지고 죽을 때까지 자기개발을 확대해 나가야 할 것이다.

10) 노인 평생교육의 필요성과 중요성

노인 평생교육의 필요성과 중요성을 살펴보면 다음과 같다.

① 노년기에 경험하는 신체적, 정신적, 심리적 변화에 효과적으로 대응하기 위해서 노인 평생교육이 필요하다.

② 급변하는 사회에 적응하고 노후의 삶을 준비하기 위해서 필요하다.

③ 노인들의 새로운 역할 제시와 보람 있는 여생을 보내기 위한 사회적 참여가 필요하다.
④ 노인들의 경험과 노하우를 통한 직업재창출과 자기개발과 자아실현을 위해서이다.

11) 노인 평생교육의 요구

노인들은 다양한 욕구 충족을 위해서 평생교육 프로그램을 원한다.

① 신체적, 정신적, 심리적으로 다양한 변화를 겪게 되는 노년기에 효과적으로 적응할 수 있는 교육 프로그램
② 인공지능시대에 새로운 지식과 기술을 배워 평생 직업적 역할과 도전을 위한 교육 프로그램
③ 남은 여생을 보람되게 보낼 수 있는 사회공헌 활동의 교육 프로그램
④ 노인들의 욕구를 충족시켜 줄 수 있는 교육 프로그램 등이다.

2. 노인 평생교육과 노년기 발달특성

1) 노인 평생교육을 촉진하기 위한 교육방법

노인 평생교육을 촉진하기 위한 방법을 살펴보면 다음과 같다.

① 노인들이 원하는 프로그램을 만들어 흥미와 관심을 유발할 수 있는 동기부여를 해야 한다. 늘 긍정적으로 직접 프로그램에 참여하고 체험하는 교육과정이 필요하다.
② 노인들의 상황과 인지적 특성을 고려한 맞춤형 프로그램 개발이 필요하다.
노인들의 소득과 지위, 성별, 계층별, 성향별, 건강별로 차이가 있기 때문

에 차별화된 교육 프로그램 개발과 치매예방을 의한 인지능력을 향상 시킬 수 있는 시청각적, 감각적, 창의적 프로그램 개발과 아울러 신체적으로 유대감을 형성할 수 있는 다양한 학습활동이 필요하다.

③ 생애주기별로 성공적이고 안정적으로 노후를 보낼 수 있는 학습 프로그램이 필요하다. 다양한 연령대의 노인들이 갖고 있는 개인차를 고려하여 노후를 보람 있게 보낼 수 있는 자기개발과 사회참여를 통해 삶의 만족도를 높여 나갈 수 있는 학습목표와 교육내용이 필요하다.

2) 노인 평생교육 내용 분야

① **노인복지 분야** : 노인복지 서비스 분야와 일상생활에 케어 받을 수 있는 분야, 경제적 고통, 역할 상실 고통, 고독감과 고립감의 고통을 줄여나가기 위한 지원서비스, 노인상담, 노년기의 인간관계, 사회보장제도, 임종과 호스피스 교육 등

② **노인건강 분야** : 안전사고 예방법, 질병의 위기와 대처방법, 보건의료 서비스 이용 방법, 노인신체 운동법과 심신 단련방법, 건강교육, 노화예방 방법, 치매예방과 대책, 영양관리, 우울증과 불면증, 노인자살과 노인학대 예방대처 방법, 약물남용 예방방법, 낙상사고 예방법, 노인 목욕법 등

③ **여가 및 취미 분야** : 취미활동, 사회공헌 활동, 봉사활동, 여행활동, 문화예술 활동, 동아리 활동, 공연활동 등

④ **생활 및 법률 분야** : 생활법률, 시사상식, 의사소통, 유산과 상속, 노인자산관리, 주택연금 및 개인연금, 죽음예비교육, 요양원과 요양병원을 이용하는 방법, 장기요양 이용방법, 노인용품 구입방법 등

⑤ **직업역량개발 분야** : 귀농교육, 귀촌교육, 자격증 취득교육, 노인상담교육, 노인 성교육, 노인인권교육, 노인미술 치료교육, 노인음악교육, 노인운동교육, 창업교육, 시설 및 단체 설립교육, 직업정보 찾는 교육, 컴퓨터 교육, SNS 교육 등

3) 노년기의 발달특성

(1) 노년기 신체적 발달특성

인간의 평균수명은 현대 의학기술의 발달과 건강관리로 크게 연장되었지만 인간 고유의 신체기능의 노화를 멈출 수는 없다. 특히 인간의 신체기능 중 가장 먼저 눈이 노화현상이 온다. 남성은 27세부터 남성호르몬이 감소하기 시작하고, 여성은 24세부터 호르몬이 감소하기 시작한다. 구체적으로 노인들의 신체적인 변화 특징을 살펴보면 다음과 같다.

① 노인의 신체적 형태의 변화

노인이 되면 노화가 발생되면서 신체적인 형태의 변화가 일어난다. 주로 신체의 관절상태 변화나 발바닥의 변형으로 대퇴부의 길이가 줄면서 신장이 감소하거나 어깨넓이가 좁아지거나, 또는 씹는 기능과 삼킴 기능이 떨어지고, 소화·흡수 기능도 떨어진다. 그리고 뼈의 골밀도가 감소하고, 연골조직이 퇴화로 관절염이 증가하며, 운동능력과 대사기능이 감퇴되어 인지기능도 떨어진다.

② 노인의 신체적 생리의 변화

노후에는 몸을 구성하는 세포수가 감소하고, 개개 세포의 활동력 쇠퇴로 신체 수행력이 떨어진다. 또한 미네랄양이 부족하고, 같은 뼈 구성의 변화로 골절상해의 위험도가 증가한다. 그리고 골격근량과 근력감소로 유연성과 민첩성, 평형성이 감소하고, 호르몬 역할 저하로 인하여 근육 손실과 대뇌와 신경세포의 감소로 뇌 체중이 감소한다.

이외에도 시력의 노화와 색조 변별력 기능 감퇴가 발생하고, 청각기능이 떨어지며, 중추신경계의 기능쇠퇴가 발생되어 시청각 교재나 강의실 환경, 음향시설 등이 영향을 받게 되기 때문에 성인학습자들의 노화현상을 고려하여 개개인의 특성에 적합한 학습 환경과 여건을 조성해야 한다.

(2) 노년기의 인지적 발달특성

노년기에는 노화로 인하여 자신의 상황과 환경에 대해서 적응하지 못해서 심리적, 정서적으로 어려움을 겪을 수 있다. 60대가 되면 우리 인간의 뇌세포가 30%가 죽고, 70대가 되면 40%, 80대가 되면 50%가 즉는다. 노화로 인하여 지능, 기억, 언어, 문제해결 능력, 공간력, 지남력 등이 전반적으로 현저히 떨어진다. 그러나 노인들의 삶의 경험과 체험에 바탕을 둔 개인적, 주관적, 직관적 사고는 노년기에도 지속적으로 발달한다.

(3) 노년기의 성격적 발달특성

노인의 성격적 변화는 신체적, 과거의 경험, 사회적 역할 상실, 노인 자신의 태도 등 다양한 원인에서 나타난다. 특히 퇴직으로 인한 사회활동 감소로 인해 사회로부터 위축되거나 주위 환경에 대한 소극적인 대처, 내향적 태도, 방어적 태도, 과거 고착적인 방식과 태도 고집, 감각기능 퇴화로 인한 실수, 타인에 대한 의존성 증가, 우울증과 편집증 증가, 자존심 손상 등에 예민해진다.

또한 신체능력의 감퇴와 경제적 문제, 배우자와 지인 사망, 가족이나 사회로부터 소외감과 고독감, 고립감과 외로움의 증가, 과거의 자책감과 죄책감의 증가 등, 모든 것이 귀찮아지고 편안함과 칭찬 받기를 좋아하며, 욕구 불만이 생기면 잘 삐진다.

따라서 노년기에 행복한 노후생활을 위해서는 신체적 건강뿐만 아니라 정신적 건강 관리에 힘써야 한다.

(4) 노년기의 심리적 발달특성

노인의 심리적 특성은 개인차마다 다르지만 감각과 지각 기능의 변화, 정신기능의 변화, 성격 특성의 변화, 정신상황 등에서 나타난다.

노인들은 기억력 감퇴로 인하여 지적능력이 떨어지고, 정신적 상황에 의해서 성격 및 행동의 특성 변화가 발생하는데 주로 분노조절 통제가 어렵다든지, 내향성 및 수동성의 증가와 성 역할의 변화, 경직성과 조심성의 증가, 친근한 사물에 대한 애착심이 높아진다. 또한 자기통제가 잘 안되어 본성이 잘 나타나거나 후대에 유산을 남기려는 경향이 강하고, 인생을 회고하거나 일생을 정리하고 싶은 욕구가 강해진다.

(5) 노년기의 사회적 발달특성

정년퇴직으로 인하여 가장 많이 겪는 고통은 빈곤과 질병, 역할 상실과 고독감이다.

특히 사회에서는 중심인으로서 지위를 인정받았고, 지역사회에서는 원로와 대표의 역할, 가정 내에서는 가장과 책임자의 역할로서 인정을 받다가 퇴직 이후에는 주변인으로 밀려나거나 소외되거나 가정경제 중심에서 종속인으로 밀려나거나 황혼 이혼 등 그 역할이 상실되거나 축소된다.

따라서 새로운 자기개발을 위해서 직업 재도전과 자격증 도전, 사회봉사활동, 평생교육 참여, 원만한 인간관계 형성을 위해서 적극적인 사회활동들이 필요하다.

3. 노인 평생교육의 활성화

1) 노인을 위한 평생교육 활성화 방안

노인 평생교육의 활성화 방안을 살펴보면 다음과 같다.

(1) 노인 평생교육 관련 법적, 제도적 개선

노인 평생교육과 관련해서는 노인복지법과 평생교육법 두 가지 법률에 의거하지만, 사실상 이 두 가지 법 조항 모두 노인평생교육을 구체적으로 명시하고 있지 않다. 따라서 노인복지법에서는 노인의 평생교육을 '노인여가복지'의 범위 안에 포함시키고 있으며, 평생교육법에서는 평생교육사 자격 취득을 위한 선택과목의 하나로 '노인교육론'을 포함시키는 정도이다. 따라서 노인 평생교육을 규정하는 구체적인 법률을 개정하거나 새로운 노인 평생교육 관련 법률을 제정하여 노인들의 평생교육을 보호하고 지원하기 위한 법적, 제도적 근거가 마련되어야 한다.

(2) 정확한 업무부처 간 조정과 노인 평생교육시설에 대한 재정지원 및 관리

현재 노인 평생교육을 실시하는 시설은 보건복지부에서 관리·감독하고 있고, 노인 평생교육에 대한 제도적 지원은 교육부에서 하고 있다.

또한 평생교육 시설에 대한 재정적 지원은 지방자치단체로 이양되어 각 지자체의 형편에 따라 지원되고 있어 부처 간의 주관업무가 달라 이들 시설에 대한 실질적인 관리 및 감독은 제대로 이루어지고 있지 않다.

따라서 부처 간에 정확한 역할분담을 통한 행정지원이나 통합적 행정 서비스 지원이 필요하고, 관련 부처들 간의 업무 조정을 통하여 노인 평생교육과 관련된 다양하고 신속한 서비스가 이루어지도록 노력해야 한다.

(3) 노인 평생교육 시설에 대한 정확한 실태조사 파악과 종합시스템 활성화

노인인구 증가에 따라 평생교육 수요가 증가하면서 민간단체, 종교단체, 공공단체, 언론단체, 교육단체, 민간단체 등이 주최가 되어 전국 우후죽순 평생교육 시설이 운영되고 있고, 정확한 프로그램 운영 실태조차 파악하지 못하고 있다. 그뿐만 아니라 평생교육 시설에 대한 관리·감독도 부실한 형편이다.

이를 위해 노인 평생교육 시설에 대한 정보파악을 위해서 종합시스템 구축과 더불어 네트워크 구성이 필요하다. 아울러 노인 평생교육시설에 대한 정확한 실태조사를 통하여 문제점을 진단하고 새로운 통합적인 매뉴얼을 개발하여 보급하면서 지역 특성에 맞는 프로그램, 인력, 재정 등 지원이 이루어져야 한다.

(4) 노인 평생교육의 전문성 강화

현장에서는 노인 평생교육과 관련된 전문 인력과 전문성이 부족한 형편이다. 프로그램을 기획하거나 노인들의 욕구 수요조사 분석, 수강관리, 홍보 및 모집, 프로그램 진행, 상담, 평생교육기관 운영, 컴퓨터 활용능력 등 전문적인 실무 역량들이 부족하다.

또한 대부분의 노인 평생교육 시설들은 너무 소규모여서 전문 인력을 채용하는 것도 한계가 있다.

따라서 노인 평생교육을 담당하는 전문 인력 교육기관 신설과 보수교육 강화, 실무역량 강화를 위한 실질적 교육 매뉴얼 개발 등이 필요하다.

그리고 점차 다양해지는 노인 평생교육 요구에 부응하기 위해서는 프로그램 개발과 운영에 참여하는 전문 인력을 육성해야 한다.

(5) 맞춤형 프로그램 개발과 경쟁력 강화

노인들을 위한 교육 프로그램들은 지역사회에서 거의 비슷한 양적 프로그램이 많이 진행되고 있다. 노인들은 변화를 요구하고 있다. 노인들이 원하고 욕구를 충족시켜 줄 수 있으며, 인생의 이모작과 정년 없는 100세 시대를 위하여 노인들의 눈높이를 맞출 수 있는 질적인 교육 프로그램을 원하고 있다. 이를 위해 온라인 교육의 확대와 노후에 행복하고 성공적인 삶을 살아갈 수 있는 실용적인 프로그램 개발이 시급하다.

2) 노인 평생교육의 나아갈 방향

노인 평생교육이 나아가야 할 방향은 다음과 같다.

① 배움의 주체, 삶의 주체자로서의 노인 평생교육 프로그램의 필요성

복지 위주의 평생교육에서 탈피하여 노인들 스스로 삶을 주관하는 교육체제로 변화와 급속한 사회변화에 대한 적응과 대처를 위해서 새로운 지식과 기술

이 필요하며, 인생 재도전을 위한 끊임없는 자기개발을 위한 프로그램이 필요하다.

② 성공적인 노후 준비와 삶의 질 향상

노인 평생교육은 배움을 주는 자발적인 교육이 되어야 한다. 은퇴 후의 교육과 인생의 성장과 발전에 도움이 되기 위해서 인생을 살아가는 데 필요한 정보를 습득할 수 있는 학습들이 제공되어야 한다. 특히 노후에도 정년 없는 100세를 위해 성공적인 노년기를 보낼 수 있는 프로그램들이 제공되어야 한다.

③ 온라인 학습화에 따른 질적 변화 추구

미래사회 패러다임 전환에 따른 인공지능 사회에서 평생교육의 중요성을 인식하고, 공간제약이 없는 노인학습자 주도의 학습체제를 구축하여 언제 어디서나 쉽게 평생교육에 접근할 수 있고, 다양한 교육 콘텐츠 프로그램을 통해서 개인의 질적 변화를 추구할 수 있는 교육환경이 필요하다.

또한 노인 평생교육은 자유롭게 학습할 수 있는 평생학습 사회로 가야 하고, 미래사회에 부합하는 평생교육이 되어야 한다.

핵심정리

1. **노인 평생교육의 필요성과 중요성**
   ① 노년기에 경험하는 신체적, 정신적, 심리적 변화에 효과적으로 대응하기 위해서 노인 평생교육이 필요하다.
   ② 급변하는 사회에 적응하고 노후의 삶을 준비하기 위해서 필요하다.
   ③ 노인들의 새로운 역할 제시와 보람 있는 여생을 보내기 위한 사회적 참여가 필요하다.
   ④ 노인들의 경험과 노하우를 통한 직업재창출과 자기개발과 자아실현을 위해서이다.
2. **노인 평생교육이 강조되는 이유**
   ① 급격한 사회변화
   ② 노인인구의 증가
   ③ 정보화 기술의 변화
   ④ 인공지능 시대의 도래
   ⑤ 여가생활의 증가 및 삶의 질의 변화
   ⑥ 인생 이모작을 위한 자기개발 필요
   ⑦ 다기능 경쟁사회에서의 정신적 위기 극복 변화
   ⑧ 평생직업의 전문성 요구
3. **노인을 위한 평생교육 활성화 방안**
   ① 노인 평생교육 관련 법적, 제도적 개선
   ② 정확한 업무부처 간 조정과 노인 평생교육시설에 대한 재정지원 및 관리
   ③ 노인 평생교육 시설에 대한 정확한 실태조사 파악과 종합시스템 활성화
   ④ 노인 평생교육의 전문성 강화
   ⑤ 맞춤형 프로그램 개발과 경쟁력 강화

13 CHAPTER 노인상담과 노인 성교육

1. 노인상담의 목적과 역할

1) 노인의 특성

노인들이 처해 있는 환경의 특성을 살펴보면 다음과 같다.

대부분의 노인들은 고령자이면서 개개인의 저항감과 경계심이 강하고, 대내외적인 환경변화에 대한 욕구의지가 약하며, 평상시 삶의 의지보다 죽음과 연관시키고 있고, 가족 보호자의 지지가 약한 상태의 특성을 가지고 있다.

2) 노인상담의 개념

노인상담이란 개념은 학자들의 시각과 시대의 흐름에 따라 다르겠지만 노인문제에 관한 전문적인 지식과 훈련을 받은 상담가가 노인들이 당면한 제반 문제를 상담하고 그 해결점을 찾을 수 있도록 도와주는 과정이며, 노인들 대상으로 휴먼서비스를 제공해 주는 전문 영역이라고 정의를 내릴 수 있다.

3) 노인상담의 목적

우리나라가 점점 초고령사회를 향해 나아가면서 많은 지역사회에서 노인문제의 위기가 발생하고 있고 이에 대한 다양한 전문가들을 필요로 하고 있다.

따라서 노인문제 중 위기가 발생할 시 노인 전문가의 상담목적은 다음과 같다.

① 노인들이 사회생활에 잘 적응할 수 있도록 지원해 주어야 한다.
② 지역사회 환경에서 주변의 변화환경에 잘 적응할 수 있도록 도움을 주어야 한다.
③ 현재 겪고 있는 노인문제도 중요하지만 개개인의 향후 예방차원에 도움을 주어야 한다.
④ 노인들 개개인의 잠재욕구를 해소할 역할을 제시해 주어야 한다.
⑤ 부양가족에 대한 이해 지원 역할이 필요하고, 어려운 일과 위기를 겪는 동안에는 누군가의 도움과 지지를 받기 위해서와 아울러 대화를 위해서 노인상담이 필요하다.

4) 노인상담의 필요성

노인상담이 왜 지역사회에서 노인들 대상으로 필요한지를 살펴보면 다음과 같다.

① 노인들의 문제를 사전에 예방하기 위해서 필요하다.
② 노후생활에 활력을 위해서 필요하다.
③ 노인부양 정보를 제공하기 위해서 필요하다.
④ 노인이 필요로 하는 것을 원조해 주는 서비스를 제공하기 위해서 필요하다.
⑤ 노인들의 경제적인 고통, 질병의 고통, 역할의 고통, 고독과 소외의 고통을 줄여주기 위해서 노인상담이 필요하다.

5) 노인상담을 받는 이유

지역사회에서 노인들이 상담을 받는 이유를 살펴보면 다음과 같이 정리할 수 있다.

① 개인적인 위기가 발생했을 때 도움을 받기 위해서이다.

② 문제가 발생할 시 사전에 예방하기 위해서이다.
③ 어떠한 결정을 내려야 할 때 도움을 지원받기 위해서이다.
④ 심리적으로 어렵고 힘들 때 도움과 지지를 받기 위해서이다.
⑤ 문제해결을 위해서 자문을 받기 위해서이다.
⑥ 가족과의 대화와 소통하는 방법을 배우기 위해서이다.

6) 노인상담의 종류

노인들을 상담할 때는 다양한 주요 상담주제들이 개개인마다 다르지만 그 영역을 정리하면 다음과 같다.

① 건강 및 질병 분야
② 시설문의 및 학대 분야
③ 여가 및 취업상담 분야
④ 자원봉사활동 및 사회공헌 분야
⑤ 가족관계 및 인간관계 분야
⑥ 임종 및 죽음, 장례 분야
⑦ 경제 및 재산 분야
⑧ 이혼 및 이성관계 분야
⑨ 창업 및 귀농, 귀촌 분야
⑩ 직업 및 평생교육 프로그램 참여 분야
⑪ 법률 및 생활 분야, 기타 등이다.

7) 노인상담의 영역

노인상담은 크게 네 가지 영역으로 나누어진다.

① 정서적 영역 상담으로 주로 고독과 소외, 고립감에 대한 내용으로 이루어진다.

② 경제적 영역 상담으로 빈곤과 경제적인 고통, 재산상담, 노인자산에 관한 상담 내용들이 포함된다.

③ 건강적 영역 상담으로 질병에 대한 고통 등 신체적인 내용에 대한 내용들이 포함된다.

④ 사회적 영역 상담으로 정년퇴직 전에 대접받다 퇴직 이후 대접받지 못하고 중심인에서 주변인으로 밀려나는 등 역할상실에 대한 내용들이 포함된다.

8) 노인상담의 역할

노인상담의 역할은 크게 다섯 가지로 나누어 볼 수 있다.

① 중재자의 역할

내담자가 가족 간의 갈등과 분쟁이 발생하거나 가족 간의 의사소통이 안 될 때 중재자의 역할을 지원하는 일이다.

② 옹호 대변자의 역할

내담자가 어렵고 힘들 때 내담자의 입장을 대변해 주는 역할을 의미한다.

③ 지지자의 역할

노인 내담자에게 문제가 발생할 시 대처능력을 강화시키고 지지해 주고 신뢰를 가지고 인정해 주면서 활동을 도와주는 역할을 한다.

④ 가르치는 자의 역할

노인 내담자에게 위기가 발생할 시 사전에 문제해결 능력을 가르쳐 주거나 또는 문제발생 시 대처능력 향상을 위해서 필요한 새로운 정보나 기술을 제공해 준다.

⑤ 연결자의 역할

노인 내담자에게 복합적인 문제가 발생 시 지역사회 유관기관에 도움을 받도록 연결을 맺어주는 일이다.

2. 노인 상담교육의 유형

1) 대상 범위에 따른 유형

노인상담에는 대상에 따라 개별이냐 집단이냐에 따라 크게 두 가지 유형으로 나누어진다.

① 개별상담

개별상담이란 도움을 필요로 하는 노인과 전문적 훈련을 받은 상담가와의 일대일 관계를 통해 자신과 주위 환경에 대한 이해를 촉진함으로써 적응의 변화를 가져오는 조력활동이라고 말할 수 있다.

개별상담의 목표로는 행동변화의 촉진, 인간관계의 개선, 개인의 잠재력 개발, 자아정체감 확립과 긍정적 자아개념 형성 등을 말할 수 있다.

② 집단상담

집단상담이란 공통된 문제에 처해 있는 여러 사람을 대상으로 하여 그들의 상태를 파악하고 심리가 안정될 수 있도록 적절하게 조언 등을 하는 일을 말한다.

집단상담의 특성은 공통된 문제를 가진 사람들로 구성되어 있으며, 본인의 단점이 있음에도 불구하고 집단으로부터 소외당하지 않고, 서로 이해하고 수용해 준다. 또한 본인도 동료들을 이해하고 수용하며 도와줄 수 있다.

그리고 집단상담의 장점은 집단 구성원으로 하여금 그들에게 편안한 느낌을 갖게 하고, 서로의 공통적인 감정을 쉽게 공감하고 수용하며, 스스로 말하기 쉽고, 상담자 한 사람이 일시에 여러 참여자에게 영향을 미칠 수 있다는 점이다.

또한 집단상담은 개인의 특정한 심리적 욕구를 충족하게 하고, 현실 검증의 기회를 제공하면서 집단 상담을 통해서 자신과 타인에 대한 책임감을 발전시킬 수 있고, 대인관계에서 부담을 주지 않는다.

반면 집단상담의 단점은 집단 스트레스를 받을 수 있고, 개인의 안정감을 상실하거나 개인의 문제를 깊이 있게 다룰 수는 없다는 점이다.

2) 대중매체에 따른 유형

(1) 전화상담

① 전화상담의 기원

전화상담의 시작은 1953년 영국에서 피터웨스트 목사와 차드바라 목사들을 통해 처음 시작하였다. 전쟁 이후 당시 집을 직접 방문하여 "고독하거나 자살하고 싶은 사람은 도움을 청하십시오"라고 외치고 다녔고, 목회적 시민 봉사차원에서 사무실 광고로 시작되었다.

이후 1963년 호주에서 알렌워커 목사에 의해서 비슷한 전개운동이 시작되었다. 우리나라는 1976년에 생명의 전화에서 처음 시작하였다.

② 전화상담가의 자질

전화상담가가 되기 위해서는 주요한 자질이 필요했고, 전화상담 시 상담가로서 갖추어야 기본적 자세를 살펴보면 다음과 같다(http://blog.daum.net/jhs7788).

㉠ 양성 평등적 사고방식으로 상담했는가?
㉡ 문제의 내담자를 위해 어떻게 지지해 줄 것인가?
㉢ 사회적 지지, 의료적, 법적, 윤리적 지지를 했는가?
㉣ 내담자에게 책임 있다고 비판하지는 않았는가?
㉤ 내담자가 바라는 것을 도와줄 수 있는가?
㉥ 도와줄 수 있다면 어떻게 도와줄 수 있는가?
㉦ 내담자의 의사결정에 관여했는가?

③ 전화상담가의 자질

일반적인 전화상담가의 자질은 크게 네 가지로 나누어 볼 수 있다.

첫째, 전문가의 자질이다. 예를 들어, 상담지식, 상담기법, 문제 진단, 도덕적 윤리판단 능력 등의 전문성이다.

둘째, 기술적인 자질이다. 상담에 있어서 전문적 개입과 기술능력, 대인기술

능력 등이 필요하다.

셋째, 상담지원에 관한 자질이다. 실질적으로 실무지식, 행정능력, 교육훈련 이해 등이 필요하다.

마지막으로 인간적인 자질이다. 상담원은 주로 인내, 개방, 수용, 감정통제, 공감 등의 자질이 필요하다.

④ 전화상담의 특징

전화상담은 짧은 시간에 이루어지는 상담이 주요 특징이며, 언제 어디서나 신속하게 이루어지며 익명성이 가능하고 노인들의 선택용이성이 장점이다. 반면 전화상담의 단점은 진실성이 떨어진다는 점이다.

(2) 면접상담

면접상담의 주요 특징은 다음과 같다. 면 대 면 면접 상담 시 상담의 효율성과 정확성을 높여주고, 언어적 메시지와 비언어적 메시지 직접 관찰이 용이하나 반면 자신의 문제노출에 대한 심리적 부담이 있을 수 있다.

(3) 인터넷 및 SNS 상담

인터넷 및 SNS 상담의 특징은 노인들이 인터넷 및 SNS를 통해 쉽게 접근할 수 있고, 노인들이 자신의 문제를 호소하고 글을 쓰는 과정에서 자신의 문제를 정리할 수 있는 기회가 있으며, 전문 상담자의 피드백이 올 때까지 기다리면서 문제에 대한 대안과 고민을 할 수 있다는 장점이 있다. 그리고 노인들이 자신을 노출하는 가명이나 아이디를 사용할 수 있기 때문에 자신이 노출되는 데 대한 불안감에서 벗어나 다양한 문제를 호소할 수 있다. 그러나 노인들이 올린 글을 보고 상담하기 때문에 문제의 진실성이 떨어지거나 자신의 문제 상황을 정확하게 전달하지 못하거나 왜곡된 정보를 제공할 수 있고, 악성 답글들이 올라올 수 있다는 단점이 있다.

3) 노인상담 기법과 종류

노인상담의 기술과 기법의 종류를 정리하여 살펴보면 다음과 같다(박재간, 2019 : 108-128).

(1) 노인상담의 기법

상담자는 노인 내담자와 상담 대화를 확인하는 경우 반복하거나 바꾸어 말하거나 요약하는 대화 기법이 있으며, 또한 노인을 상담하는 데는 일정한 기술과 기법이 필요하다.

① 경청하기 : 적극적으로 경청한다.
② 공감하기 : 상대방을 이해하고 공감해 준다.
③ 수용하기 : 상대방의 이야기를 무조건 수용해 준다.
④ 진실하기 : 신뢰를 가지고 진실성으로 다가간다.
⑤ 긍정적 부여 전환하기 : 어떠한 부정적인 대화내용도 긍정적으로 부여 전환한다.

(2) 노인상담의 질문하기

① 개방적 질문 : 폐쇄적인 질문보다 개방적 질문이 좋다.
② 직접질문과 간접질문 : 직접질문보다 간접질문이 저항감이 덜하다.
③ 이중질문과 단일질문 : 이중질문은 질문의 핵심을 놓치기 쉬워 간단한 단일질문이 좋다.
④ 질문공세 : 상담자의 질문은 내담자의 성격, 상황 등을 충분히 고려하여 적정질문을 하는 것이 필요하다.
⑤ '왜'라는 질문 피하기 : 왜라는 질문은 내담자를 다그치는 듯한 인상을 준다. 적어도 연령 차이가 많이 나는 상담자와 내담자 사이에는 조심해야 한다.

(3) 노인상담 기법의 종류

① 회상요법

노인상담에 있어서 회상요법은 개인적으로 과거 중요 사건이나 경험을 생각하거나 그 경험을 말로 진술하거나 글을 쓰거나 혼자서 과거를 되돌아보는 방법 등이 있다.

② 저술이나 녹음

노인들이 평생 살아오면서 지난날을 회고하면서 자신의 삶을 글로 표현하거나 녹취하는 방법이다.

③ 생애 여행

노인들은 출생부터 성장과정 및 생애과정을 통해 본인의 추억 여행을 떠나므로 자신의 과거와 만날 수 있고, 생각을 정리하기 위해서 방문한 곳마다 사진을 찍고 기록을 하는 것이 좋은 방법이다.

④ 중요한 사람과의 재회

대부분 50대가 되면 지나온 삶을 되돌아보고 빈둥지 증후군을 겪으면서 초·중·고 동창, 대학동창 모임이나 가족모임, 종교단체나 각종 단체의 모임에서 친구 및 그들의 인생에서 중요한 사람들을 만나면서 자신을 돌아볼 수 있는 기회를 갖는다.

⑤ 집안 가계 족보

노인상담에 있어서 내담자의 집안 가계를 밝히는 일은 개인에게 삶의 인생의 연속성을 느끼게 해주고 자신이 위치가 어느 시점에 서있는가를 알려주는 방법이다.

⑥ 기억할 수 있는 시청각 자료 살펴보기

오랫동안 노인들이 소중히 보관해 온 친숙한 물건들은 자신의 인생에서 특별하고 즐거운 추억과 기억을 담고 있으므로 소중하고 보관된 자료들을 자주 보고 이를 기억하면서 과거의 추억을 재구성되고 재경험할 수 있다.

⑦ 일생의 업적정리 및 경험 이야기

자신이 세상을 살아오면서 국가나 사회, 가정에 기여했던 보람된 내용들을 정리하거나 책, 시집, 작품 등으로 발표하기도 하며, 전쟁 경험, 사회봉사 경험, 좋은 추억 경험, 가족 경험, 직장 경험 등 다양한 과거 경험 이야기도 소통하는 데 도움이 된다.

⑧ 가족 조각기법

노인상담에서 조각기법은 주로 가족치유 상담기법으로 노인은 조각가가 되어 가족 간의 관계를 경험하는 비언어적 방법을 동원하는 기법이다.

⑨ 문장완성 기법

문장완성 기법은 다수의 미완성 문장을 노인에게 자기 생각대로 문장을 완성하도록 하는 상담기법이다.

⑩ 심리극 연출기법

심리극 연출기법은 노인 내담자에 대한 관찰과 내담자의 감정문제, 정서 갈등이나 경험을 극대화시켜 연기하게 하여 자신의 느낌을 동작으로 자유롭게 표현하게 하며, 연극적 방법을 통해서 인격의 형성, 대인관계, 갈등 및 정신적 문제들을 파악하는 집단치유 성격의 기법이다.

3. 노인 성교육의 필요성과 성 인식의 과제

1) 노인 성교육의 필요성

노인의 성에 대한 편견을 없애고, 노인의 이성교제와 성생활의 중요성을 인식시키기 위하여 노인 성교육이 필요하다. 그렇다면 노인 성교육이 왜 필요한지 그 중요성을 살펴보면 다음과 같다.

① 노인들의 성적 욕구가 점점 증가하고 있다.
② 올바른 발기부전 치료제의 약물 사용과 약물의 오남용을 막기 위해서 성교육이 필요하다.
③ 노인들이 운동 증가로 점점 건강해지고 있고, 경제발전에 따른 소득증가와 여유가 생겼기 때문이다.
④ 평균수명 증가와 이성교제가 점점 활발해지고 있다.
⑤ 여가생활의 증가와 각종 프로그램의 발달로 이성 간의 접촉이 많아지고 있다.
⑥ 인터넷 발달과 SNS의 활용으로 다양한 접근이 쉽게 이루어지고 있다.
⑦ 노인 성병 증가와 성 범죄가 증가하고 있다.

2) 노인 성교육의 이유

노인 성교육의 이유를 구체적으로 살펴보면 다음과 같다.

① 노인들에게도 성에 대한 지식을 기본적으로 알려줄 기회가 그동안 없었다는 점이다.
노년기 세대들이 근대화, 산업화로 인하여 먹고살기 정신없었으며, 자신을 즐길 수 있는 시간도 없었고, 오로지 직장과 가정을 위해서 책임감을 가지고 희생해 오면서 성교육 자체를 접할 기회조차 없었다.
② 정확한 성 지식과 정보를 제공하고 내재된 성상담을 나눌 기회가 없었다는 점이다. 가부장적 유교문화 사회에서 부모로부터 성에 대한 교육을 받은 적도 없었고, 성에 대한 무지와 성에 대한 기본적인 문제와 해결에 대해 소극적으로 대처해 왔다.
③ 노인들에게 여성이나 남성의 성에 대한 특징과 의사소통 부부관계, 성병 예방, 건전한 성 질서 확립이 되도록 교육이 필요한 시점에 이르렀다는 점이다.
④ 성교육 방법에 있어서, 유형과 정도를 고려하여 구체적인 삶의 질을 위해

즐기는 성이 아닌 건강을 위한 성 정보를 제공할 수 있는 기회가 적었기 때문이다.

⑤ 노인들의 성교육 전문가가 필요하고, 한 인간으로서 사회가 용인하는 방법과 범위에서 성을 건전하고 건강하게 누릴 수 있도록 하는 데 더욱 초점을 맞춘 성교육이 필요한 공감대가 형성되고 있다는 점이다.

이외에도 긍정적인 노인의 성(性) 문화 정착과 성 상담기관 설치, 성교육 실시 등 사회적 역할이 필요하고, 성병에 걸려도 체면 때문에 치료를 못 받는 노인이 상당수 증가하고 있으며, 성 욕구를 해소할 수 있는 교육 프로그램 개발도 시급하기 때문이다.

3) 노년기 성 활동에 영향을 미치는 요소

노년기 성생활 활동에 영향을 미치는 요인을 살펴보면 다음과 같다.

① **결혼상태** : 홀로되는 경우 여성의 대부분은 성생활을 끝내나 남성들은 상대를 구하는 경우가 많다.

② **과거습관** : 젊어서 성교 빈도가 높았으면 늙어서도 왕성하고, 낮았으면 늙어서도 낮다.

③ **건강상태** : 질병, 신체불구, 약물복용 여부가 영향을 주는데 건강할수록 성생활을 잘한다.

④ **마음자세** : '이제 와서 무슨 성생활이냐'라는 생각과 자신의 마음자세에서 지레 손을 놓는데 폐경기를 거친 여성에게 이런 경우가 많이 나타난다. 하지만 폐경은 아이를 낳을 수 없다는 신호일 뿐, 성생활과의 작별은 아니다.

⑤ **환경** : 성욕을 떨어뜨리는 환경에서 성생활하는 노인들이 많은데, 만약 노인 부부만 한적하고 밝고 젊게 꾸민 집에서 산다면 문제는 다를 수 있다.

⑥ **관심** : 성에 대한 관심이 상대방에게 얼마나 있느냐가 영향을 미치게 된다. 남편이 성에 관심 갖지 않으면 아내는 거의 쉽게 성생활을 잊으며,

남편도 아내에게 영향을 받는다. 또한 사실 부부가 서로 무관심하고 불화하다면 성생활에 대한 관심이 없다.

4) 노인의 성 반응과 인식도

(1) 여성의 성

일부 여성은 갱년기가 되어 월경이 끝나고 배란도 정지되어 임신에 대한 걱정이 없어지면 일시적으로 성 욕구가 높아져서 남편에 대한 새로운 관심을 갖고 성생활을 즐기게 된다. 또한 50대 초반에 완경으로 인하여 제2의 신혼여행을 맛본다고 말할 수도 있다.

여성이 완경이 되면 여성호르몬(에스트로겐) 변화가 오는데, 그 특징을 살펴보면 다음과 같다.

① 자궁과 난소가 위축되거나 질의 폭이나 길이가 줄어들고 질의 입구가 좁아진다.
② 질의 분비물이 적어지고, 질과 질의 입구가 건조해진다.
③ 질의 표면이 얇아지고 염증과 출혈이 쉽다.
④ 성생활의 통증이 심해진다.

(2) 남성의 성

남성호르몬(테스토스테론)은 20대 중반부터 감소하기 시작해 40대가 되면 여러 가지 신체적, 심리적 변화를 초래한다. 또한 40대 중반부터 남성 갱년기가 시작되며, 남성호르몬의 감소는 남성답지 못한 남성을 만들게 된다.

① 남성호르몬 감소로 40대 중반부터 갱년기가 시작된다.
② 피로감을 쉽게 느껴 활동량이 감소하고 근육층이 감소하며, 지방층 증가로 인해 팔, 다리는 왜소하고 복부만 풍성한 체형을 만들게 된다.

또한 뼈의 골밀도가 감소하는 골다공증은 여성뿐 아니라 남성에게도 심각한 문제를 유발한다.

5) 노인의 성생활 제약 요인

(1) 사회적 편견

아직도 노인들이 성생활에 있어서 '자식들도 생각해야지' 또는 '애들 눈치도 있고' 등의 진술이 많이 나타나 자식들을 의식하는 경우가 빈번한 것을 보여주고 있다.

(2) 건강 및 배우자의 거부

신체적인 변화에 대한 잘못된 인식과 반복되는 성관계의 단조로움과 지겨움의 영향과 정신적, 신체적 피로감과 역할상실, 낮은 자아감, 거부에 대한 두려움 등이 영향을 미친다.

또한 성이 신체적인 측면뿐만 아니라 정서적, 인지 사회적 측면을 가지고 있어 복합적 제약요인이 있다.

(3) 이중적 인식

과거 남성들의 성은 욕구의 충족과 능력을 의미했지만 여성들의 성은 종족보존의 수단으로 인식되었다. 그리고 과거 전통적 부부 사이의 성행위는 종족보존과 남편의 욕구 충족이라는 차원에서 이루어져 여성은 성적 억압의 대상이 되었다.

(4) 심리적 요인

성기능 방해 요소로는 배우자의 상실, 죄책감, 불안, 우울, 단조로움, 미해결된 슬픔, 수행불안, 자기의심과 같은 심리적 요소들이며, 이외에도 이혼, 직업의 상실, 사회적 지위의 박탈과 건강과 관련된 가족문제와 정신적, 심인적 스트레스에 영향을 미치고 있다.

6) 노년기 성적 활동 이해

노년기 성적 활동에 대한 인식 정도를 살펴보면 다음과 같다.

① 성적 능력이 감퇴하는 것이 아니다.
② 성적 행위의 빈도가 줄어드는 것이다.
③ 성적행위는 남녀 간 차이가 있다.
④ 생리적인 반응 유형이 변하는 것은 아니다.
⑤ 성 반응의 시간상 유형은 변화하고 있다.
⑥ 질병이 성행위의 제한요인이 된다.
⑦ 부부의 상태와 성적 활동 간에는 깊은 상관관계가 있다.
⑧ 초기에 형성된 성행위의 유형이 계속되는 경향이 있다.
⑨ 연령 증가에 따라 수행능력은 부진하다.
⑩ 성적 수행능력의 개인차가 크다.
⑪ 심리적, 신체적 요인이 성행위에 큰 영향을 미친다.
⑫ 노인이 성생활을 안 한다는 인식은 잘못된 것이다.

7) 노인 성생활 위축요인

(1) 남성 노인의 경우

① 상대방에 대한 따분함과 경제적 추구에 대한 몰입이다.
② 정신적, 신체적 피로와 허약하다.
③ 발기의 변화인 발기부전, 발기 지속시간의 감소와 재발기를 위한 시간의 증가와 체력이 감소하고 있다.
④ 노화로 인하여 자신감이 감소하고 있다.
⑤ 생활여건이 어렵고 파트너가 없으며, 주변 인식이 문제다.

(2) 여성 노인의 경우

① 보수적인 사고방식이 문제다.
② 신체적인 노화와 성에 대한 학습되지 않은 반응과 완경으로 인한 신체의 변화다.
③ 규칙적인 성생활의 기회가 부족하다.
④ 호르몬 영향으로 질 분비물 감소와 노화로 인한 건강악화 및 심리적 위축이다.

8) 노인 성 심리의 인식과 사례

(1) 노인 심리의 인식 상태

① 친구나 자식은 물론 어느 누구와도 대화할 수 없는 답답한 심정이 있다.
② 빈둥지 증후군으로 텅 빈 가슴과 무가치하여 무엇으로도 채울 수 없는 공허한 마음이 있다.
③ 이 세상에 홀로 있다는 소외감과 고독감이 밀려온다.
④ 삶의 기쁨보다는 슬픔을 그리게 하는 현실이다.
⑤ 아무리 좋은 것을 보고 웃고 재미있어 해도 마음 한구석이 비어있고, 마음껏 느끼지 못하는 허무함이 있다.
⑥ 잠자리에 들었을 때의 적막감과 이대로 죽는 것은 아닌가 하는 죽음의 공포가 있다.
⑦ 가슴속 깊이 무엇인가 막히고 가라앉아 있는 느낌이다.
⑧ 자신도 자각할 만큼의 신경질과 망상, 불면과 우울증 증세가 있다.

(2) 노인 성 심리의 인식 사례

① 노인이 되어서도 성생활에 대해 누군가에게 터놓고 상의하는 것이 좋다.
② 노인이 되어서도 성생활에 만족하지 못하면 마음의 안정을 얻기가 힘들다.

③ 나이가 들어서도 성적 능력을 유지하기 위해서는 성생활은 규칙적으로 해야 한다.
④ 비록 몸은 늙었어도 성생활에 대한 호기심과 욕망은 있다.
⑤ 성인보조기구나 발기부전 치료제들이 나오는데 이런 것을 구할 수 있으면 한번 사용해 보고 싶다.
⑥ 성생활을 못하면 살맛도 없고 의욕도 없다.
⑦ 배우자가 없더라도 성생활은 하고 싶다.
⑧ 성생활은 내가 살아있다는 것을 느끼게 해준다.
⑨ 나는 성생활을 전제로 하는 재혼이나 이성교제를 찬성한다.
⑩ 노인의 성생활이란 직접 삽입하는 성행위만 의미하는 것은 아니다.
⑪ 노인이 되어서도 성에 대한 관심은 줄어들지 않는다.

9) 노인 성생활 및 성병의 실태

우리나라 2018년도 국민건강보험공단 자료에 의하면 성인 60~69세는 약 35,000여 명, 70세 이상은 약 17,000여 명으로 최근 5년간 성병환자가 급속하게 증가하고 있고, 증가율은 60대가 30.3%, 70대 이상은 25%이며, 다른 연령대에 비해 증가폭이 훨씬 높게 나타나고 있으며, 노인들은 성병에 걸려도 잘 인지하지 못하고 있고, 최근 성병은 무증상 성병이 증가하고 있는 실정이다(국민건강보험공단, 2018).

예를 들어, 성병에 노출되었어도 노화에 따른 자연스런 문제로 넘기거나, 증상이 있더라도 소변보는 게 시원찮다는 정도로 쉽게 넘기는 것이다. 최근 바이러스 성병이 증가하고 있으며, 남여 성적접촉이 빈번하면서 성병인 마이코 플라즈마 호니미스 바이러스, 유레아 플라즈마 바이러스, 마이코 플라즈마 제니탈리움 바이러스 외 기타 등도 증가하고 있는 실정이다.

10) 노인 성생활의 주의사항

① 부부 관계 시에는 가능한 스킨십을 길게 하고 행위시간은 너무 길지 않게 하는 게 좋다.

② 부부 관계 시에는 허리에 부담이 적은 체위를 활용하는 게 좋으며, 통증을 가중시키는 체위는 피해야 한다.

③ 여성은 질 건조증 극복을 위해 윤활제를 사용하는 것이 좋고 반드시 수용성 젤을 사용하는 것이 좋다.

④ 피로한 상태에서 성생활을 자제하고 충분한 휴식을 취한 후 성관계를 갖는 게 안전하다.

⑤ 발기력이 약해 체위 때마다 힘들기 때문에 계속해서 행위 시 여성이 직접적인 자극을 주어야 하며, 상호 도움이 필요하다.

⑥ 자위행위나 적당한 성적 환상을 갖는다면 성적인 리듬을 유지하는 데 도움이 된다.

⑦ 행위 시 체력이 너무 떨어져 발기가 지속적이지 못할 경우 성인 보조기구를 이용할 수도 있다. 단, 성인 보조기구의 청결을 관리하고 소독을 해야 하며 이용 시 콘돔과 젤을 사용해야 하고 무리한 자극은 피해야 한다.

⑧ 관계 전후 청결관리를 철저히 해야 한다. 관계 후 소변을 보는 것이 좋다.

⑨ 발기 부전일 경우 반드시 의사 처방을 통해 약국을 통하여 정품 발기부전 치료제 등을 복용하며, 술을 먹은 후 발기부전 치료제는 중지해야 한다. 심장에 무리를 줄 수 있어 사망할 수도 있다.

⑩ 노인들에게는 적절하고 규칙적인 건강한 성생활이 필요하다.

11) 노인 성생활이 건강에 좋은 점

① 스트레스를 완화시킨다. 좋은 호르몬이 나와 마음을 안정시키며, 수면을 돕는 효과가 있다.

② 통증 완화에 효과가 있다. 최고의 절정은 강력한 진통효과가 있다.

③ 심장건강에 도움이 된다.

④ 전립선 암 예방이 된다. 규칙적인 성생활은 전립선 암 위험을 감소시킨다.

⑤ 상처가 치유된다. 회춘효과와 자궁수축 호르몬은 특정 세포를 재생시키거나 상처가 나을 수 있도록 도움을 준다.

⑥ 노화방지와 장수효과가 있다. 완경기 이후의 신체기능 쇠퇴를 지연시키고 수명을 연장시킨다.

⑦ 면역력을 강화시킨다. 감기나 독감 등 호흡기 질환에 대한 저항력을 강화시킨다.

⑧ 치매예방 및 외모 관리에 도움이 된다. 서로 간의 스킨십과 포옹이 뇌를 자극하여 정서적으로 안정을 취하게 하며, 또한 규칙적인 성생활은 피부 탄력과 다이어트에 도움이 된다.

4. 노인 성상담과 갈등 개입

1) 노인 성상담의 개념

노인 성상담은 노인들이 겪고 있는 성문제, 심리 정서적 문제 등 마음의 상처를 치유하는 것이 주된 목적이다.

또한 전문적인 성상담 훈련을 받은 상담자가 성문제와 관련된 가해자나 피해자의 상황을 개선하여 바람직한 삶을 살도록 조력하는 과정을 도와주는 역할을 한다.

2) 노인 성상담의 필요성 인식

(1) 노인 성상담이 필요하지 않은 경우

① 너무 외로워서 푸념을 한 적은 있지만 성 문제를 얘기한 적은 없다.

② 재혼 이외의 방법은 없다고 생각한다.

③ 상담을 받아보고 싶다고 느낀 적 없다.

④ 사람마다 상황이 다른데 누가 도와줄 수 있겠는가? 결국 본인이 해결해야 되는 문제이다.

⑤ 자존심이 상한다.

⑥ 생각도 안 해봤다. 솔직하게 털어놓을 수 없을 테니까.

⑦ 스스로 해결해야 하는 문제이다.

⑧ 이런 것이 왜 필요한가? 그냥 사는 거지.

(2) 노인 성상담이 필요한 경우

① 말로라도 풀고 싶다.

② 자식을 출가시키고 나면 솔직히 속을 털고 싶다.

③ 여한이 없을 줄 알았는데 혼자되니 우울증이 왔다.

④ 어떻게 해야 할지 힘들 때가 있다.

⑤ 친구에게 말해 보았는데 놀라기만 할 뿐 도와주지는 못했다.

⑥ 혼자된 친구들과 솔직히 얘기하며 서로 위로하고 말로 풀지만 전문가의 도움을 받고 싶을 때도 있다.

⑦ 답답하고 우울해서 확 풀어내고 싶은데 솔직히 털어놓을 곳이 없다.

⑧ 풀 방법을 모르겠다.

⑨ 배우자 있는 친구들에게는 말하기 싫고, 달리 누구에게 말할 사람이 없다.

⑩ 병원이나 점쟁이한테 말해본 적이 있다.

⑪ 솔직하기가 쉽지 않다.

3) 노인 성상담의 수칙과 질문 기법

(1) 노인 성상담의 수칙

① 상담자는 내담자의 성문제를 다루기에 앞서 자신의 성에 관한 충분한 인

식이 있어야 한다.

② 상담자는 성에 관한 자신의 철학을 상담역할과 분리해야 하며, 비판적이거나 편견을 가지면 안 된다.

③ 상담자는 개방성, 침착성, 솔직함이 있어야 하며, 내담자의 마음을 읽을 수 있는 융통성을 지녀야 한다.

④ 상담자는 내담자의 자기결정능력 및 문제 해결의 참여를 도와야 한다.

⑤ 상담자는 내담자의 비밀을 보장해야 하며, 성 지식의 올바른 이해를 돕는다.

⑥ 상담자는 올바른 성 가치관의 바탕하에 충분한 성 지식을 가지고 있어야 한다.

⑦ 상담자는 내담자의 현 위치에서 상담해야 한다.

(2) 노인 성상담의 면접질문 기법

노인 성상담의 면접질문 기법을 살펴보면 다음과 같다.

① 질문을 너무 많이 하지 않는다.
② 대답을 잘 듣는다.
③ 가능한 한 개방적 질문을 시도한다.
④ 구체적으로 질문한다.
⑤ "왜"를 사용하는 질문은 가능한 한 피한다.
⑥ 이중질문은 피한다.

(3) 성 갈등 초기 면접단계

① 내담자가 가지고 있는 성에 대한 이해를 파악한다.
② 내담자가 가지고 있는 배우자에 대한 이해를 파악한다.
③ 부부의 결혼 역사를 통하여 형성된 부부간의 갈등 대처방식을 파악한다.
④ 성 갈등의 주요 호소내용을 파악한다.

4) 노인 성 갈등 개입 유형

(1) 노인 성 갈등의 개입 유형

① 언쟁 타협형

부부간의 갈등이 크지 않고, 부부관계에 있어서도 원만한 관계를 유지하는 유형이다. 가장 많은 유형으로 남성 배우자의 성행위 제의에 대해 여성 배우자가 성행위를 거부하고 이에 대해 두 사람이 일정 기간의 언쟁을 거쳐 최종적으로 성행위에 합의하는 형태이다.

상담개입은 부부의 대화를 통한 화해 가능성이 다른 유형에 비해 비교적 높고, 대화의 일치점을 찾고 타협하는 데 주력하는 것이 좋다.

상담방법은 상담자는 언쟁 타협형 부부의 의사소통 형태를 살피고, 아내의 적대감 수준과 남편의 성적 불만족 수준을 파악한다. 그리고 부부간 대화의 공통점을 찾는 일이며, 배우자의 장점을 찾고 과거 결혼생활에서 배우자의 공헌 정도를 확인하도록 도움을 준다.

② 포기 수용형

여성이 남성의 성행위 제의를 거부하였을 때 남성이 저항 없이 포기하는 유형이다.

몇 차례의 포기과정에서 남성 배우자는 심한 짜증과 불만 등 강한 스트레스 반응을 보이지만, 일정 시간이 지난 후에는 여성 배우자가 연민의 감정으로 성행위에 합의하면서 성행위에 이르게 된다.

상담개입은 상담자는 여성 배우자의 적대감 수준을 평가하고, 남성 배우자의 성적 불만족 수준과 성행위 포기 후 나타나는 감정변화를 보다 신중하게 살펴야 한다.

상담방법은 긍정적인 관계로 접근하도록 하기 위해서 상담자는 포기 수용형 부부의 대화 공통분모를 찾는 것에 집중하여야 한다.

③ 대립 회피형

부부간의 갈등 지속기간이 다른 유형들에 비해 상대적으로 긴 유형이다.

남성 배우자가 아내의 성행위에 대해 강한 스트레스 반응을 보이며, 감정적인 대응을 한다. 갈등해결을 위한 적극적 역할 수행을 거부한다.

상담개입은 아내의 적대감 수준이 높고 남편의 성적 불만족 수준도 비교적 높다.

상담방법은 상담자는 여성 배우자의 적대감 수준과 남성 배우자의 성적 불만족 수준이 과도하게 형성되지 않도록 해야 한다.

또한 어느 한 쪽에서 주로 의도적인 대립 분위기를 주도하는가를 살펴 이에 대한 방안을 모색할 필요가 있다. 그리고 긍정적인 의사소통을 형성하도록 대화의 공감대를 살피고, 의사소통 훈련을 주도하도록 하야 한다.

④ 폭력 악용형

성 갈등 양상이 폭력과 더불어 나타나는 형태의 유형이다.

폭력형 유형도 다양하게 나타나는데 거부 회피-권위적 폭력형, 무시-보복적 폭력형, 수용-가학적 폭력형으로 구분된다.

상담개입은 상담자는 폭력형 부부의 성 갈등 상담 시 여성 배우자의 고립 정도와 남성 배우자의 특권 악용 정도를 파악해야 한다.

상담방법은 여성 배우자가 심각한 고립상태에 있거나 남편이 지나치게 가정 내에서 특권을 악용한다면 상담자는 이에 대처해야 한다.

5) 노인 성 문제의 해결 과제

노인 성 문제의 해결과제를 정리하면 다음과 같다.

① 노화와 성을 자연스럽게 수용하는 인식이 필요하다.
② 노인과 성에 관한 편견을 개선해야 한다.
③ 노인 스스로가 자신들의 문제를 해결할 수 있는 역량을 강화해야 한다.
④ 독거노인을 위한 재혼과 동거문화, 이성교제에 대한 필요성을 사회적으로 인식 개선해 나가야 한다.
⑤ 젊은 시절의 성생활과 비교하지 말아야 한다.
⑥ 성생활의 행위 중심에 집착하지 말고 스킨십이나 포옹 등 다양한 부부생

활을 즐겨야 한다.

⑦ 상대방과의 인간관계의 신뢰와 친밀감을 형성하고, 정서적 측면에서도 적극적인 노력을 해야 한다.

6) 유형별 노인상담 대처법

노인상담에 들어가기 전 어르신의 심리상태와 성격을 파악하여 적절한 상담을 준비하는 것도 상담가의 기술이다. 어떤 어르신을 만나든 상담가로서의 권위를 유지하며 편안하고 수용적인 분위기를 만드는 것이 기본이기 때문이다. 특히 상담가의 의견과 생각을 경청하고 존중하지만 지켜야 할 한계를 분명히 그을 수 있어야 한다(http://cafe.daum.net/KSSTM).

(1) 우울한 성격의 노인

우울한 노인일수록 예민하고 관심이 부족하며, 과거 고착적 성격이 강하고, 자신감이 결여되어 있으며, 지나친 죄책감을 갖고 있다.

상담가의 상담 개입은 다음과 같다.

① 낙관적인 측면을 볼 수 있도록 돕는다.

② 지지가 필요하다.

③ 즐거운 일 찾기, 행동 목표를 분명히 하도록 돕는다.

(2) 히스테리적 성격의 노인

히스테리 성격의 어르신의 경우 신경이 예민하며, 공감과 이해력이 떨어져 체계적으로 일관성 있게 지도하기 어렵다.

상담가의 적절한 상담개입은 다음과 같다.

① 어르신 자신이 자신을 잘 이해하지 못하고 있으므로 자신에 대한 이해를 높일 계기를 제공한다.

② 직접적이고 구체적인 해결책을 가르쳐 주는 것도 좋다.

(3) 강박적인 성격의 노인

강박적인 노인은 완벽을 추구하며, 기다리지 못하고 정서적인 표현이 없어서 가족을 긴장시키고, 가족에 대한 과잉통제, 과잉 걱정을 하며 실수하지 않게 하려고 집착한다.

상담가의 적절한 상담 개입은 다음과 같다.

① 어르신의 가족상황에 대하여 격려하여 자유롭게 표현할 수 있도록 해주어야 한다.

② 어르신의 흐트러진 모습을 보여주는 것도 바람직할 때가 있음을 알려주어 가족을 편안하게 받아들이도록 돕는다.

(4) 비협조적인 노인

시설의 행사, 교육, 모임에 비협조적인 노인의 경우 껄끄럽게 느껴지더라도 만나는 횟수를 늘리고, 시설, 모임의 교육 방침과 프로그램의 내용과 목표, 근거 등에 대해 자세히 설명하여 이해를 구하는 것이 좋다.

상담사의 적절한 상담 개입은 다음과 같다.

① 자주 만난다.

② 교육 목표와 방침, 모임 취지, 프로그램의 내용, 목표, 근거 등에 대해 자세히 설명하여 이해를 구한다.

③ 빠른 시간 안에 공감대를 느낄 수 있을 만한 부분을 찾아 대화한다.

④ 일단 노인의 생각을 높이 평가해 주고 공감하여 동질감을 느끼게 한 후 협조를 구하는 것이 좋다.

(5) 자기에게만 신경 써줄 것을 원하는 노인

자기에게만 신경 써달라고 하는 노인만큼 당황스러운 상담가는 없을 것이다. 하지만 상담가가 그런 노인에게 화를 내거나 불쾌감을 드러내서는 안 된다. 상담가는 노인들 모두에게 골고루 관심을 가진다는 것을 확고한 자세로 밝힐 수 있어야 한다.

상담가의 적절한 상담개입은 다음과 같다.

① 개별적인 상담이라면 '최선을 다할 것이다'라고 수용한 후, '하지만 모든 분들이 노인에게는 가장 소중하기 때문에 모든 노인들에게 고루 관심을 둘 수밖에 없다'고 부드럽게 이야기한다.
② 다른 사람의 관심을 나누어 갖고 서로 부딪히고 경쟁하는 과정에서 노인이 변화한다는 것을 알려준다.

(6) 소문에 대해 민감한 노인

소문에 민감한 노인에게는 상담가의 적절한 상담개입은 다음과 같다.
① 소문 내용 등을 정확히 객관적으로 가능한 한 파악하여 자세한 설명을 하여 신뢰감을 주도록 한다.
② 소문이 사실일 경우는 노인들의 의견을 경청하도록 한다.
③ 하지만 소문에 우왕좌왕하는 노인의 태도가 다른 사람들에게는 불안을 느끼게 한다는 것을 알려준다.

(7) 무리한 것을 요구하는 노인

대접만 받으려는 노인, 나이로 눌러대는 노인, 대화를 무시하는 노인 등도 있고, 무리한 요구를 하는 노인이 있다. 노인들의 무리한 요구에 대해서는 기본적으로 단호한 태도를 가지고 대해야 한다. 상담가들의 권한을 무시하려는 태도에 대해서는 단호하게 대해야 한다.

상담가의 적절한 상담 개입은 다음과 같다.

① 노인들의 의견을 경청하기는 하지만 원칙을 분명히 알려준다.
② 상담에 대한 일관성과 계획성의 중요성을 알려주고 이 일은 전문지식을 가진 분들이 한다는 것을 알려준다.

③ 현실적으로 무리하거나 불가능한 요구에 대해서는 가능하지 않은 이유를 알려주고 단호하게 거절한다.

상담가는 상담을 하는 전문가로서 권위를 유지하면서 편안한 분위기를 만들고 노인의 의견을 주관적 관점보다는 객관적인 경청과 진심으로 수용하고 인정하는 존중하는 마음으로 상담에 임한다. 다양한 형태의 노인 상담 내용을 파악하기 위해 적절한 상호작용 기술을 익히는 것이 중요하다.

핵심정리

1. 노인상담의 목적

① 노인들이 사회생활에 잘 적응할 수 있도록 지원해 주어야 한다.
② 지역사회 환경에서 주변의 변화환경에 잘 적응할 수 있도록 도움을 주어야 한다.
③ 현재 겪고 있는 노인문제도 중요하지만 개개인의 향후 예방차원에 도움을 주어야 한다.
④ 노인들 개개인의 잠재욕구를 해소할 역할을 제시해 주어야 한다.
⑤ 부양가족에 대한 이해 지원 역할이 필요하고, 어려운 일과 위기를 겪는 동안에는 누군가의 도움과 지지를 받기 위해서와 아울러 대화를 위해서 노인상담이 필요하다.

2. 노인 성교육의 필요성

① 노인들의 성적 욕구가 점점 증가하고 있다.
② 올바른 발기부전 치료제의 약물 사용과 약물의 오남용을 막기 위해서 성교육이 필요하다.
③ 노인들이 운동 증가로 점점 건강해지고 있고, 경제발전에 따른 소득증가와 여유가 생겼기 때문이다.
④ 평균수명 증가와 이성교제가 점점 활발해지고 있다.
⑤ 여가생활의 증가와 각종 프로그램의 발달로 이성 간의 접촉이 많아지고 있다.
⑥ 인터넷 발달과 SNS의 활용으로 다양한 접근이 쉽게 이루어지고 있다.
⑦ 노인 성병 증가와 성 범죄가 증가하고 있다.

3. 노인 성 갈등의 개입유형

① 언쟁 타협형
② 포기 수용형
③ 대립 회피형
④ 폭력 악용형

14
CHAPTER

노인학대와 노인치매 예방교육

1. 노인부부 폭력과 노인학대

1) 노인부부 폭력

우리나라는 초고령사회를 향해 달려가고 있으며, 전국적으로 고령사회, 초고령사회를 다 맞이하고 있다. 전 세계에서 가장 빨리 늙어가는 나라이면서 평균 수명도 증가하며 가정해체도 급속화되기 시작하였고, 독거노인 세대가 급증하면서도 많은 가정문제를 산출하고 있다.

특히 급격한 노인인구의 증가로 인하여 다양한 사회문제의 출현과 과거에 비해 가정 해체화 속도가 너무 빠르게 진행되고 있고, 가족 구성원의 역할상실 등으로 인해 갈등과 폭력이 빈번하게 발생하고 있다.

더욱이 과거에는 부부간의 폭력이 사회문제보다 가정문제로 치부되어 왔고, 가정의 문제는 가정문제 내에서 해결해야 한다는 생각으로 외부로 드러내는 것조차 부끄럽게 여겨 개인의 일로 한정되어 왔다. 1998년도에 가정폭력방지법이 시행되었지만, 가정폭력 사범 중 노인부부 폭력이 비중이 점점 높아지고 있는 현실이다.

특히 평균수명 연장과 노인인구 증가로 자녀 출가와 조기 정년퇴직 후 노부부가 함께 같이 지내는 시간이 많아지면서 노인폭력이 심각해지고 있는 실정이다.

특히 관심을 끄는 건 결혼한 지 30년 이상 된 부부의 이혼이 급격히 늘고 있고, 졸혼도 증가하고 있다는 점이다.

이는 여성들의 사회참여와 가치관의 변화를 보여주고 있는 반증이다.

초창기 황혼이혼이라는 이혼 사유는 주로 남편의 가부장적인 권위나 폭력, 외도 같은 것이어서 그 나이에 자녀 때문에 일방적으로 참고 사는 정도였다. 하지만 요즘 제기되는 황혼이혼의 사유는 어느 일방적인 남의 탓으로 돌리기엔 훨씬 다양하고 문제가 복잡해졌다.

자녀와 남편을 돌보는 데에만 전념하였던 아내는 은퇴한 남편과 함께 집에서 같이 보내는 시간이 많아지면서 새로운 문제들이 제기되고 있는 것이다. 과거에는 뉴스거리였지만 이제는 바로 이웃에서 일어나는 일이 된 것이다. 이와 더불어 노인들의 여섯 가지 고통인 경제적인 고통과 질병 고통, 역할상실의 고통, 외로움의 고통, 여가의 고통, 부양의 고통 등과 더불어 폭력유형이 더욱 복잡하고 다양화되어 더욱 가정생활을 원만하게 유지하기가 어려운 실정이 된 것이다.

이러한 상황하에 노인부부 폭력은 피해자 중심보다 가해자 중심으로의 정책 변화가 필요하고 대부분 노인부부 폭력은 가정 내에서 일어나는 폭력행위의 은밀성과 외부인 개입의 어려움으로 인해 많은 피해와 부작용을 낳을 수 있어 대책이 필요한 것이다.

대부분의 노인부부 폭력의 가해자는 남성이 많으며, 부부 쌍방의 폭력행위도 증가하고 있다. 또한 결혼 기간의 경과와 연령 증가에 따라 부부간의 폭력문제가 어느 양상으로 전개될지 아무도 모른다.

노인부부 폭력이 오랫동안 방치될 경우 피해자에게 심각한 휴유증과 많은 문제점을 야기할 수 있다. 폭력 근절과 사전예방을 위해서라도 노인부부 폭력 가해자의 특성을 면밀히 분석하여 폭력 피해를 최소화시키면서 가해자중심의 치료·교정 프로그램의 개발이 필요하다.

2) 노인부부 폭력의 개념

일반적으로 가정이라는 생활공간에는 노화가 진행될수록 불화, 충돌, 갈등 등의 많은 부작용들이 증가한다. 특히 노년기 부부는 배우자의 은퇴로 인한 접촉의 증가로 부부간의 관계가 악화될 수 있다.

가정 내에서 부부간에 행해지는 폭력으로 남편이 아내에게, 아내가 남편에게 신체적, 정신적 또는 재산상의 피해를 수반하고 가정 내 폭력은 피해자·가해자 모두에게 자신감·자존심의 상실 등 인격붕괴를 초래하여 가족해체를 일으킨다.

일반적으로 폭력이란 남을 거칠고 사납게 제압할 때에 쓰는 물리적인 수단이나 힘을 말한다. 또한 다른 사람의 의사에 반하여 의드적으로 잠재적 의도성을 가지고 힘을 사용하여 상대방에게 신체적 상해를 입히는 것을 포함하여 언어나 도구를 사용하여 상대방에게 위협이나 불안을 조성하는 심리적 수준까지를 포함한다.

따라서 노인부부 폭력이란 부부 사이에 발생하는 구타나 언어적, 심리적, 성적폭력, 학대를 부부폭력이라고 말할 수 있으며 학자들마다 그 개념이 다르다.

우리나라 「가정폭력범죄의 처벌 등에 관한 특례법」 제2조에 따르면 가정폭력이라 함은 "가정구성원 사이의 신체적, 정신적, 재산상의 피해를 수반하는 행위"를 말하며 가족구성원 사이의 모든 폭력을 포괄하고 있다.

이와 같이 가정폭력의 범주는 직접적인 폭행, 상해, 상습범, 유기, 명예훼손, 협박, 감금, 체포, 학대, 아동혹사 등과 아울러 심한 욕설과 같은 언어적 폭력 및 의심과 같은 정신적 폭력도 포함되고 있다.

3) 노인부부 폭력의 유형

노인부부의 가정폭력 중에서도 아내 폭력은 가족해체의 직접적인 원인이 되며, 다른 가족구성원에게도 장기적이고 심각한 영향을 미친다는 특성을 가지고 있다.

노인부부 폭력 유형을 크게 세 가지로 세분화한다면 다음과 같다.

(1) 신체적 폭력

가장 나쁘면서도 가장 심각한 것이 바로 신체적 폭력이다. 주로 남편이 자기 아내를 상대로 폭력을 휘두르는 경우가 많으며, 아직도 가부장적 생각을 갖고 있는 남성분들이 많기 때문에 신체적 폭력을 나타내는 가정폭력 유형들이 아직은 많이 발생하고 있다.

주요 발생 유형 특성은 밀치기, 때리기, 발로 차는 행위와 꼬집는 행위, 뺨을 때리는 행위, 사지를 비트는 행위, 가재도구와 가구를 부수는 행위, 담배불로 지지는 행위, 머리채를 잡아당기거나 조르는 행위, 흉기를 휘두르는 행위 등을 포함하고 있다.

(2) 언어 정서적 폭력

언어 정서적 폭력은 말 그대로 말을 통해서 사람들에게 폭력을 가하는 가정폭력의 유형이다. 법적으로도 모욕죄가 있을 만큼 언어적 폭력에 대해서 심각하다. 말 한마디에 누구는 심각한 상처를 받기도 하고 정신적인 충격은 상당할 것이기 때문이다.

주요 발생 유형으로는 경멸하는 말투로 모욕을 주는 행위, 열등하고 무능력하다고 비난하는 행위, 큰 소리로 소리 지르거나 비난하는 행위, 말로 공격, 협박, 위협하는 행위, 대화를 거부하는 행위, 희롱하는 행위, 무시하고 업신여기는 행위, 피해자의 의사결정권을 침해하는 행위 등을 포함하고 있다.

(3) 성적 폭력

부부간의 성적 폭력은 현재 우리나라 현실에서 자주 등장하고 있는 가정폭력의 유형이다.

노년기 부부는 배우자의 은퇴로 인한 접촉의 증가와 오랜 세월의 결혼생활로 친밀감이 떨어져 부부간의 관계가 악화될 수 있기 때문이다.

주요 성적 폭력의 유형으로는 원하지 않은 성행위를 강요하는 행위, 상대방의 몸을 동의 없이 만지고 애무하고 움켜쥐고 꼬집는 등의 행위, 자신의 성기나 이물질을 상대방의 성기에 넣는 행위, 구강성교, 항문성교 등 기타 유사 성교 행위를 강요하는 행위 등의 내용을 포함하고 있다.

4) 노인부부 폭력 관련 요인

(1) 개인적 요인

① 음주

일반적으로 알콜 중독이나 습관적인 음주로 인하여 폭력에 직접적 영향을 주는 것도 있지만 폭력발생 과정에서 스트레스나 폭력에 대한 허용적인 태도와 같은 선행요인의 매개변인으로도 작용한다.

② 화의 표출 및 성격이상

자신의 감정을 억누르지 못하거나 아내에 대한 열등감, 난폭성, 지나친 공격성, 의처증, 분노감 등은 가해자의 주요 특성이다.

③ 스트레스

스트레스란 적응하기 어려운 환경이나 조건에 처할 때 느끼는 심리적, 신체적 긴장 상태를 말하며, 스트레스가 높은 남성일수록 아내의 구타율이 높다. 따라서 스트레스에 영향을 미치는 다양한 선행요인을 살펴 스트레스가 폭력의 직접적 요인인지 아니면 폭력과정을 매개하는 것인지에 대한 보다 명확한 분석이 요구된다.

(2) 가정적인 요인

① 가부장적인 권위

아내와 자식을 내 마음대로 할 수 있다는 소유의식이 그 원인이 된다. 가정 내에 유교적 가정윤리가 지배적이고 가정의 중심은 가장이며 아내는 가장의 명령에 복종해야 한다.

② 부부간 의사소통

부부간의 의사소통이란 가지고 있는 생각이나 뜻이 서로 통해야 대화가 된다. 부부간의 의사불통 시 가정폭력에 영향을 주어서 부부간의 의사소통이 부적절하거나 단절되면 갈등으로 이어져 폭력발생률이 높다.

5) 노인학대의 현실적 의미

우리나라는 고령사회를 맞이하여 빠른 초고령사회를 향해 진행되고 있는 독특한 사회구조를 가지고 있다. 특히 고령화 속도가 전 세계 유례없는 속도로 전개되고 있어 이에 대한 부작용이 심각하다. 또한 노인인구의 급속한 증가 요인은 여러 가지 있겠지만 의료기술의 발달과 식생활의 개선, 그리고 평균수명 증가 등 다양하게 나타나고 있다. 이에 노인인구 증가에 따라 노인학대도 다양하게 증가하고 있어 최근 사회적 이슈가 부각되기 시작했다.

이러한 노인인구의 갑작스런 증가는 노인들의 만성적인 질환증가와 더불어 가족들에게도 더욱 의존하게 되면서 노인부양 의무에 대해 많은 부담을 떠안고 있는 실정이다.

또한 가족들에게 의존도가 높아질수록 노인학대는 가족들에 의해 더욱 증가되어 우리나라 노인들이 많은 아픔과 상처를 안고 절망적으로 살아가고 있다는 게 현실이다. 특히 우리나라는 현재 노인학대 신고건수가 해마다 증가하고 있어 그로 인한 피해에 대해 정부나 가족으로부터 제대로 보호받지 못하고 있다는 점이 또한 심각한 사회적 문제로 볼 수 있다.

설령 노인학대가 신고 되어도 적극적 차원에서 제대로 조사가 이루어지지 않아 노인학대 신고 건수는 실제보다 적게 보고되고 있다는 것도 사실이다. 그리고 우리나라 노인학대 유형도 정서적 학대, 신체적 학대, 경제적 학대, 방임, 유기 등으로 나누어지나 그 유형과 특성이 시기적으로나 지역적으로나 다르게 나타난다. 결국 노인학대로 인하여 노인들은 환경상황에 따라 다양하게 나타나지만 학대피해로 인한 우울증의 후유증으로 자살을 선택하는 경우가 증가하고 있다.

더욱이 노인들의 우울증은 가장 흔한 증상으로 경제적인 소득, 죽음, 은퇴, 질병, 노화, 외로움과 소외감 등에서 가장 많은 영향을 미치고 있지만 노인들의 삶의 질을 떨어 뜨려 많은 부작용을 일으키고 있다. 노인들의 우울 정도는 다양한 차이가 있어 그 요인을 살펴보면 주로 인구사회학적인 특징으로 성별, 학력, 연령, 교육, 종교, 소득, 동거형태 여부 등과 밀접한 관련이 있다.

이러한 현실 속에 우리나라 노인 학대는 점점 증가되어 지능화, 다양화되어 가고 있다는 데에 심각한 문제점이 있다. 과거에는 신체적 학대가 많이 발생하였지만 최근에는 언어 정서적 학대가 급증하고 있고, 학대 가해자는 가족 중 아들이 가장 많이 차지하고 있다.

6) 노인학대의 개념과 특성

(1) 노인학대의 개념

우리나라 노인학대의 개념은 시대의 흐름과 학자들의 시각적 접근에 따라 그 개념이 다양하게 나타나고 있다. 특히 노인학대의 발생원인도 노인들의 개인적인 특성과 가정환경적인 요인, 문화적인 요인, 세대 간의 전이, 가해자의 개인적 특성, 부양자의 스트레스 등 다양하게 나타나고 있다.

우리나라 노인복지법에 의하면 노인학대라 함은 "노인에 대하여 신체적, 정신적, 정서적, 성적 폭력 및 경제적 착취 또는 가혹행위를 하거나 유기 또는 방임을 하는 것이다"라고 정의하고 있다(노인복지법 제1조의2 제4호).

또한 서울시 노인보호전문기관의 노인학대의 정의를 브면 " 노인학대란 노인의 가족 또는 타인이 노인에게 신체적, 언어·정서적, 성적, 경제적으로 고통이나 장애를 주는 행위 또는 노인에게 필요한 최소한의 적정한 보호조차 제공하지 않는 방임, 자기방임 및 유기를 의미한다"라고 정의하고 있다.

구체적으로 노인학대는 노인 스스로 자기를 돌보지 않거나 노인의 부양이나 수발을 담당하고 있는 보호자가 의도적 또는 비의도적으로 노인에게 신체적, 언어 정서적, 성적, 재정적 손상과 방임과 유기를 가하거나 부양의무를 소홀히 하는 것이라 종합해 볼 수 있다.

(2) 노인학대의 특성

① 가해적 특성

노인학대 가해자는 알콜 중독, 약물 중독 등으로 인하여 사리분별이 어렵고,

재정적 어려움을 경험하며, 외부와의 접촉이 거의 없는 고립자이거나 자아 존중감이 낮으며, 공격적 혹은 소심한 성격을 소유하였거나 노인에 대한 지식과 이해가 부족한 부분이 많은 경우이다.

② 관계적 특성

가족관계의 역사 중 학대받은 경험을 통해 세대 간의 폭력이 전이 되었거나, 피해노인과 가해자의 미해결된 갈등적 관계의 역사를 가지고 있다.

또한 가족 간 스트레스가 많거나 과도한 부양의 책임 등이 이에 해당된다.

③ 가정 환경적 특성

가족 내에서 경제적인 문제와 재산문제, 부적절한 주거 환경문제로 인하여 학대가 발생하는 경우가 많다.

④ 사회구조적 특성

사회적으로 노인을 차별하거나 노인에 대한 부정적 고정관념에 사로 잡혀있거나, 사회보장 및 노인복지 서비스의 수혜를 받지 못함으로 인한 외부적 스트레스의 영향, 개인주의 팽배로 인한 효 사상과 가족주의 유대 등 전통적 가치관의 약화 등으로 문제가 나타난다.

7) 노인학대의 유형과 행위 증상

노인학대의 유형과 행위 증상을 살펴보면 다음과 같다(www.noinboho.org).

(1) 신체적 학대

① 신체적 학대의 정의

신체적 학대란 물리적인 힘이나 도구로 인해 신체에 상해와 손상, 고통 및 장애를 일으키는 폭력행위라 말할 수 있다. 구체적으로 노인의 안전 및 소속과 애정, 자존의 욕구실현을 저해하는 행위 또는 물리적 힘과 도구를 이용하여 노인에게 신체적·정신적 손상, 고통, 장애 등을 유발시키는 행위라고 정의하고 있다.

② 신체적 학대의 대표적인 행위

㉠ 노인을 폭행한다.

- 노인을 밀치거나 넘어뜨린다.
- 노인을 발로 찬다.
- 노인을 주먹으로 폭행한다.
- 노인의 몸을 벽에 박거나 바닥에 내리치는 행위 등을 가한다.
- 노인의 머리나 목 또는 몸을 강하게 잡거나 흔든다.
- 노인의 목을 조른다.
- 노인을 손 또는 몸으로 강하게 억압하며 짓누른다.
- 노인의 몸을 발로 밟는다.
- 노인을 질질 끌고 다닌다.
- 노인의 머리채를 잡아당기거나 움켜잡아 뽑는다.
- 노인을 할퀴거나 꼬집는다.
- 노인을 입으로 물어뜯는다.
- 몽둥이, 빗자루 등의 도구로 노인을 폭행한다.
- 물건을 던져 노인에게 상해를 입힌다.
- 칼이나 흉기를 사용하여 노인에게 상해를 입힌다.
- 담뱃불 또는 도구를 이용하여 노인에게 화상을 입힌다.

㉡ 노인을 제한된 공간에 강제로 가두거나, 노인의 거주지 출입을 통제한다.

- 노인을 집 안의 제한된 공간에서 나가지 못하게 통제한다.
- 노인을 집 밖으로 나가지 못하게 통제한다.
- 제한된 공간에 자물쇠 등을 설치하여 노인의 출입을 통제한다.
- 노인을 집 밖으로 끌어낸다.

㉢ 노인의 신체를 강제로 억압한다.

- 노인을 침대 등에 묶어 움직이지 못하게 한다.
- 노인의 신체 일부 또는 모두를 사용하지 못하게 끈으로 묶어두기나 수갑 채우기와 손·발목 묶기 등을 설치한다.

㉣ 신체적 해를 가져올 위험성이 큰 행위로 노인을 협박하거나 위협한다.

- 칼이나 가위 등 흉기를 사용하여 노인을 협박하거나 위협한다.
- 물건을 던지거나 기물파손을 하는 등의 행위로 노인을 협박하거나 위협한다.

㉤ 노인의 신체적 생존을 위협할 수 있는 행위를 한다.

- 노인을 기본 생존 유지에 필요한 장치인 가스, 난방, 전기, 수도로부터 단절시킨다.
- 노인을 기본 생존 유지에 필요한 식사 또는 음료를 보관하는 물품인 밥통, 냉장고로부터 단절시킨다.
- 노인을 기본 생존 유지에 필요한 식사 또는 음료로부터 단절시킨다.
- 노인을 치료 및 생존 유지에 필요한 약물로부터 단절시킨다.

㉥ 약물을 사용하여 노인의 신체를 통제하거나 저해한다.

- 노인에게 의료적으로 불필요한 약물이나 주사를 강제로 복용·투입하게 한다.

㉦ 노인이 원하지 않거나 수행하기 어려운 노동을 하게 한다.

- 노인이 원하지 않는 의사를 보였음에도 불구하고 일을 하도록 강요한다.
- 노인을 강제로 수감하거나 위협하여 일을 강요한다.
- 노인이 일을 수행하기 어려운 정신 및 신체적 상황임에도 불구하고 일을 하도록 강요한다.
- 노인에게 정신 및 신체적 악화를 가져올 수 있는 일 또는 조건에서 일을 하도록 강요한다.

③ 신체적 학대의 주요 증상

㉠ 신체 부위에 설명할 수 없는 상처가 있다.

㉡ 신체 부위에 설명과 일치하지 않는 상처가 있다.

㉢ 신체에 치료를 받지 못한 상처와 신체 부상과 외관상 나타나지 않는 상처가 있다.

㉣ 머리카락이 뽑힌 흔적이나 머리 부분에 출혈한 흔적이나 화상이 있다.

ⓜ 영양 부족으로 몸이 마른 상태나 또는 질병과 관계없는 탈수상태와 이상한 체중감소가 나타났다.

ⓑ 일상생활에 행동이나 활동 수준이 큰 변화가 생겼다.

(2) 언어 정서적 학대

① 언어 정서적 학대의 정의

언어 정서적 학대란 비난, 모욕, 위협 등의 언어 및 비언어적 행위를 통하여 노인에게 정서적으로 고통을 주는 행위와 노인에게 행하지는 기본적인 정서적 침해 행위로 노인의 소속과 애정, 자아 존중감의 욕구 실현을 저해하는 행위를 말한다.

② 언어 정서적 학대의 대표적 행위

㉠ 노인과의 접촉을 기피한다.

- 노인을 쳐다보지 않고 무시한다.
- 노인에게 말을 걸지 않거나 대화를 하지 않는다.
- 노인의 말과 행동을 지속적으로 무시하고 반응을 보이지 않는다.
- 노인의 의·식·주 일상생활을 타가구원과 별도로 하게 한다.

㉡ 노인의 사회관계 유지를 방해한다.

- 노인이 친구나 친지들과 만나거나 연락하는 것을 방해한다.
- 노인의 친구나 친지 등이 방문하는 것을 싫어한다.
- 비방이나 폭력적 행동 등으로 타인이 노인과의 관계를 유지하는 것을 싫어하게 만든다.
- 노인의 일상적인 사회활동이나 종교 활동을 노골적으로 방해한다.
- 비방이나 유언비어로 노인의 경제활동을 저해한다.
- 노인의 이성교제를 방해한다.

㉢ 노인을 위협·협박하는 언어적 표현이나 감정을 상하게 하는 행동을 한다.

- 죽이겠다고 협박한다.
- 시설로 보낸다든가 또는 집에서 나가라 등의 위협과 협박을 한다.

- 노인의 요구를 무조건 무시한다.
- 노인에게 고함을 지르거나 욕을 한다.
- 노인에게 혐오스러운 말을 한다.
- 노인이 수치심을 느끼게 하는 모욕적인 말을 한다.
- 자존심을 상하게 하는 말을 한다.
- 노인에게 창피를 준다.
- 노인을 비웃거나 조소를 한다.
- 노인을 재앙을 가져오는 사람으로 취급한다.

㉣ 노인과 관련된 결정사항에 대해서 의사결정 과정에서 소외시킨다.

- 노인의 거취 결정에서 노인을 배제시킨다.
- 노인의 소지품 처분을 결정할 때 노인의 의사를 반영하지 않는다.
- 노인을 집안 경조사에 참여시키지 않는다.

③ 언어 정서적 학대의 주요 증상

㉠ 반응하려고 하지 않고, 표정이 없으며, 질문을 해도 '네', '아니요'라는 짧은 답변 외에는 응답이 없다.

㉡ 우울, 공포, 혼돈상태, 부정, 분노, 흥분, 무기력하며, 말하기를 꺼려하거나 주저하고 고개를 숙이고 있다.

㉢ 눈물을 머금거나 울며 절망이나 동요를 보이면서 대화에 참가하지 않는다.

㉣ 걱정되는 듯한 모습을 하고 있으며, 눈이 쑥 들어가 있고, 가족을 피하려고 하고 집에 돌아가려 하지 않는다.

(3) 성적 학대

① 성적 학대의 정의

성적 학대란 노인이 성적으로 강제적 폭력 및 행위를 당하는 것과 학대행위자의 행위로 말미암아 노인으로 하여금 성적 수치심을 갖게 하거나 느끼게 하는 행위이며, 구체적으로 성적 수치심 유발 행위 및 성폭력(성희롱, 성추행, 강간)

등의 노인의 의사에 반하여 강제적으로 행하는 모든 성적 행위라고 할 수 있다.

② 성적 학대의 대표적 행위

㉠ 노인에게 성폭력을 행한다.

- 노인이 원치 않음에도 불구하고 강제적으로 성관계를 갖는다.
- 노인이 원치 않음에도 불구하고 강제적으로 성관계를 강요 또는 시도한다.
- 노인이 원치 않음에도 불구하고 입맞춤, 애무 등을 요구한다.
- 노인이 원치 않음에도 불구하고 가슴이나 엉덩이 등 신체 일부를 만진다.
- 판단능력이 없거나 의사표현을 할 수 없는 노인을 성폭행한다.

㉡ 노인에게 성적 수치심을 주는 표현이나 행동을 한다.

- 노인의 신체를 빗대어 혐오감을 주는 언행을 한다.
- 성적 언행 등으로 노인에게 굴욕감이나 혐오감을 느끼게 한다.
- 사람들이 보고 있음에도 불구하고 노인의 성적 부위를 드러내고 옷 또는 기저귀를 교체한다.
- 사람들이 보고 있음에도 불구하고 노인을 알몸으로 목욕시킨다.
- 원하지 않거나, 판단능력이 부족한 노인임에도 불구하고 성적 신체 부위를 몰래 촬영한다.
- 노인이 원치 않음에도 불구하고 학대 행위자의 성기 및 자위행위를 보게 한다.
- 노인이 원치 않음에도 불구하고 야한 사진이나 비디오, 인터넷 및 SNS 야한 동영상을 보게 한다.
- 원하지 않거나, 판단능력이 부족한 노인임에도 불구하고 노인의 성적 신체부위 전체 또는 일부를 노출시켜 놓는다.

③ 성적 학대의 주요 증상

㉠ 걸을 때 혹은 앉을 때의 어려움이 있다.

ⓛ 속옷이 찢어져 있다.

ⓒ 외부 성기 부분이나 항문 부위에 타박상이나 하혈과 성병이 있다.

ⓔ 우울, 사회관계의 단절, 수면장애, 분노 또는 수치심 등이 있다.

(4) 재정적 학대

① 재정적 학대의 정의

재정적 학대란 노인을 재정적으로 어려움을 겪게 하거나 노인의 재산을 마음대로 사용하는 행위 등 금전적으로 학대 행위를 의미한다. 구체적으로 노인의 자산을 노인의 동의 없이 사용하거나 부당하게 착취하여 이용하는 행위와 노인의 의사에 반하여 노인으로부터 재산 권리를 빼앗는 행위로서 경제적 착취, 법률 권리위반, 의사결정에서의 통제 행위 등을 말한다.

② 재정적 학대의 대표적 행위

ⓖ 노인의 소득 및 재산, 임금을 가로채거나 임의로 사용한다.

- 노인의 허락 없이 임금, 연금, 임대료, 재산 등을 가로챈다.
- 의사표현 능력이 없는 노인의 연금, 재산 등을 가로챈다.
- 노인의 허락 없이 저축, 주식 등을 임의로 사용한다.
- 공적 부조인 국민기초생활보장 수급자 생계비 등 급여를 가로채거나 임의로 사용한다.
- 노인의 허락 없이 노인 명의의 은행계좌로부터 현금을 인출하여 사용한다.
- 노인의 허락 없이 노인 소유의 귀중한 물건을 빼앗는다.
- 노인 소유의 귀중한 물건을 파괴하는 등 재산적 피해를 준다.
- 노인에게 빌린 돈을 갚지 않거나 귀중한 물건을 돌려주지 않는다.
- 노인의 노동에 대한 대가를 정당하게 지급하지 않는다.

ⓛ 노인의 재산에 관한 법률적 권리를 침해하는 행위를 한다.

- 노인 소유의 부동산을 노인의 동의 없이 임의로 사용하거나 강제로 명의 변경한다.

- 노인의 허락 없이 수표 및 기타 금융·법적 서류에 서명을 날조한다.
- 노인의 허락 없이 노인의 신용을 이용하여 이익을 취하고 명의 도용한다.
- 노인의 허락 없이 노인 명의로 은행 등에서 대출을 받는다.
- 노인의 허락 없이 노인 명의의 은행계좌, 브험 등을 해약한다.
- 사기나 강압, 부당한 위력으로 유언장, 계약서, 위임장 등에 서명을 허위로 작성하거나 변조한다.
- 대리권을 노인이 원하지 않는 방법으로 악용한다.
- 노인부양을 전제로 재산 상속을 약속 또는 증여하였으나, 부양의무를 이행하지 않는다.

㉢ 노인의 재산 사용 또는 관리에 대한 결정을 통제한다.

- 노인이 희망하는 재산 사용을 이유 없이 제한하거나 강요한다.
- 노인 자신의 돈을 일상생활에서 마음대로 사용하지 못하게 한다.
- 노인의 재산을 노인이 원하지 않는 방법으로 사용하도록 강요한다.
- 노인의 재산관리 관련 결정을 제한하거나 강요한다.
- 노인 명의의 재산을 불법적으로 소유하려고 협박한다.
- 수표 및 기타 금융·법적 서류에 서명을 강요한다.

③ 재정적 학대의 주요 증상

- 자신의 생활이나 보호를 위한 충분한 돈을 가지고 있지 않다.
- 필요한 물건을 살 수 없고, 체납된 공과금 및 세금서가 발견된다.
- 은행계좌의 현저한 혹은 부적절한 거래가 있다.
- 노인의 서명이 아닌 노인의 서명과 유사하게 서명된 수표나 서류가 있다.
- 개인 소지품이 없어지고, 노인재산이 타인의 명의로 전환되어 있다.

(5) 방임

① 방임의 정의

방임이란 노인의 보호와 안전을 소홀히 함으로써 노인이 신체적, 정서적으로 피해를 느끼고 신상의 안전을 느끼지 못한 상태를 말한다. 구체적으로 부양의무자로서의 책임이나 의무를 의도적 거부, 불이행 혹은 포기하여 노인의 의식주 및 의료를 적절하게 제공하지 않는 행위를 말한다.

② 방임의 대표적 행위

㉠ 거동이 불편한 노인의 의·식·주 등 일상생활 관련 보호를 제공하지 않는다.

- 스스로 식사하기 힘든 노인을 방치한다.
- 스스로 배변처리가 어려운 노인을 방치한다.
- 노인 스스로 청결유지인 목욕이나 빨래 등 또는 환경관리인 청소가 불가능함에도 불구하고 이를 방치한다.
- 심각한 질환이 있는 노인을 홀로 거주하게 한다.
- 노인에게 안정된 주거공간을 제공하지 않고 떠돌게 한다.
- 노인이 부적절한 주거 공간에 거주하는 것을 방치한다.

㉡ 경제적 능력이 없는 노인의 생존을 위한 경제적인 보호를 제공하지 않는다.

- 경제적 능력이 없는 노인의 기본적 생존을 위한 생활비를 지원하지 않거나 중단한다.
- 경제적 능력이 없는 노인의 생활 관련 업무인 세금 및 각종 요금납부를 방치한다.
- 경제적 능력이 없는 노인의 사회적 활동인 용돈, 종교 활동비, 경조사비 등을 위한 경제적 지원을 제공하지 않는다.

㉢ 의욕 관련 욕구가 있는 노인에게 의료적 보호를 제공하지 않는다.

- 노인에게 필요한 보장구인 틀니, 보청기, 돋보기, 지팡이, 휠체어 등을 제공하지 않는다.
- 노인에게 필요한 의료적 처치를 제공하지 않거나 거부·방해하거나 혹은 소홀히 한다.
- 질병으로 인해 거동이 불편한 노인의 간병을 소홀히 한다.

㉣ 자신을 돌보지 않거나, 돌봄을 거부함으로써 노인의 생명이 위협받는다.

- 노인 자신이 의료처치 또는 약복용 등 의사의 지시에 따른 치료 행위를 거부한다.
- 건강, 생활, 환경 등이 위험한 상황에서 노인이 도움을 요청하지 않거나 거부한다.
- 노인 스스로 생존을 위해 필수적인 의·식·주 관련 행위를 거부함으로써 생명이 위협받는다.
- 일상생활 수행을 위한 신체적·정신적 능력을 상실한 노인이 돌봄을 거부함으로써 생명이 위협받는다.
- 건강에 치명적임에도 불구하고 노인이 약물이나 알코올 남용을 지속한다.
- 노인이 자살을 시도한다.

③ 방임의 주요 증상

㉠ 노인의 주변 환경에 오물, 대소변 등 건강이나 안전에 관련된 위험한 증후가 있거나 머리, 수염, 손톱 등이 자라서 지저분해져 있다.

㉡ 욕창과 땀띠, 염증, 이가 있고, 악취가 난다.

㉢ 의치, 보청기, 안경 등이 없거나 부수어져 있다.

㉣ 식사를 거르거나 영양실조나 탈수상태에 있다.

㉤ 필요한 의료를 받지 않거나 필요한 약을 먹지 않고 있다.

㉥ 의복을 착용하지 않거나 언제나 같은 의복이나 더럽고 찢어진 옷 또는 계절에 맞지 않는 의복을 입고 있다.

㉦ 오물로 침대나 이불이 더럽혀져 있고, 기저귀가 교환되지 않고 있으며, 전기, 가스, 전화, 수도가 단절되어 있다.

(6) 유기

① 유기의 정의

유기란 의존적인 상태의 노인을 보호자 또는 부양의무자가 버리는 행위를 의미한다.

② 유기의 대표적 행위

㉠ 의존적인 노인을 유기한다.

- 노인과 연락을 두절하거나 왕래를 하지 않는다.
- 노인을 시설, 병원에 입소시키고 연락과 왕래를 두절한다.
- 인지기능을 상실한 노인(치매, 약물중독, 알코올중독, 정신질환 등)을 고의적으로 가출 또는 배회하게 한다.
- 노인을 낯선 장소에 버린다.
- 배회하는 상태에서 발견된 노인에 대하여 부양의무자가 부양의무 이행을 거부한다.

③ 유기의 주요 증상

㉠ 노인이 낯선 장소에서 오랜 시간 배회하며, 자신의 주거지 및 연락처를 알지 못하고 있다.

㉡ 주거지가 아닌 장소에서 불결한 신변상황이나 식사를 제대로 하지 못한 상태에 방치되어 있다.

㉢ 자녀들이 전혀 연락이 되지 않으며, 주거지를 옮기거나, 이민을 떠나 노인의 신상에 대한 정보를 전혀 알 수가 없다.

8) 노인학대에 따른 노후 우울증 영향요인

일반적으로 우울이란 근심스럽거나 답답하여 활기가 없는 상태를 말한다. 특히 노인 우울이란 정상적인 기분변화로부터 병적인 상태까지의 연속선상에 있으며, 근심, 침울함, 무력감 및 무가치함을 나타내는 기분장애를 일컫는다.

우리나라 노인 5명 중 1명은 우울증을 앓고 있다. 특히 노인 우울증은 남편, 부인과의 사별, 경제적 손실, 좌절감, 폐경, 이혼 등 상실이라는 영향요인의 경우가 많으며, 증상이 주기적이지 않고 지속적인 것이 주요 특징이다. 또한 슬픔의 표현이 적고, 신체적 증상으로 표현하는 경향이 많으며, 최근 발생된 신경증적 증상, 치매에 동반된 우울증, 행동 장애, 뒤늦게 발생한 알코올 의존 등이 있다. 더욱이 초조, 건강 염려증, 후회, 죄책감, 절망감, 우울, 망상, 치매 등이 나타나 결국 자살을 선택할 수 있기 때문에 문제가 심각하다.

특히 남성 노인에 비해 여성 노인의 경우 가족 속에서의 역할 부재, 결혼문제, 신체질환 등과 관련된 우울증 발생 빈도가 더 높게 나타난다.

노인 우울증은 치료 거부, 가족들의 무관심 등으로 인해 제때 진단 및 치료를 받지 못하는 경우가 많으며, 자신이 우울증에 걸렸다는 사실을 지각할 수 없을 뿐 아니라 가족이나 친구 등 주위 사람들도 잘 모르는 경우가 많다.

또한 노인 우울증의 발생원인은 사회적 요인과 많은 관련성이 있으며, 이러한 요인으로 신체적 질병과 기능상실, 사별과 같은 생활사건, 사회적 지지체계의 부재, 경제적 어려움 등을 들 수 있다.

아울러 노인학대를 유발시키는 영향요인도 노인과 관련된 요인, 주 부양자와 관련된 요인, 노인과 주 부양자와의 관계와 관련된 요인으로 나누어지지만 노인학대에 따른 노후 우울증 영향요인은 인구사회학적 요인들으로서 성별, 연령, 교육수준, 종교 유무, 동거 여부 형태, 경제적인 여건 등에 따라 노인의 우울정도의 차이를 유발시키고 있다.

9) 노인학대와 노인자살의 특성

자살이라는 개념도 학자들마다 개념이 다르고 시대흐름에 따라 다르다. 일반적으로 자살이란 인간 스스로의 명백한 의지와 힘으로 자신을 죽이는 행위이며 자살은 죽으려는 의도를 가지고 스스로 상해를 입혀 사망하는 것이다.

자살생각이라는 것도 자살을 행하는 것에 대한 생각이나 사고를 의미하며, 인간이라면 한 번쯤 일시적으로 갖게 되는 자살하고 싶다는 생각에서 자살을 시도하는 행동단계까지를 포함한다.

따라서 노인자살이란 일반적으로 노인들이 자발적이고 의도적으로 자신의 생명을 끊는 것을 의미한다. 노인자살의 원인은 다양하지만 노인의 여섯 가지 고통(병고, 빈고, 무위고, 고독고, 여가고, 부양고)과 직접적 관련이 있으며, 노인들이 무엇 때문에 인생의 종착지점에서 서둘러 스스로의 인생을 마감하려는지 그

원인을 살펴보아야 한다.

특히 노년기에 들어와서는 전 생애사적 문제에 대하여 노인의 생존과 관련된 문제에 대하여 적절한 대응책을 찾지 못한다면 인간다운 삶을 위협받게 되는 것이다. 노인자살은 다른 연령층보다 자살시도, 자살행동의 비율이 과거에 비해 점점 증가하고 있지만 오랜 기간 심사숙고하여 결정한 자살일 경우는 치명적이다. 그리고 젊은 층에 비해 노인층이 자살에 대한 위협적 요소가 노출되고 있으며, 노인자살은 복합적 요인에 의해 발생한다.

이렇듯 노인자살의 특성은 촉발적 사건에 의해 즉각적으로 발생하기보다 오랜 시간 동안 자살을 생각하고 발생하기 때문에 초기에 발견하면 자살 결심을 예방할 수 있다.

전체 신고건수가 증가하고 있는 이유는 일반인들의 노인학대에 대한 관심이 높아지고, 지역 노인보호전문기관 확충 및 사례 발굴 등에 기인하는 것으로 보인다.

10) 노인학대의 발생요인

노인학대의 발생요인은 복잡하고 다양하다.

① **노인의 개인적 특성** : 개인의 성격, 정신장애, 알콜중독, 약물중독, 무기력감 등이 원인이다.

② **노인의 의존적 특성** : 노인의 장애, 질병, 치매 등이다.

③ **가해자의 개인적 특성** : 가해자의 성격, 정서장애, 알콜중독, 약물중독 등이다.

④ **보호자의 부양 스트레스** : 보호자의 신체적 스트레스와 정신적 스트레스, 부양 미숙, 부양능력 결여 등이다.

⑤ **가정 환경적 특성** : 경제적 문제와 가족관계의 불화, 재산 문제 등으로 발생한다.

⑥ **사회문화적 특성** : 노인을 차별하거나 부양의식과 가족관계의 가치관의 변화와 사회보장 지원서비스를 받지 못하는 경우이다.

⑦ 세대 간의 학대의 전이 : 가족 간의 역사와 환경, 피해자의 과거 양육에 대한 불이행과 가정폭력 행사에 관련이 있다.

11) 노인학대의 문제점

(1) 노인학대의 문제점

우리나라 노인학대의 문제점을 살펴보면 다음과 같다.

① 노인학대에 대한 인식 미흡 및 국민적 관심 저조

대부분의 피해노인은 학대를 가정사의 일환으로 수치스러운 일로 여기고 신고하지 않는 등 노인 학대에 대한 잘못된 인식이 팽배해 있고, 노인학대를 신고하지 않은 주된 이유를 개인의 일로 생각하고 있으며, 특히 가정 내 문제로만 인식하며 창피해서 노출하기 싫고, 가족에게 피해가 갈까 봐 걱정하고 해결되지 않을 것 같다고 생각하는 점 등이 주된 문제이다.

② 노인학대 조기발견 어려움과 발생 시 신속한 대응체계가 미비

노인학대가 오랫동안 지속된 이후에야 발견되고, 노인보호전문기관을 확대하고 있으나, 여전히 관할 범위가 넓고, 적은 인력이 담당하고 있어 신속한 대응에는 한계가 있는 실정이다.

노인학대 현장조사 시 학대행위자가 비협조적이고, 위협하는 경우도 많아 실효성 있는 현장조사에 어려움이 있다.

③ 노인학대 가해자에 대한 관리소홀

노인학대 가해자로부터 피해자를 분리하기 위해 ‘피해노인 쉼터’가 운영 중이나, 쉼터 퇴소 후 복지시설 등으로 연계체계가 미흡하고, 학대피해자의 지역사회 복귀 시 체계적 지원이 부족하다.

또한 학대 행위자 처벌 수위가 아동학대에 비해 낮아, 처벌수위에 대한 법률적 개정이 필요하며, 가해자 중심의 교정 프로그램이 없는 실정이다.

④ 입소시설 노인학대의 지속적인 증가

대부분 시설 종사자 대상 인권교육·인권 매뉴얼 배포, 노인시설 인권지킴이 배치 등을 통해 노인 인권 보호에 노력중이나, 시설 내 학대가 지속적으로 발생하고 있다. 이에 대한 대책이 시급하다.

⑤ 노인학대 위기관리 종합시스템 구축의 미흡과 전문가 부족

노인학대 발생 시 응급상황에서 위기시스템 대응이 어렵고, 각 분야별 전문가 팀 네트워크가 제대로 구축이 되어있지 않으며, 노인학대예방센터도 부족하고, 노인학대 예방전문가와 상담인력도 부족하다. 또한 위기 매뉴얼과 전문가 교육강화를 위한 교육 시스템 구축이 되지 못하고 있고, 아울러 노인학대 발생으로 인한 사후관리에 대한 서비스 지원 체제 구축이 되어 있지 못하고 있다.

12) 노인학대의 예방 방안

(1) 노인학대의 정책적 개선 방안

우리나라 노인학대의 정책적 개선방안을 살펴보면 다음과 같다.

① 지역사회 중심의 예방체계 구축이 시급하다.

지역사회 네트워크를 활용한 학대 모니터링을 실시하고, 경로당에 '학대노인 지킴이센터'로 지정·운영하며, 노인호보전문기관과 협조하여 학대 피해노인을 감시·신고하는 지역사회 학대예방 시스템 구축이 필요하다.

아울러 실버 스마일 사업단을 확대하여 노인학대 예방 캠페인 전개와 학대 모니터링을 실시하고, 노인학대 예방 인식개선 사업을 활성화하며, 중앙 노인보호전문기관이 노인학대 인지방법, 신고요령 등을 포함한 맞춤형 교육 콘텐츠와 온라인 교육 등 매뉴얼을 개발하여 지역 노인보호전문기관에 전파하여 노인학대 예방교육을 강화해야 한다.

특히 노인학대가 무엇인지, 발생 시 어떻게 대응해야 하는지, 피해노인이 받을 수 있는 도움은 무엇인지 등에 대해 국민들이 알기 쉽도록 공익광고 등을 확대해야 한다.

② 노인학대를 조기에 발견하고 신속한 대응구축이 필요하다.

이를 위해서는 신고 의무자 확대·교육 강화를 통한 조기 발견과 병원 치료·상담 등으로 학대사례 발견 가능성이 많은 직군을 신고의무자 직군에 포함시켜 학대 조기발견을 강화하고, 신고 의무자에게 노인학대 인지방법 및 신고요령 등이 기재된 팸플릿을 제작하여 개인별로 배포해야 한다. 또한 실효성 있는 현장조사를 위해 경찰과 긴밀한 협조체계 구축과 노인보호전문기관 확충 및 조사권한 강화 등이 필요하다.

③ 노인학대 피해자의 신속한 보호와 가해자에 대한 처벌 및 교정 프로그램 등이 필요하다.

실질적으로 원 가정 복귀가 어려운 피해노인에 대한 지원을 강화해야 한다. 피해노인이 지역사회 복귀 시 지역사회 자원을 연계하여 도움을 지원해 주고, 노인보호전문기관의 기능을 개선하며, 전문 인력을 확대 추진해야 한다. 또한 학대 행위자를 위한 교육실시와 재발방지 노력을 강구하고, 학대 행위자 처벌 강화 및 교정 프로그램을 지원하고, 맞춤형 교육 프로그램 개발이 필요하다.

④ 노인복지시설 내 학대예방 강화가 필요하다.

시설 내 운영의 투명성 강화와 시설의 인증평가 강화 및 학대발생 시 기관명단 공개와 신고포상금제 도입검토 등이 확대되어야 한다.

(2) 노인 개인차원의 대응방안

① 노인 스스로 의존성을 줄이고, 자립능력을 키워나가야 한다.

② 노인 스스로가 존경받을 수 있도록 행동하고 사회공헌 활동에 적극적으로 참여하는 것이 중요하다.

③ 노인학대에 대한 교육을 통하여 노인학대에 대한 대응 매뉴얼을 정확히 인식하고 파악해야 한다.

④ 가족 내에서 학대가 발생할 경우 은폐하기보다는 전문기관에 적극 도움 요청을 할 수 있도록 노인들의 인식개선이 필요하다.

(3) 가족차원의 대응방안

① 가족에 대해서는 각 교육기관이나 평생교육 프로그램을 통해서 노년기에 나타나는 특성과 노인학대 예방교육 등을 실시해야 한다.

② 노인 당사자와 보호자들의 개인적인 성격이나 신체적, 정신적 스트레스가 원인이라면 상담기관을 통해 도움지원을 받을 수 있도록 연결 지원해야 한다.

③ 경제적인 어려움이나 복지적 수혜 서비스를 원할 경우 지역사회자원 기관과의 연결과 도움을 제공해 줄 수 있는 접근 방법이 필요하다.

④ 노인학대의 가해자는 가족과 보호자에 의해 많이 발생하는 바, 이에 대한 원인을 분석하여 가해자 지원서비스 프로그램을 확대 개발해 나가야 한다.

⑤ 사회보장서비스의 확대와 재가 복지서비스 확대를 통해 가족지원 서비스를 확대해 나가야 한다.

(4) 사회적 차원의 대응방안

① 노인학대에 대하여 모든 국민이 알 수 있도록 홍보 강화와 인식개선 사업이 필요하다.

② 노인학대의 문제를 보호자 및 가족의 문제가 아니라 사회 문제로 인식할 수 있는 사회적 의식의 전환이 필요하다.

③ 노인복지법 개정을 통하여 법적 처벌 강화와 제도적 시스템을 개선해 나가야 한다.

④ 우리 사회에 노인들이 존경받는 문화 풍토를 만들어 나가야 한다.

2. 노인 치매증상과 예방교육

1) 노인 치매의 개념

(1) 치매의 정의

치매는 그 자체가 하나의 질환을 의미하는 것은 아니고, 여러 가지 원인에 의한 뇌 손상에 의해 기억력을 위시한 여러 인지기능의 장애가 생겨 예전 수준의 일상생활을 유지할 수 없는 상태를 의미하는 포괄적인 용어이며, 뇌의 신경세포가 대부분 손상되어 장애가 생기는 대표적인 신경정신계 질환이다(https://search.daum.net/백과사전).

(2) 치매의 다양한 정의

한문으로는 '어리석을 치(痴)'와 '어리석을 매(呆)'가 합쳐진 단어로 '의심이 많아지거나 아는 것에 병이 든 상태'를 의미하며, 주로 노인 연령층에서 나타나므로 '노망'이라는 말로도 흔히 불리며, 65세 이상 노인에게 나타난 경우에 '노인성 치매'라고 한다.

또한 치매는 황폐화된 정신상태(deteriorated mentality)라는 영어의 준말로서 용어 그대로 정서, 기억, 사고, 인지능력 등이 저하되면서 나타나는 여러 가지 증상을 말하기도 한다.

어학사전에서 치매의 정의는 정상적이던 지능이 대뇌의 질환으로 저하된 것이며, 일단 정상적으로 성숙한 뇌가 후천적인 외상이나 질병 등 외인에 의하여 손상 또는 파괴되어 전반적으로 지능, 학습, 언어 등의 인지기능과 고등정신기능이 떨어지는 복합적인 증상이라고 정의하고 있다(https://search.daum.net/어학사전).

2) 노인 치매의 특징

노인치매의 특징은 다양하게 나타나고 있다.

① 전체적인 건망증을 일으킨다.

평상시 주위 사람들이 놀랄 정도로 잘 잊어버리는 증상이다. 예를 들면, 가족이 함께 저녁을 먹었는데 아직 먹지 않았다고 한다든가 점심 때 무엇을 먹었는지 생각이 나지 않는 이러한 상태가 계속되면 일상생활에 큰 지장을 초래한다.

② 건망증에서 지능장애로 진행한다.

치매의 증상은 진행하는 병이며, 단순히 건망증뿐만 아니라 지능장애로 진행된다. 가장 먼저 혼란을 일으키는 것이 시간이며, 처음에는 오늘이 몇 월 며칠인지 정확히 모르게 되고, 이후에 하루 일과 중의 시간감각도 없게 된다.

예를 들면, 날씨가 흐리고 어두우면 아침에 일어나지도 않고 저녁이라고 생각하게 되며, 또한 장소에 대한 분별력 장애로 처음에는 많이 가보지 않은 장소에서 길을 잃어버리고, 후에는 직장에서도 돌아오지 못하게 되고 자신의 집 안에서도 헤매게 되며, 화장실이나 목욕탕도 모르게 되는, 시간과 장소를 모르는 상태로 진행된다.

③ 잊어버리는 것을 자각할 수 없다.

건강한 사람의 건망증은 자신이 잘 잊어버리는 것을 알고 그것을 걱정하나 치매노인은 자신이 잊어버리는 것 자체를 잊어버리고 자각할 수 없다.

특히 자각할 수 없기 때문에 주위 사람들이 주의를 주어도 이해 할 수 없고, 반성하는 것도 불가능하다.

다만 초기 치매에는 자신이 장애로 인하여 주변 사람에게 폐를 끼치는 것을 고민하며, 때로는 비관하고 우울상태에 빠지고 자살하는 경우도 있다.

④ 문제행동을 일으킨다.

치매가 진행되면 판단력장애와 기억장애 때문에 불안을 느끼고 혼란 상태에 빠지며 그것이 문제행동을 야기하된다.

예를 들면, 물건을 놓아둔 장소를 잊어버리고 타인이 훔쳐 갔다고 생각하는 도둑망상, 충동적으로 외출하거나 목적도 없이 계속 걷는 배회, 밤이 되면 환각을 일으키거나 겁을 먹고 소리를 지르는 섬망 등이 지능장애와 함께 나타난다.

3) 치매진단과 예방치료

(1) 치매진단

① 알츠하이머병 치매

치매 중에서 가장 흔한 형태로서 전체 치매의 절반 정도이고 이 치매는 1911년 독일의 알로이 알츠하이머(Alois Alzheimer) 박사가 처음 발견한 치매의 유형이다.

주로 할머니들에게 많이 나타나고, 소리 없이 서서히 찾아오는 병이다. 또한 정상적인 기능을 수행하던 뇌세포들이 특정한 원인 없이 서서히 죽어감으로써 개인의 인지기능을 점진적으로 감퇴시키며, 성격변화와 대인관계를 위축시키고, 사회활동을 제한하면서 기본적 일상생활조차 어렵게 하는 퇴행성 치매이다.

발병 초기에서는 일상생활의 수행능력이 늦거나, 대화 중에 이야기의 초점을 잊어버리는데, 이를 노년기의 건망증 정도로 잘못 판단하면 이후, 가족이 노인이 이상하다고 생각하여 병원에 갔을 때에는 이미 2~3년 정도 경과된 경우도 있다.

그리고 치매가 진행되면서 실언, 지남이 장애, 배회, 야간 착란증세, 환상이나 망상 등의 증세가 뚜렷하게 나타나고 말기에는 고도의 인지장애가 수반되어 자신의 이름이나 가까운 가족도 알아보지 못하며, 자기 자신을 전혀 돌보지 못할 정도로 황폐화되어 간다.

② 혈관성 치매

혈관성 치매는 갑자기 찾아오는 병으로 할아버지에게 주로 많이 발생하는 질병이다. 주로 뇌출혈, 뇌경색 등 뇌혈관 질환이 그 원인이며, 치매 중에서 두 번째로 흔한 유형으로 고혈압, 당뇨병, 고지혈증, 심장병, 흡연, 비만 등이 있는 사람에게서 잘 나타난다.

또한 정상적으로는 부드럽고 탄력 있는 뇌혈관이 지속되는 고혈압이나 당뇨병 등에 의해 딱딱해지고 두꺼워지며, 혈관이 좁아지거나 막히거나 터져서, 뇌의 원활한 혈액순환이 안 되어 뇌 활동에 필요한 산소와 영양분이 공급되지 않아 생기는 병이다.

③ 파킨슨병 치매

파킨슨병은 신경전달물질 중 도파민이 부족하여 운동 신경망이 원활하게 작동하지 못하여 생기는 운동신경 장애 병이다.

주요 증상은 신체 떨림이나 손·발·관절의 마비와 언어장애 및 신체를 움직이는 데 어려움을 보이, 말기에는 치매로 발전된다. 또한 약물을 복용함으로써 운동장애 증상을 완화시켜 줄 수 있지만 부작용으로 환각, 망상, 일시적인 혼란 상태나 비정상적인 움직임을 보일 수 있다.

그리고 뇌혈관이 막히게 되면 운동장애가 나타나고, 치매가 곧 바로 진행되지만, 작은 혈관들이 막히는 경우 처음에는 특별한 증상을 보이지 않지만 누적되면 다발성 경색치매가 발생할 수 있다.

④ 알코올성 치매

알코올성 치매는 술을 마시지 않거나 지나치지 않는 수준에서 마시면 알콜성 치매에 걸리지 않는다. 그러나 술을 지속적으로 많이 마시면 비타민 B_1의 결핍으로 뇌손상을 일으키게 되고, 이 병은 기억력이 손상되며, 어떠한 결정을 판단하거나 대인관계에 많이 손상된다. 그리고 술을 끊으면 알코올성 치매증상이 좋아질 수 있으며, 비타민 B_1을 섭취하는 것도 예방에 도움이 되고 증상을 호전시킬 수 있다.

4) 치매의 증상과 치매예방

(1) 치매의 단계

① 치매초기(건망기)

보통 건망증이 심해진 것처럼 보이는 초기 단계라 부른다.

특히 체험한 것을 전부 잊어버린다거나 같은 것을 몇 번이고 묻게 되고, 단순한 물건과 사람의 이름을 생각해 내지 못하며, 대화 중에 이것, 저것, 이 사람과 같은 대명사가 많이 나온다. 작화증이라고 하는 말을 만들어 내는 경우도 있는데, 예를 들면 병원에 갔다 왔으면서 '옛 친구와 만나서 식사를 했다'와 같은 작화가 극히 자연스럽게 나온다.

② **치매중기**(혼란기)

지능장애가 더욱 진행하면 정보에 대한 올바른 판단을 할 수 없게 되는 혼란상태에 빠지며, 그 때문에 망상, 환각, 문제행동이 일어나면서 이 시기에 판단력 상실이 일어난다.

처음에 시간을 모르게 되고, 다음에 장소, 사람의 순으로 판단력을 상실하게 되며, 예금통장을 어딘가에 놓아둔 것을 잊어버리고 도둑맞았다고 소리 지르는 도둑망상이 있으며, 자신의 집에 있으면서 집에 가고 싶다고 말해 주변 사람을 곤혹스럽게 만든다. 또한 집안사람이 모르는 가운데 외출하여 길을 잃어버리고 경찰의 보호를 받거나 배회하며, 밤에 환각이 일어나거나, 겁이 나서 떠들거나, 집안사람을 못 자게 하는 경우도 있다.

③ **치매말기**(치매기)

자신의 이름도 모르고 동거하고 있는 가족도 구분하지 못하게 되며, 그리고 말한 것을 거의 이해하지 못하고 말하는 언어는 의미 없는 단순한 말의 나열에 지나지 않는다. 또 자신의 집 화장실 위치도 모르고, 항상 케어가 필요한 상태가 되며, 대부분 요실금과 변실금도 생기고, 얼마 안 가서 체력도 약해져 눕기를 좋아하고 잠만 자는 경우가 많아진다. 결국 근력이 약해져 와상 상태가 되고, 욕창도 발생할 수 있으며, 면역기능도 떨어져 쉽게 질병에 노출된다.

(2) 치매의 증상

치매환자의 주요 증상은 다음과 같다.

① 기억력 저하
② 언어장애

③ 시공간 파악능력 저하
④ 계산능력의 저하
⑤ 성격변화와 감정의 변화 등

(3) 초기치매 주요 의심 증상

① 최근에 생긴 일에 대한 기억력이 저하된다.
② 최근에 나누었던 대화내용을 기억하지 못한다.
③ 물건 둔 곳을 기억하지 못한다.
④ 메모를 하지 않고 장을 보러 가면 사와야 할 물건을 자주 빠뜨린다.
⑤ 물건 이름이 자주 생각나지 않는다.
⑥ 평소에 쉽게 잘하던 일을 하는 데 어려움이 생긴다.
⑦ 시간과 장소에 혼동이 생긴다.
⑧ 계산능력이나 판단력이 떨어진다.
⑨ 성격이 변했다.

(4) 치매의 일반증상

치매환자의 주요 증상은 다음과 같다.
① 배회
② 이식(異食)
③ 작화
④ 망상
⑤ 저녁 무렵의 불안
⑥ 지남력의 장애
⑦ 인격의 변화
⑧ 언어장애 및 기억력 장애
⑨ 정신행동 장애
⑩ 수행능력 장애 등

(5) 치매상담원의 기본 지식

① 치매에 대한 이해와 기본적인 지식 및 기술을 가지고 있어야 한다.

② 실무 역량강화와 전문성 향상을 위해 보수교육 및 연수를 통해 업그레이드 해야 한다.

③ 치매증상에 대한 지식과 간호 케어방법, 복지적인 지원서비스에 대해서도 숙지할 필요가 있다.

④ 치매노인에 대한 상담은 가족들의 사정을 감안해야 하고, 냉철한 이성과 따뜻한 마음으로 접근해야 하며, 새로운 서비스를 개발하는 노력이 필요하다.

⑤ 지역사회의 연계자원을 파악하고 노인과 가족관계를 잘 파악하여 필요시 연결과 지원이 필요하다.

(6) 치매노인을 모시고 있는 가족들이 호소하는 문제

① 가족들만으로는 더 이상 모시기 어려움

② 노인을 입원시킬 병원에 대한 정보 문의

③ 요양시설에 입소시키고 싶은데 어떤 곳이 좋은지 정보 여부

④ 배회나 불면증으로 집에서는 도저히 돌볼 수 없는 경우

⑤ 치매를 치료하려면 어떤 방법이 좋은지 여부 등

(7) 치매의 예방에 도움이 되는 방법

① 수시로 뇌를 자극할 수 있는 공부 방법을 연구한다.

② 좋아하는 일에 몰두하고 자기개발에 노력한다.

③ 일상생활에 자립하려고 노력하고 자주 새로운 것을 도전한다.

④ 지나친 음주나 흡연을 삼가고 규칙적인 운동을 진행한다.

⑤ 각종 모임과 동아리, 단체 활동, 종교 활동을 통해서 좋은 친구를 많이 사귄다.

⑥ 늘 메모하는 습관을 가지며, 일정표를 계획 세우며 바쁘게 생활한다.

⑦ 규칙적인 수면습관과 규칙적인 균형식사와 영양관리에 신경 쓰며, 수분을 자주 섭취하고 햇빛을 자주 쬔다.

⑧ 매일 일기를 쓰며, 취미생활을 즐겁게 즐긴다.

⑨ 성인병을 예방하는 데 신경 쓰며, 정기적인 건강검진을 받는다.

⑩ 늘 안전사고 예방에 신경 쓰며, 스트레스를 받지 않도록 노력한다.

⑪ 약은 의사처방대로 규칙적으로 복용하고, 미리 질병에 대한 예방접종을 반드시 하며, 몸에 이상이 올 경우 꼭 병원에서 치료를 받는다.

⑫ 사회 공헌활동과 봉사활동에 적극적으로 참여하여 늘 긍정적으로 생각한다.

(8) 치매치료

① 약물치료

치매치료에 완전한 약물은 없다. 다만 치매기능을 유지시키거나 경감하는 많은 약물들이 있으며, 먹는 약, 패치약 등 다양하게 등장하고 있고, 인지기능을 회복시키기 위한 약물 출시와 치매 정복을 위한 약물들은 계속 연구되고 있다.

② 정신 심리적 치료

정신치료는 환자의 부정이나 투사 등을 통한 심리적 적응과정을 적절하게 도와주는 보조 치료이다.

치료방법에는 자아 존중감을 잘 유지할 수 있도록 도와주고, 지남력 장애를 극복하기 위하여 달력을 가까이 두도록 하거나, 기억력 장애에 따른 불편을 줄이기 위해 기록을 하거나 일일 계획표를 짜게 하여 인지적 기능의 한계성을 보완하는 방법을 찾아 주고, 부정적인 관계를 긍정적으로 부여 전환해서 환자의 자아 존중감을 지지해 주는 정도이다.

주로 구체적인 치료 방법으로 행동 지향적 치료와 감정 지향적 치료, 자극 지향적 치료, 인지 지향적 치료 방법 등을 이용하기도 한다.

(9) 치매증상별 단계적 치료전략

① 치매초기

치매초기 노인이 효율적으로 생활에 적응하기 위해서는 어떠한 능력에 장애가 있고, 어떤 능력이 아직 잘 유지되고 있는지 파악하는 것이 중요하다.

치매초기에 중요한 것은 아직 인지기능의 장애가 심하지 않을 때 환자 스스로 처리해야 하는 것이다.

② 치매중기

치매중기에는 우선 환자의 안전과 사고의 가능성을 염두에 두고, 이 시기에 보호자와 가족도 신체적, 심리적 부담이 증가하므로 주위의 도움을 적절히 활용하도록 하고, 요양시설이나 요양병원을 입소하는 문제를 고려하도록 한다.

③ 치매말기

치매말기는 다른 사람에게 전적으로 의존하게 되어 기본적인 일상생활인 식사, 목욕, 옷 입기 등에서도 케어 도움이 필요하고, 이 시기에는 심한 심리적 부담과 상실감을 겪게 되며, 원망하는 마음이나 죄책감 등을 솔직하게 털어놓을 수 있도록 하는 것이 중요하다.

3. 노인치매 유형별 대처와 의사소통

1) 의사소통의 개념과 원칙

(1) 의사소통의 개념

의사소통이란 서로의 생각과 감정을 말, 행동, 글 등을 통해 주고받는 것이라고 정의하고 있다(https://search.daum.net/백과사전). 구체적으로 의사소통이라는 개념은 학자마다 정의가 다르지만 정리해 보면 다음과 같다.

① 한 개인이 다른 사람에게 의도적이건 아니건 정보를 전달하는 과정이다.
② 어떤 사실을 타인에게 전하고 알리는 심리적인 전달이다.
③ 인간이 다양하고 많은 사람들과 인간관계를 맺으며, 살아가는 데 있어서 다른 사람들과의 관계를 잘 유지시켜 나가는 중요한 요소로 작용하는 것이다.

(2) 의사소통의 기본 원칙

① 명료해야 한다.
② 간결해야 한다.
③ 구체적이어야 한다.
④ 정확성이 있어야 한다.
⑤ 따뜻한 관심과 긍정적인 수용이 있어야 한다.

(3) 의사소통할 때 고려할 점

① 인간의 의사소통에 표현되지 않는 한계와 복잡성을 인식해야 한다.
② 개인은 각각 성격과 삶의 경험과 사고를 가지고 있으므로 대화에 대한 인식 차이가 있음을 고려해야 한다.
③ 정확한 의사소통의 능력은 때로는 감정 상태나 기대 등에 의해서도 변질될 수 있음을 알아야 한다.

(4) 대상자와 가족과의 의사소통 시 유의점

케어대상자와 가족과의 의사소통 시 유의할 점을 살펴보면 다음과 같다(보건복지부, 2012:149).

① 대상자와 의사소통 시 유의사항
㉠ 첫인상이 중요하므로 단정한 외모를 갖춘다.
㉡ 너무 작거나 크게 말하지 않으며, 간결하고 명확하게 말한다.

ⓒ 본인을 소개할 때 친절하게 이름과 연락처, 소속과 역할을 알린다.

ⓔ 대상자는 동의를 구하고 어르신으로 호칭한다.

② 가족과 의사소통 시 유의사항

ⓐ 가족과 대상자를 함께 케어한다는 마음자세가 필요하다.

ⓑ 대상자의 정확한 정보를 자주 주고받는다.

ⓒ 가족에게 대상자의 상황을 직설적으로 말하지 않는다.

ⓔ 병원과 의료진으로부터 받은 어르신 환자 정보를 정확하고 신속하게 보호자에게 알린다.

2) 의사소통의 문제원인과 유형

(1) 의사소통의 문제원인

① 본인이 스스로 말하게 두지 않고, 다른 사람이 대신 말해줄 때 문제가 생긴다.

② 듣고 말하는 것에 편견이나 선입견이 영향을 미치도록 방치할 때 소통에 문제가 생길 수 있다.

③ 다른 사람이 말하려는 것을 듣고 이해할 시간을 가지지 않을 때나 인내심이 없을 때 문제가 생긴다.

④ 믿고 느끼는 것을 남들이 거부할 것 같아 말하지 않고 혼자 담아둘 때 문제가 발생한다.

⑤ 느끼고 생각하는 것을 남들이 이미 알고 있는 것 같아서 대화하려 하지 않을 때도 문제가 발생한다.

(2) 의사소통의 다섯 가지 유형

심리학자 버지니아 사티어(Virginia Satir) 의사소통의 다섯 가지 유형을 살펴보면 다음과 같다(http://blog.naver.com/sohwakhayng).

① 비난형 : 탓하기 형

꾸중을 많이 들었던 사람들이 주로 사용하며, 독선적, 지배적, 타인을 무시하고 자기만 생각하는 형으로 위협적이고 복종을 강요하며, 공격적이고 열등의식이 높은 유형이다.

② 회유형: 아첨형

주로 필요 이상으로 의존적이며, 열등감과 자기 비하가 심한 성격유형의 사람에게서 발견되며, 마음이 약하며 매우 의존적 성격유형으로 희생적인 표현을 하지만 실제 속마음은 몹시 나약하고, 의지가 없는 가엾은 타입형으로 순종적이면서 상대방 비유만 맞추는 유형이다.

③ 초이성형

이지적이고 침착하며, 상대방을 지그시 누르는 형으로 내적으로는 상처받아 왔고, 늘 계산적인 소유자형으로 감정적으로 냉정하며, 객관성과 논리성을 중시하고, 단지 상황만을 중시하며, 주로 부정적인 측면만 언급하고, 강박적이고 반사회적인 심리형이다. 그러나 모든 일에 정확하다.

④ 산만형

상대방이 무시하거나 경시하며, 안정감이 없고 인정받지 못할까 봐 두려워하고 살피는 유형으로 혼돈형이며, 특정 주제나 상황에서 적합하지 않는 행동이나 말을 하는 유형이다.

⑤ 일치형

일치형은 기능적이며, 원만하고 책임감과 정직성, 친근감과 능력, 창의성을 가지고 있으며, 그리고 현실문제를 현실적인 방법으로 해결할 수 있는 능력을 가진 사람들의 의사소통의 유형을 말하며, 조화로운 균형과 일치감이 있다.

(3) 효율적인 의사소통의 원칙

① **공감** : 서로 신뢰를 갖고, 인정하고 공감하면서 이해해 나가야 한다.

② 수용 : 부정적인 부분도 수용하고, 모든 이야기를 받아들여야 한다.
③ 경청과 신중한 표현 : 끝까지 경청하고 상처받지 않도록 상대방을 배려하고 신중하게 표현해야 한다.
④ 자존심과 평정심의 유지 : 상대방의 자존심을 세워 주고, 본인의 평정심을 잃지 말아야 한다.
⑤ 시간적 여유 : 충분한 시간적인 여유를 가지고 대화를 주고 받아야 한다.
⑥ 비밀보장 : 모든 상대방과의 대화는 비밀보장을 해야 한다.
⑦ 책임감 표현 : 신뢰가 갈 수 있도록 책임 있는 자세를 보여주어야 한다.

(4) 효과적인 의사소통 기법

① 서로 신뢰를 갖고 공감해야 한다.
② 대화 중에 장애물이 있기 마련이니 의식하고 돌발변수를 능동적으로 잘 해결해야 한다.
③ 서로 인정하고 피드백을 주고 받아야 한다. 서로 소통하는 모습을 보여주어야 한다.
④ 적극적으로 상대방의 대화를 진지하게 경청하는 모습을 보여주어야 한다.
⑤ 정치적인 대화나 종교적인 대화는 가급적 피해야 한다.
⑥ 부정적인 대화를 긍정적으로 부여 전환하고 무조건 수용하려고 노력해야 한다.

3) 치매 노인과 의사소통의 기술

치매 노인과 의사소통의 기술과 방법을 살펴보면 다음과 같다(김영호, 2005 : 89-94).

(1) 치매 노인의 경우

① 치매 노인의 자존심이 상하지 않도록 대처해야 한다.

② 말을 전달할 때 명확하면서 간단하게, 가까운 거리에서 한마디씩 천천히 또박또박 상대방의 눈을 마주치고 눈높이에 맞추어 이야기한다.

③ 대화할 때는 친밀감을 형성하면서 포옹 인사를 나눈 후 손을 잡거나 어깨를 만지면서 이야기하는 것이 좋고, 말뿐만 아니라 메모를 이용하면서 이야기하는 것도 좋은 방법이다.

④ 대화를 시작하기 전에 먼저 칭찬으로 다가가고 이야기 내용은 추억담이나 치매 노인의 좋은 점을 가능한 한 부각시키고 격려하는 데 활용해야 한다.

⑤ 치매노인이 삐져있거나 상심할 경우 잠시 대화를 중단하고 48시간이 지나면 칭찬으로 대화를 시작하든지, 대화가 잘 소통하는 분이 먼저 다가가는 것이 좋다.

(2) 와상 노인의 경우

① 아침마다 먼저 따뜻한 칭찬 인사를 하고, 대화시간을 정해 어르신과 대화한다.

② 와상노인이 혼자 있지 않도록 하며, 자리에서 일어나기를 거부할 때 무리하게 일어나지 않게 하며, 자리에서 일어났을 때는 칭찬해 주고 포옹 인사하며, 손을 잡아 준다든가 어깨를 껴안아 주는 등 스킨십을 해주는 것이 중요하다.

③ 누워있는 상태에서라도 욕창을 예방하기 위해서 체위를 변경해 주고, 환자 상황에 따라 무리하지 않는 범위에서 근력 강화와 재활운동을 실시한다.

(3) 청각 및 언어장애 노인의 경우

① 천천히 똑똑하게 짧은 단어로 정확하게 말하고 몸짓언어로 소통한다.

② 수화가 필요한 경우 전문가의 도움을 요청하거나 기본적인 수화를 배운다.

③ 칭찬과 스킨십을 자주 하며, 눈을 마주보고 웃으면서 대화 나눈다.

④ 말을 알아듣지 못할 경우에는 큰 글씨로 보여주며 소통한다.
⑤ 글로 쓸 때는 핵심을 정확하고 간단하게 쓰며, 피곤해지기 쉬우므로 오랜 시간 대화하지 않는다.

(4) 독거노인의 경우

① 미리 전화로 사전에 방문할 것을 알리고 방문시간 약속을 반드시 지켜야 한다.
② 가능한 한 호칭은 어르신으로 부르며, 보이는 위치에서 일을 하고 무엇을 도와주기를 원하는지 서로 소통한다.
③ 집 안에서 쓰레기를 버릴 경우에는 반드시 어르신에게 의견을 묻고 처리하고, 구매 대행도 반드시 내용물과 함께 영수증과 거스름돈을 노인이 보는 곳에서 건네주는 것이 좋다.
④ 고립감이 생기지 않도록 노인과 친밀감을 쌓은 후 주변 기관과 시설을 이용하도록 권장하거나, 같이 이용하면서 도움을 주거나, 친구를 사귈 수 있도록 프로그램을 연결시켜 도움을 주도록 한다.

4) 치매 증상의 유형별 대처

치매 초기에는 기억력이 떨어진 것이 주된 문제이지만, 치매가 진행됨에 따라 주변 사람과의 대화에 지장이 생기고, 현실 판단력이 흐려져 여러 가지 부적절한 행동들이 나타난다. 또한 식사, 목욕, 옷 입기, 대소변 가리기 등의 기본적인 일상생활을 혼자서 해나가지 못하게 된다.

그리고 치매가 진행되면서 나타나는 다양한 증상들은 주변의 가족들을 힘들게 만들지만 환자에게 정상인의 행동을 강요하기보다는 환자의 상태를 이해하고 부드럽고 수용적인 태도로 대하는 것이 환자의 문제를 줄이는 길이며, 하루하루 괴로움을 줄이고 즐거움을 느끼면서 치매환자와 살아가는 길이 될 것이다.

주요 치매 증상의 유형별 대처방법을 살펴보면 다음과 같다(http://cafe.daum.net/ewelfare).

(1) 식사, 목욕, 옷 입히기 문제에 대한 대처방법

① 식사를 하고 난 뒤 얼마 되지 않아 밥을 달라고 조르고 지나치게 많이 먹으려는 경우

치매가 진행되면 포만감을 담당하는 뇌 부위가 손상되고, 기억력도 떨어져 이런 문제가 생길 수 있다. 이럴 때 "방금 먹었잖아요, 치매니까 먹은 것도 모르지"라는 식으로 환자의 요구를 무조건 무시하지 말고, 과식하지 않는 범위에서 환자의 요구에 응하거나 소량씩 여러 번 주는 것이 도움이 될 수 있다.

② 식사를 거부하는 경우

치매노인은 고집스럽고 거부적인 태도를 보이기 쉽지만, 이 경우 꼭 먹어야 한다며 야단치거나 강제로 먹이려고 하지 말고, 시간을 두고 다시 권유를 해보거나 환자가 좋아하는 사람이 권해주면 도움이 될 수 있다.

③ 잘 삼키지 못할 때

치매노인은 음식을 뱉거나 노화로 인하여 사레들리는 경우가 많고, 음식물이 기도로 들어가 폐렴이 생기기도 한다. 이 경우에도 더럽게 뱉어낸다면서 환자를 야단치거나 강제로 삼키도록 하기보다는 조리할 때 환자가 먹기 쉬운 형태로 준비하고, 인내심을 가지고 천천히 소량씩 먹도록 도와주는 것이 필요하다.

④ 혼자 목욕하기 어려운데도 도움을 받지 않으려고 할 때

치매노인 환자라도 옷을 벗는 데는 수치심을 느낄 수 있기 때문에 마음이 맞는 사람이 함께 들어가는 것이 좋으며, 도움이 필요하다는 것을 충분히 설명한 후 목욕을 시도하는 것이 좋다.

⑤ 몸이 더러운데도 목욕하기를 거부하는 경우

치매가 진행되면 위생관리에 대한 의식이나 깨끗한 것과 지저분한 것을 구분하는 능력이 떨어진다. 또한 수치심 때문에 목욕을 거부하기도 하며, 이때도 적절한 부드러운 말과 따뜻한 칭찬을 통하여 권하고 스스로 목욕할 기분이 될 때까지 기다려야 하며 가족 중에 아니면 시설 종사자 중 가장 좋아하는 분이 누구인지 파악하여 도움을 요청한다.

⑥ 옷을 제대로 못 입거나 벗지 못하고 옷 입는 순서가 바뀌는 경우

환자가 옷을 잘못 입는 것을 볼 때마다 "이렇게 하면 보기 좋아요"라며 동작 하나하나를 떠올려 주면서 스스로 고칠 수 있도록 하고, 무리하게 가르치거나 지시하지 않는 것이 좋으며, 시간이 걸려도 기다려 주는 것이 필요하다. 가급적 옷은 단추나 지퍼가 없는 편안한 옷이 좋다.

⑦ 도움 중에 폭력을 휘두르는 경우

적절한 말을 하지 않고, 몸에 손을 대면 환자가 불안해할 수 있으며, 환자의 기분을 잘 살펴서 도와주고 강하게 거부하면 시간을 두고 기다렸다가 다시 시도하는 것이 좋으나 힘들면 가족 중에 아니면 시설 종사자 중 가장 좋아하는 분이 누구인지 파악하여 도움을 요청한다.

(2) 대소변 문제 대하기

① 방금 소변을 보고도 다시 화장실에 가려는 경우

치매노인의 경우 노화에 따른 요도 괄약근의 약화와 함께 운동량과 활동량이 적어 요로감염이 쉽게 생기며, 잔뇨가 많아져 소변을 보고도 다시 마렵게 될 수 있다. 이때 가능하면 화내거나 무시하지 말고 매번 요구에 응해주는 것이 필요하며, 문제가 지속되면 의사의 진찰을 받는다.

② 화장실 아닌 다른 곳에서 대소변을 보거나 대소변을 지리는 경우

화장실에서 배변을 해야 한다는 사실을 잊거나 화장실을 찾지 못해서 문제가 발생할 수 있으며, 대소변이 나오는 것을 자각하지 못하므로 야단을 쳐도

효과가 없을 수 있다. 따라서 환자가 대소변을 보기 전에 배변 조짐을 잘 파악하여 미리 화장실로 유도하거나 일정한 간격으로 배설을 유도할 필요가 있다.

③ 대변을 손으로 만지는 문제

치매노인은 스스로 처리하려는 마음이 있지만 제대로 처리하지 못해 생길 수도 있으며, 이때 더럽다고 야단치지 말고, 아무렇지도 않은 것처럼 도와주어 자존심에 상처를 주지 않도록 배려해 주는 것이 좋다.

또한 이 경우에는 배변 조짐과 패턴을 파악하여 미리 대처하고, 기저귀 착용을 서두르지 말고 가능한 한 화장실에서 배설하도록 도움을 주도록 한다.

(3) 의사소통 문제 대하기 대처방법

① 계속 반복하여 같은 질문을 하는 경우

치매노인의 기억력 감퇴는 치매의 전형적인 증상이며, 이로 인해 환자가 불안해질 수 있다. 벌써 잊어버렸냐고 화를 내지 말고 몇 번이라도 느긋하게 대답해 주는 것이 좋으며, 기억력 감퇴로 인해 불안해지지 않도록 배려해 주는 것이 필요하다.

② 쉬운 말을 해도 이해하지 못하는 경우

치매노인은 증상이 진행되면 언어장애가 동반되어 물건 이름을 대기가 어렵고, 대화내용을 이해하지 못하며, 자신의 의사를 말로 표현하지 못할 수 있다.

따라서 대화를 하지 않으면 언어장애가 더욱 심해질 수 있으므로 포기하지 말고 천천히 반복해서 이야기 해주거나, 손짓이나 몸짓 등을 이용해 환자의 이해를 증가시키도록 도움을 준다.

③ 한밤중에 큰소리로 불필요한 이야기를 하는 경우

치매노인은 초조증상을 동반하는 경우가 많으며, 낮보다는 밤에 많이 나타난다.

한밤중이라며 호통을 치고 무시하기보다는 불안 또는 몸이 불편해서 그러는 경우가 많으므로 안심시켜 주고, 불편함이 없는지 잘 살피는 것이 중요하다.

(4) 의심, 망각, 초조행동 대하기

① 집 안에서 자신의 방을 찾지 못하는 경우

치매 노인들은 공간에 대한 개념이 떨어지기 때문에 방을 잘 찾지 못하며, 남의 방에 들어온 것에 대해 잘못을 지적하기보다는 같이 방을 찾는 방식으로 치매노인과 함께 행동해 주는 것이 좋다.

② 물건이나 돈을 훔쳐갔다고 의심하는 경우

치매노인은 무엇이든 자꾸 잊어버려서 불안해지기 쉬우며, 이 때문에 기억을 못하는 것을 남의 탓으로 돌려 의심이 증가할 수 있고, 심해지면 망상으로 진행될 수도 있다. 이 경우 물건이 없어질 리가 없다며 믿어주지 않는 행동을 하지 말고, 심하지 않다면 동조해 주며, 함께 찾아볼 수도 있으며, 물건을 준비해서 찾은 것처럼 건네주는 것도 한 방법이 될 수 있고, 아니면 돈의 경우 미리 적은 돈을 집어넣고 같이 찾으면서 “여기 있네요” 하면 안심을 한다.

③ 가만히 있지 못하고 계속 움직이려고 하는 경우

치매노인은 한시도 가만있지 않고 왔다 갔다 하는 등 목적 없이 반복적인 행동이 나타날 수도 있다. 이는 초조증상으로서 이런 환자는 쉽게 흥분하고, 공격성을 보일 수도 있으므로 천천히 조용하게 접근하고 부드러운 말로 안심시켜주는 것이 중요하며, 관심과 주의를 다른 곳으로 돌리는 것도 도움이 될 수 있다.

핵심정리

1. **노인학대의 유형**
   ① 신체적 학대
   ② 언어 정서적 학대
   ③ 성적 학대
   ④ 재정적 학대
   ⑤ 방임
   ⑥ 유기
2. **노인 치매의 특징**
   ① 전체적인 건망증을 일으킨다.
   ② 건망증에서 지능장애로 진행한다.
   ③ 잊어버리는 것을 자각할 수 없다.
   ④ 문제행동을 일으킨다.
3. **효과적인 의사소통 기법**
   ① 서로 신뢰를 갖고 공감해야 한다.
   ② 대화 중에 장애물이 있기 마련이니 의식하고 돌발변수를 능동적으로 잘 해결해야 한다.
   ③ 서로 인정하고 피드백을 주고 받아야 한다. 서로 소통하는 모습을 보여주어야 한다.
   ④ 적극적으로 상대방의 대화를 진지하게 경청하는 모습을 보여주어야 한다.
   ⑤ 정치적인 대화나 종교적인 대화는 가급적 피해야 한다.
   ⑥ 부정적인 대화를 긍정적으로 부여 전환하고 무조건 수용하려고 노력해야 한다.

15 CHAPTER 노인의 자원봉사와 한국 노인교육의 방향

1. 노인 자원봉사의 특성과 영역

1) 자원봉사의 개념

자원봉사(volunteer)라는 말은 그 어원을 살펴보면 라틴어의 볼런타스(Voluntas)에서 유래하며, 이것은 인간의 자유의지, 마음속 깊이 우러나오는 의사라는 뜻을 가지고 있다. 또한 자원봉사는 자원(自願)은 '스스로 원하여', 봉사(奉事)는 '받들고 섬긴다'라는 의미로 보편적으로 이해되어져 왔다. 결국 자기 스스로 나서서 국가나 사회 또는 타인에게 적극적으로 도움을 주는 일을 자원봉사라고 정의하고 있다(https://search.daum.net/어학사전).

자원봉사를 하는 자원봉사자는 자원봉사활동에 자발적으로 참여하는 사람으로서, 그들의 시간과 재능을 자유롭게 사용하는 사람을 의미한다.

2) 자원봉사활동과 노인자원봉사의 의의

(1) 자원봉사활동의 개념

실질적으로 자원봉사활동이란 본인의 의사에 의해 자발적인 실천운동이며, 공공복지를 향한 가치이념과 동시에 민주적 방법에 의한 자주적, 협동적 실천노력이고, 개인, 집단, 지역사회에서 발생하는 제반 사회문제를 예방, 해결하고 사회적 환경을 개선하기 위하여 공사(公私)의 조직체를 통하여 무보수와 공익적 서비스를 제공하는 활동을 말한다.

(2) 자원봉사활동의 특성

지역사회에서 자원봉사활동의 특성을 10가지로 나누어 볼 수 있다.

① **자발성** : 자발성은 자신의 판단 아래 스스로 보고, 듣고, 생각하고 판단해서 실천하는 것이다.

② **이타성** : 이타주의와 같은 의미로 생명을 존중하며 남을 돕고 싶어 하는 정신이다.

③ **무보수성** : 무보수성이란 자원봉사활동을 금전적 보수나 대가를 바라지 않고 순수한 마음으로 실천한다는 것이다.

④ **지속성** : 자원봉사의 지속성은 자원봉사활동에서 일회성이나 일시적·충동적 행동에 의한 것이 아니라 계획적이고 의도적으로 지속되어야 한다는 것이다.

⑤ **자아실현성** : 자아실현성은 자원봉사자 스스로의 만족감, 성취감, 새로운 경험, 인간관계를 형성할 수 있는 동기유발로 인한 심리적 보상을 의미한다.

⑥ **학습성** : 학습성이란 자원봉사에 관한 내용과 지식에 대한 교육을 통하여 학습해야 된다는 것이다.

⑦ **헌신성** : 헌신성이란 자원봉사활동 자체가 자신의 시간과 비용을 투입해야 하기 때문에 희생정신을 통해 노력해야 한다는 것을 의미한다.

⑧ **공익성** : 공익성이란 자원봉사 활동 시 개인 이익을 떠나 자원봉사활동이 특정한 개인이나 직장, 단체의 이익, 종교와 정당의 입장을 초월하여 공적으로 이웃 및 지역사회문제를 해결하는 것을 의미한다.

⑨ **협동성** : 협동성이란 자원봉사활동이 개인적 활동이 아니고 대상자, 자원봉사자, 조정자 등 여러 사람이 함께 공동체 의식을 갖고 활동하는 것을 말한다.

⑩ **비정파성 및 비종교성** : 개인의 정치적인 성향을 나타내지 않고, 어느 종교에도 편중되지 않는다.

(3) 노인 자원봉사의 의의

노인임을 스스로 인정하지 말고 개인 자신이 스스로 지위를 높이는 방법이 무엇인지 고민하고, 일상생활에서 나타나는 문제들을 노인 스스로 문제를 해결해 나갈 때 노인에 대한 사회적 인식이 변화될 수 있다.

노인 자원봉사활동을 통해 자신의 지위를 높일 수 있는 방법은 다음과 같다.

① 노인 자원봉사활동은 퇴직으로 인한 사회적 역할상실을 보충할 수 있다.
② 적극적인 노인 자원봉사활동 참여를 통해 새로운 자신의 존재가치와 보람을 찾을 수 있다.
③ 노년기에 있어서의 봉사활동은 자존심을 향상시킨다.
④ 외로움과 소외감을 극복하는 데 도움을 준다.
⑤ 새로운 자기도전과 자기성장을 가져온다.
⑥ 노인에 대한 인상을 바꿀 수 있으며, 건강을 가져다준다.

(4) 노인 자원봉사의 특성

노년기 자원봉사활동의 특성은 다음과 같다.

① 자신의 성장과 자아실현을 가져온다.
② 남은 여생에 삶의 보람과 즐거움을 가져다준다.
③ 삶의 질을 높여준다.
④ 스스로 일상생활 문제해결 능력을 키울 수 있다.
⑤ 새로운 도전과 긍정적 삶의 방향의 전환점을 가져올 수 있다.
⑥ 인간관계의 교류가 활발하고 사회성이 향상될 수 있다.
⑦ 삶의 목적과 목표가 정확해질 수 있다.

(5) 노인 자원봉사활동의 필요성

지역사회에서 노인의 자원봉사활동이 왜 필요한지를 살펴보면 다음과 같다.

① 노인들의 자원봉사활동은 남은 인생에 보람을 가져다준다.
② 노인들의 건강과 새로운 도전을 보여준다.
③ 지역사회 문제해결을 위해서 솔선수범함으로써 선도적 모범을 보여줄 수 있다.
④ 노인들의 전문성을 재능 기부함으로써 지역사회에 발전을 가져온다.
⑤ 젊은 세대와의 소통과 전통문화 계승에 영향을 미칠 수 있다.
⑥ 봉사활동에 참여함으로써 인간관계의 교류를 확대해 나갈 수 있다.

3) 자원봉사자의 관리 및 운영과정 단계

자원봉사 활동하는 데 있어서 자원봉사자 관리 및 운영과정의 단계를 살펴보면 6단계를 거친다.

① 제1단계는 자원봉사 프로그램의 계획 및 업무설계이다.
② 제2단계는 자원봉사자 모집단계이다.
③ 제3단계는 배치 및 업무분장 단계이다.
④ 제4단계는 교육 및 훈련단계이다.
⑤ 제5단계는 지도감독 및 평가이다.
⑥ 제6단계는 마지막으로 자원봉사자들의 인정과 보상단계가 반드시 필요하다.

4) 자원봉사센터의 역할

노인들의 자원봉사활동을 위해 자원봉사센터의 역할을 살펴보면 다음과 같다.

① 자원봉사센터에서 수급조정 역할이 필요하다. 자원봉사자의 수급조정은 자원봉사자 모집, 상담, 연결, 관리배치가 필요하며, 자원봉사 안내 및 상담도 필요하다.
② 자원봉사센터에서는 자원봉사자의 기록 및 등록 역할이 필요하다. 특히 활동기록, 등록카드 작성이 필요하다.

③ 자원봉사센터에서는 자원봉사활동의 지원이 필요하며, 기자재 및 장소 대여, 인정 및 보상, 상담조언, 육성조직 등이 필요하다.
④ 자원봉사센터에서는 자원봉사자의 양성 및 연수가 필요하다. 특히 자원봉사자의 교육훈련, 연수 등이 필요하다.
⑤ 자원봉사센터에의 역할은 홍보 및 개발이 필요하다.
⑥ 지역사회에 위치하고 있는 자원봉사센터는 지역의 유관기관과의 네트워크화가 필요하고 연계망 구축과 교류 등이 필요하다.
⑦ 자원봉사센터의 업무에는 조사 및 연구 활동이 필요하며, 정기적인 조사연구 및 특성화된 프로그램 개발 등이 필요하다.

5) 노인 자원봉사활동의 영역

노인 자원봉사활동의 영역을 살펴보면 다음과 같다.

① 노인복지 서비스 영역 : 시설 및 센터 어르신 말벗 프로그램 활동보조, 청소봉사, 어르신 활동보조 요양병원 봉사활동, 복지관 봉사, 푸드 뱅크 봉사, 밑반찬 만들기 및 배달 서비스 봉사, 식사봉사, 도시락 배달봉사, 목욕봉사, 이미용 봉사, 영정사진 봉사, 경로 무료급식소 봉사, 독거노인 지원봉사, 생신 차려주기 봉사, 노인상담 봉사 등
② 교육영역 : 경제교육 봉사, 노인자산 관리교육, 임종 및 죽음교육 봉사, 미술치료, 음악치료, 학교폭력 예방교육, 금연교육, 노인학대, 노인인권, 노인 성교육 강사 봉사, 이야기 할머니 봉사, 동화 구연, 마사지, 운동체조 봉사, 치매어르신 교육 봉사, 인간관계 소통교육, 퇴직 후 노후의 삶 교육 강사, 청소년 선도 및 상담, 진로교육 봉사, 자원봉사 교육 강사 등
③ 환경영역 : 환경정화 봉사활동, 재난재해 자원봉사, 미세먼지 줄이기 캠페인, 잔반제로 캠페인, 재활용 캠페인, 금연 캠페인, 음식물 쓰레기 줄이기 운동, 동네 공원 지킴이봉사, 생태 해설사, 환경지킴이 봉사 등
④ 생활 및 문화영역 : 전통문화 보존·전수 봉사, 유산 및 상속 교육, 가정의

례 봉사, 불우이웃 돕기, 마을방범 및 청소년선도, 도서관 봉사활동, 지자체 대형행사 자원봉사, 초등학교 방범 및 교통캠페인 봉사, 아파트 봉사활동, 은퇴자 자원봉사, 병원 및 호스피스 봉사, 소외계층 및 저소득층 자원봉사, 다문화가정 지원 봉사, 장애인 학생 도우미, 도로 교통정리, 주정차 단속, 교육문화재 보호 및 안내, 민원인에 대한 상담 및 조언, 문화 예술 공연 봉사, 노후주택 보수공사, 각종 공연활동 봉사, 질서 캠페인 운동 등

⑤ 기타 영역 : 해외봉사 활동, 멘토링 봉사, 상담봉사, 재능기부 봉사 등

6) 노인 자원봉사활동의 관련 법

(1) 노인 자원봉사활동의 관련 근거

① 자원봉사활동 기본법

자원봉사활동 기본법은 2017년 7월 법령이 개정되었으며, 자원봉사활동의 범위는 다음과 같다(자원봉사활동기본법 제7조).

㉠ 사회복지 및 보건 증진에 관한 활동
㉡ 지역사회 개발·발전에 관한 활동
㉢ 환경보전 및 자연보호에 관한 활동
㉣ 사회적 취약계층의 권익 증진 및 청소년의 육성·보호에 관한 활동
㉤ 교육 및 상담에 관한 활동
㉥ 인권 옹호 및 평화 구현에 관한 활동
㉦ 범죄 예방 및 선도에 관한 활동
㉧ 교통질서 및 기초질서 계도에 관한 활동
㉨ 재난 관리 및 재해 구호에 관한 활동
㉩ 문화·관광·예술 및 체육 진흥에 관한 활동
㉪ 부패 방지 및 소비자 보호에 관한 활동
㉫ 공명선거에 관한 활동
㉬ 국제협력 및 국외봉사활동
㉭ 공공행정 분야의 사무 지원에 관한 활동

그 밖에 공익사업의 수행 또는 주민복리의 증진에 필요한 활동 등이다.

② 사회복지사업법

사회복지사업법 제9조는 사회복지 자원봉사활동의 지원·육성을 명시하고 있으며, 국가와 지방자치단체는 사회복지 자원봉사활동을 지원·육성하기 위하여 다음 각 호의 사항을 실시하여야 한다(사회복지사업법, 제9조).

㉠ 자원봉사활동의 홍보 및 교육
㉡ 자원봉사활동 프로그램의 개발·보급
㉢ 자원봉사활동 중의 재해에 대비한 시책의 개발
㉣ 그 밖에 자원봉사활동의 지원에 필요한 사항

③ 노인복지법

노인 자원봉사활동에 관하여 제23조, 제24조에 노인의 사회참여에 대한 지원 및 지역봉사지도원 위촉 및 업무를 명시하고 있다(노인복지법, 제23조, 제24조).

노인의 사회참여에 대한 지원 법률 제23조 제1항은 국가 또는 지방자치단체는 노인의 사회참여 확대를 위하여 노인의 지역봉사 활동기회를 넓히고, 노인에게 적합한 직종의 개발과 그 보급을 위한 시책을 강구하며, 근로능력 있는 노인에게 일할 기회를 우선적으로 제공하도록 노력하여야 한다는 것이다.

또한 제2항은 국가 또는 지방자치단체는 노인의 지역봉사 활동 및 취업의 활성화를 기하기 위하여 노인지역 봉사기관, 노인취업 알선기관 등 노인복지 관계기관에 대하여 필요한 지원을 할 수 있다는 것이다.

그리고 지역봉사 지도원 위촉 및 업무는 제24조 제1항에 국가 또는 지방자치단체는 사회적 신망과 경험이 있는 노인으로서 지역봉사를 희망하는 경우에는 이를 지역봉사 지도원으로 위촉할 수 있다고 하고 있다.

지역봉사 지도원의 업무는 다음과 같다.

㉠ 국가 또는 지방자치단체가 행하는 업무 중 민원인에 대한 상담 및 조언
㉡ 도로의 교통정리, 주·정차단속의 보조, 자연보호 및 환경침해 행위단속의 보조와 청소년 선도

㉢ 충효사상, 전통의례 등 전통문화의 전수교육
㉣ 문화재의 보호 및 안내
㉤ 노인에 대한 교통안전 및 교통사고예방 교육
㉥ 기타 대통령령이 정하는 업무 등

7) 노인 자원봉사자의 자세

자원 봉사자의 자세에 대하여 살펴보면 다음과 같다(www.1365.go.kr).

① 자원봉사 활동을 하는 목적을 분명히 알고 처음의 순수함을 돌아보는 자세를 갖는다.
② 매사에 긍정적인 생각을 가지고 타인에게 모범을 보일 수 있는 성품을 지닐 수 있도록 노력한다.
③ 다른 사람들을 보살피고 맡은 바 직책을 충실히 이행한다.
④ 자신의 말이나 행동이 어떠한 영향을 미치는지 항상 생각하고 신중한 자세로 임한다.
⑤ 활동에 대한 책임감을 가지고 봉사활동을 시작한다.
⑥ 활동은 성실히 하며, 활동 시간에 대한 약속을 꼭 지킨다.
⑦ 자신의 개인적인 문제나 감정이 있더라도 이를 자신의 일과 분리할 수 있는 능력과 자질이 있어야 한다.
⑧ 자원봉사자는 양심적이어야 한다.
⑨ 자원봉사자는 끊임없이 공부하며 배우는 자세를 가져야 한다.

2. 노인 자원봉사활동의 문제점과 활성화 방안

1) 자원봉사활동의 일반적인 문제점

지역사회에서 자원봉사활동의 문제점을 정리해 보면 다음과 같다.

① 지역사회 주민들이 자원봉사활동에 대한 인식이 결여되어 있고, 주민들의 자원봉사활동에 대한 낮은 참여 동기가 문제이다.

② 지역사회 주민들이 지역사회 중심의 봉사활동에 대한 참여 접근이 어렵고, 시간과 관심이 부족하다는 점이다.

③ 자원봉사활동 하는 데 있어서 자원봉사자를 관리하는 시스템 전문체계가 결여되었다는 점이다.

④ 지역사회 주민들을 위해 다양한 자원봉사 전문가가 부족하다.

⑤ 자원봉사 활동하는 데 있어서 지속적인 정부지원의 체계가 부족하다.

⑥ 우리나라 자원봉사 활용기관 자체의 문제이다. 특히 자원봉사 예산부족과 비체계적 모집과 교육훈련, 자원봉사 관리업무의 비효율성, 전문조정자의 부재, 활용기관의 리더십부재, 자원봉사활동 프로그램 개발 부족 등을 둘 수 있다.

⑦ 자원봉사기관의 관리체계 및 제도의 문제이다. 지방자체단체의 경우 자원봉사활동 전담기구가 정치력에 의해 영향을 받고 있고, 정부의 행정 및 재정지원 제도가 미흡하며, 동기부여를 위한 보상제도도 미흡하다. 또한 지역 간 상호연계 관리체계 미흡 등으로 인한 자원봉사자가 중도 탈락이 많다는 점이다.

⑧ 자원봉사센터의 실무인력 부족과 열악한 근무환경과 열악한 처우, 비전문성 문제, 표준화되어 있지 못한 운영체계, 업무중복, 교육 훈련부족 등을 둘 수 있다.

2) 노인 자원봉사활동의 문제

노인들이 지역사회에서 자원봉사활동을 하는데 다음과 같은 문제점이 발생될 수 있다.

① 노인 자원봉사활동에 대한 홍보부족과 자원봉사에 참여할 수 있는 성숙한 사회적 여건이 미비하다.

② 노인의 자원봉사에 대한 일반인들의 사회적 인식이 부족하다.
③ 자원봉사 관리 및 전문 담당기관이 부족하다.
④ 노인 자원봉사활동을 지원하는 체계나 재원이 부족하다.
⑤ 노인들이 참여할 수 있는 자원봉사활동의 다양한 프로그램이 부족하고, 노인들의 욕구에 반영할 수 있는 자원봉사 프로그램 개발도 부족하다.
⑥ 노인은 권위주의적이며, 수동적인 성향이 있어 쉽게 마음의 문을 열지 않는다.
⑦ 노인은 신체적 건강 기능의 쇠퇴와 경제력 어려움으로 여유가 없다.

3) 노인 자원봉사활동의 활성화 방안

(1) 자원봉사활동의 개선 방안

우리나라 자원봉사활동의 개선 방안을 살펴보면 다음과 같다.

① 지역사회 주민들을 위한 자원봉사활동의 운영 체계의 활성화다. 또한 자원봉사활동의 총괄 전담기구의 활성화와 자원봉사센터의 역량강화 및 접근성 확대, 유관기관과의 상호연대와 자원봉사센터의 민영화, 자원봉사센터의 운영 재정확보 등이 필요하다.
② 자원봉사활동의 관리체계의 개선이다. 자원봉사센터에서 전문적 자원봉사 관리가 필요하고, 자원봉사자 프로그램 개발관리와 자원봉사자 유형별 전문교육이 필요하다. 또한 자원봉사자 인정 및 보상 확대와 자원봉사자 양성기관 확대 등이 필요하다.
③ 자원봉사활동의 지원체계의 개선방안이다. 먼저 자원봉사활동의 법적제도의 활성화와 지역사회 기관과의 업무중복 방지와 상호연계 활성화가 필요하다. 그리고 지원조직의 개발연계와 정부지원 확대 및 재정적 후원자 발굴과 자원봉사자의 포상제도 확대, 세금감면 지원 등이 필요하다.
④ 지역사회에서 자원봉사센터별 적정한 역할 설정이 필요하고, 자원봉사센터 간 연계구축과 동기부여 확대가 필요하다. 또한 자원봉사자의 효율적

관리 활성화와 자원봉사센터의 홍보 및 교육을 위한 전문적인 조직구성과 자원봉사활동 기본법의 보완과 아울러 법적, 제도적 안전장치 등이 필요하다.

(2) 노인 자원봉사활동의 활성화 방안

지역사회에서 노인들의 자원봉사활동을 활성화시키는 방안을 살펴보면 다음과 같다.

① 노인 자원봉사에 대한 제도적 측면으로 법적, 정책적 지원이 필요하다. 특히 노인 자원봉사활동에 관한 현실적인 제도적 장치가 필요하다.
② 노인 자원봉사를 위한 사회적 지원체계 정비가 필요하다. 노인 자원봉사 전담기구 설치운영을 통해 자원봉사 홍보와 자원봉사 프로그램 개발, 자원봉사자 모집, 자원봉사자와 수요처 연결 등 일련 과정이 신속하게 체계를 갖추어야 한다.
③ 운영적 측면에서 다양한 노인 자원봉사자의 모집방법을 활용해야 한다.
④ 노인들에 맞는 자원봉사활동의 다양한 영역을 개발해서 연결시켜 나가야 한다.
⑤ 노인 자원봉사에 대한 전문 실무자 배치 및 중간관리자 양성이 필요하다.
⑥ 자원봉사자의 중도탈락 방지를 위한 방안이 모색되어야 한다.
⑦ 노인 자원봉사활동에 대한 사후지도 평가관리가 필요하다.
⑧ 인식과 환경 측면에서 노인에 대한 사회적 의식 변화 유도가 필요하다.
⑨ 노인의 자원봉사활동 서비스에 대한 사회적 관심 증대가 필요하다.

3. 한국 노인교육의 나아갈 방향과 과제

1) 한국 노인교육의 나아갈 방향

한국 노인교육의 나아갈 방향을 살펴보면 다음과 같다.

① 평생교육적 측면에서 다양한 노인교육 프로그램을 개발하여 노인들이 원하는, 지역특성에 맞는 수요창출의 만족도가 높은 교육 프로그램을 개발하는 것이다.

② 노인교육을 운영하고 기획하고 총괄할 수 있는 노인교육전문가 양성이 필요하다.

③ 노인 취업의 연계 활성화로 인생 이모작, 삼모작을 개척할 수 있는 교육과 교육결과에 따른 취업지원을 연결해 주는 원스톱 서비스 센터의 활성화가 필요하다.

④ 노후에 보람 있는 삶을 살 수 있도록 여가, 취미, 건강, 사회봉사활동에 적극적으로 참여할 수 있는 지원서비스 프로그램을 개발해야 한다.

⑤ 노인교육 활성화를 위해서는 지역사회에서 가장 전문적인 인적, 물적 자원을 보유하고 있는 대학 중심의 노인교육을 확대해야 한다.

⑥ 노인교육을 지속적으로 운영, 개발하기 위해서는 정부지원과 지방자치단체의 재정지원이 확대되어야 한다.

⑦ 노인의 학습권 보장과 삶의 질 향상을 위한 노인교육 프로그램의 질적 변화를 추구해야 한다.

⑧ 노인들의 학습 환경의 개선이다. 예를 들어, 노인들에게 쉽게 접근할 수 있는 교통편의를 제공하고, 수강료의 개인적 경비부담을 경감하며, 수강료 면제를 확대하고, 노-노 강사를 확대하여 적극 참여를 유도해야 한다. 또한 학습장애 요인을 개선하기 위해서는 노인들을 위한 배려가 필요하며, 이를 위해 고려할 점은 교실이 밝고 햇빛이 잘 들어오면서 조용한지, 좌석이 편안한지, 화장실이나 쉼터가 가까운지, 휠체어로 갈 수 있는지,

엘리베이터가 있는지, 시청각 매체가 갖추어졌는지, 냉·난방시설이 잘 구비되었는지 등이다. 이외에도 학습능력 향상을 위해서 학습 기자재가 잘 준비되었는지, 노인 수강에 대한 상담서비스가 잘 진행되는지 등이 개선되어야 한다.

2) 노인교육 발전을 위한 과제

노인교육 발전을 위한 정책적 과제를 제시하면 다음과 같다.

① 노인교육 관련된 법과 제도적 정비로 현실적인 노인의 의식과 수요에 맞는 노인복지법과 평생교육법 정비가 필요하다.

② 노인교육의 서비스 전달체계의 종합적인 구축이 필요하다. 노인교육과 관련된 주무 부처의 역할이 일원화되어야 하며, 교육 관련 서비스가 신속하게 이루어질 수 있는 서비스 체계 구축이 필요하다.

③ 지역사회에서 공공부문과 민간부문의 유대관계를 통해 노인교육기관의 경쟁력을 갖추어 나가야 하고, 특히 종교단체가 노인대학 연합회를 구성하여 지역사회에서 선도적 역할을 해나가야 한다.

④ 노인교육을 통하여 노후에 행복하고 보람 있게 삶을 보낼 수 있도록 동기부여를 통한 사회참여와 사회공헌활동과 봉사활동을 통해서 인생의 재도전할 수 있는 기회를 제공해 주어야 한다.

⑤ 노인교육의 시스템과 프로그램을 온라인 시대에 맞게 콘텐츠를 개발하고, 지역특성에 맞는 맞춤형 프로그램을 개발해 나가야 한다.

⑥ 국가는 노인교육 프로그램을 한눈에 볼 수 있는 통합 홈페이지를 구축하고, 지방자치단체는 노인세대 가구에게 지역별 노인교육 프로그램과 기관별 현황 등을 알릴 수 있는 교육책자를 만들어 정기적으로 소식지와 함께 발송하여 정보를 쉽게 접근할 수 있는 정책 홍보를 실행해야 한다.

핵심정리

1. 노인 자원봉사활동의 필요성

① 노인들의 자원봉사활동은 남은 인생에 보람을 가져다준다.
② 노인들의 건강과 새로운 도전을 보여준다.
③ 지역사회 문제해결을 위해서 솔선수범함으로써 선도적 모범을 보여줄 수 있다.
④ 노인들의 전문성을 재능 기부함으로써 지역사회에 발전을 가져온다.
⑤ 젊은 세대와의 소통과 전통문화 계승에 영향을 미칠 수 있다.
⑥ 봉사활동에 참여함으로써 인간관계의 교류를 확대해 나갈 수 있다.

2. 노인 자원봉사활동의 문제

① 노인 자원봉사활동에 대한 홍보부족과 성숙한 사회적 여건이 미비하다.
② 노인의 자원봉사에 대한 일반인들의 사회적 인식이 부족하다.
③ 자원봉사 관리 및 전문담당기관이 부족하다.
④ 노인 자원봉사활동을 지원하는 체계나 재원이 부족하다.
⑤ 노인들의 욕구에 반영할 수 있는 다양한 자원봉사 프로그램 개발이 부족하다.
⑥ 노인은 권위주의적이며, 수동적인 성향이 있어 쉽게 마음의 문을 열지 않는다.
⑦ 노인은 신체적 건강 기능의 쇠퇴와 경제력 어려움으로 여유가 없다.

3. 한국 노인교육의 나아갈 방향

① 다양한 노인교육 프로그램을 개발해야 한다.
② 노인교육전문가 양성이 필요하다.
③ 노인 취업지원을 연결해 주는 원스톱 서비스 센터가 필요하다.
④ 노후에 보람 있는 삶을 살 수 있도록 지원서비스가 필요하다.
⑤ 노인교육 활성화를 위해서는 대학 중심의 노인교육을 확대해야 한다.
⑥ 정부지원과 지방자치단체의 재정지원이 확대되어야 한다.
⑦ 노인의 학습권 보장과 프로그램의 질적 변화를 추구해야 한다.
⑧ 노인들의 학습 환경의 개선이다.

참고문헌

1. 국내문헌

1) 단행본

강영계(2012). 죽음학 강의. 새문사.

권인아(2018). 의사소통능력. 한올.

고수현 외(2018). 노인복지론. 양서원.

김기태 외(2004). 노인복지실천론. 양서원.

김달수(2018). 죽음학 스케치. 인간사랑.

김신일 외(2019). 평생교육론. 교육과학사.

김영호 외(2005). 케어복지실천기술론. 창지사.

김윤재(2017). 노인교육론. 정민사.

김진숙 외(2018). 노인교육론. 공동체.

나항진 외(2011). 평생교육론. 양서원.

남기민(2005). 현대노인교육론. 현학사.

남상준(2005). 환경교육론. 대학사.

류기형 외(2018). 자원봉사론. 양서원.

박재간 외2019). 노인상담론, 공동체.

박성희(2011). 노인교육론. 양서원.

방기연(2017). 성인학습 및 상담. 공동체.

배석영 외(2010). 평생교육론. 양서원.

양옥남 외(2016). 노인복지론. 공동체

이연호(2005). 노인학대. 한국학술정보.

이이정(2011). 죽음학 총론. 학지사.

이현림 외(2013). 성인학습 및 상담. 학지사.

임구원(2016). 기독교사회복지개론. 한솔문화사.

임창복(2008). 교회노인교육. 한국기독교교육교역연구원.

장덕호 외(2016). 교육복지론. 박영스토리.

정지웅(2000). 지역사회개발과 사회교육. 교육과학사.

최운실(2017). 노인교육론. 양서원.
한정란(2000). 교육노년학. 학지사.
허정무(2007). 노인교육학개론. 양서원.
현외성 외(2011). 노인상담론. 창지사.

2) 연구논문

경기도평생교육진흥원(2016). 경기도 노인평생학습 활성화 방안연구 연구보고서.
구경미(2018). 부산지역 노인 평생교육 프로그램에 대한 노인들의 인식. 부경대학교 대학원 석사학위논문.
구삼효(2015). 고령화 사회에서 노인상담에 실천적 가능성에 관한 연구. 중앙신학 대학원 대학교 박사학위논문.
김대화(2016). 전라북도 내 노인복지관 이용노인의 교육 프로그램 만족도 영향요인. 전북대학교 대학원 석사학위논문.
김동희(2014). 독일의 환경교육. 독일언어 문학연구회, 23(23).
김두리 외(2019). 노인의 웰다잉 교육 요구도에 관한 예비조사연구. 한국산학기술 학회 논문지, 20(9). 한국산학기술학회. 270-278.
김성혜(2017). 자원봉사 지원체계의 개선에 관한 연구 : 서울시 자치구 자원봉사센터를 중심으로. 성균관대학교 대학원 석사학위논문.
김영란(2014). 지역성에 기반을 둔 평생교육 프로그램 개발 사례 연구. 공주대학교 대학원 석사학위논문.
김윤정 외(2018). 충남 노인평생교육 활성화방안. 예술 인문사회 융합 멀티미디어 논문지, 8(1). 인문사회과학기술융합학회. 779-789.
김재건(2019). 노인 일자리사업 연구경향 분석. 한국산학기술학회 논문지, 20(4). 한국산학기술학회. 197-206.
김종식 외(2019). 노인대학의 참여동기와 성공적인 노화의 관계에서 지각된 가치의 매개효과 연구. 인문사회 21, 10(3). 아시아문화학술원. 291-306.
김후년(2019). 노인교육을 위한 평생교육기관에 대한 검토. 인문사회 21, 9(6). 아시아문화학술원. 1491-1502.
남효선(2018). 평생교육이 노인의 정신건강에 미치는 영향에 관한 연구. 건국대학교 대학원 석사학위논문.
민영수(2012). 전인적 노인학교프로그램을 통한 지역사회개발 선교. 서울장신대학교 대학원 석사학위논문.
배진희(2019). 성인학습자의 평생교육기관 참여동기와 만족도. 금오공과대학교 대학원 석사학위논문.

송명미(2016). 고령화 사회 노인평생교육 활성화 방안에 관한 연구. 건국대학교 대학원 석사학위논문.

안화순(2018). 노인의 평생교육 활동참여가 자아통합감에 미치는 영향 : 삶의 만족도와 자원봉사활동의 매개검증을 중심으로. **한국콘텐츠학회논문지**, 18(5). 한국콘텐츠학회. 592-599.

양수경 외(2019). 노인 대상 치매예방프로그램 국내 연구동향. **한국산학기술학회논문지**, 20(1). 131-143.

양승현(2019). 노인 자원봉사활동 특성 및 만족도가 성공적 노화에 미치는 영향. 칼빈대학교 대학원 박사학위논문.

양호정 외(2019). 노인학대 사례개입과정에서 피해노인의 안전확보에 영향을 미치는 요인. **한국사회복지교육**, 제46집. 한국사회복지교육협의회. 1-29.

양혜진 외(2018). 노인 교육프로그램이 건강한 노화에 미치는 영향. 국내학술기사 民族文化論叢. 제69집. 영남대학교민족문화연구소. 517-547.

윤하나(2019). 노년기 성교육의 필요성과 방안. **대한의사협회지**, 62(6). 대한의사협회. 320-324.

이미숙(2019). 노인의 의사소통 관련 삶의 질에 대한 영향 요인. *Audiology and speech research*, *15*(3). 한국청각언어재활학회. 232-240.

이상복(2019). 노인의 삶의 의미, 가족지지, 죽음불안 및 웰다잉(Well-dying)에 관한 연구. **학습자중심교과교육연구**, 19(18). 학습자중심교과교육학회. 1263-1278.

이영인(2016). 21세기 노인교육을 위한 크리에이티브 에이징 연구. 고신대학교 대학원 석사학위논문.

이진아(2018). 우리나라의 노인교육 발전 방안 모색. **디지털융복합연구**, 16(6). 한국디지털정책학회. 37-44.

이태식 외(2018) 노인교육에 대한 태도와 만족이 사회적 만족에 미치는 영향. **예술인문사회 융합 멀티미디어 논문지**, 8(4). 인문사회과학기술융합학회. 583-596.

이효원(2017). 초고령화 사회에 노인의 삶의 질 향상을 위한 노인교육 방안 모색. 동아대학교 대학원 석사학위논문.

임송자(2012). 죽음준비교육이 죽음에 대한 태도와 죽음불안 및 삶의 만족도에 미치는 영향. 호서대학교 벤처전문대학원 박사학위논문.

차진태(2019). 일본의 노인교육. **사회보장법 연구**, 8(1). 서울대 사회보장법 연구회. 41-76.

최승훈 외(2017). 노인여가복지시설 평생교육 프로그램 만족도 영향요인 분석. 사회연구. 통권 제32호. 한국사회조사연구소. 141-163.

최영호(2016). 노인교육 정책 활성화 방안. 대구한의대학교 대학원 석사학위논문.
한홍규 외(2019). 노인평생교육 활성화를 위한 지방자치단체의 과제. 광주 전남연구. 제14호. 광주전남연구원. 121-139.
황선애(2016). 한국교회 노인교육 목회방법 및 프로그램설계. 총신대학교 대학원 석사학위논문.
홍성애(2019).노인의 교육연수에 따른 인지기능 영향 요인 차이. **보건의료 산업학회지,** 13(1). 보건의료산업학회. 67-78.

2. 외국문헌

Baillie, V, Norbeck, J. S. & Barnes, L. A.(1988). Stress, Social Support and Psychosocial Distress of Family Caregivers of the Elderly. *Nursing Research, 37*(4).
Bennetts, C.(2003). The Impact of Transformational Learning on Individuals. Family and Communities. *International Journal of Lifelong Education, 22*(5), 457-480.
Garland, D. R.(1992). Church Social Work. In Bernard, D. et al.(Eds.), *Encyclopedia of Social Work*(19th ed.). NASW.
Hager, M. A., & Brudney, J. L.(2011). Problems recruiting volunteers. *Nature versus nurture, Nonprofit Management & Leadership, 22*(2), 137-157.
Jarvis, P.(2007). *Globalisation Lifelong and the Learning Society : Sociological Perspective*. New York : Routledge.
Krause, N. M.(1987). Satisfaction with Social Support and Self-related Health in Order Adults. *The Gerontologist, 27*(2), 301-308.
Levasseur, m, Richard, L Gauvin & Raymond, E(2010). Inventory and Analysis of Definitions of Social Participation Foundin the Aging Literature : Proposed Taxonomy of Social Activities. *Social Science & Medicine, 71*, 2141-2149.
Sadler, W.(2004). *The Third Age : 6 Principles of Growth and Renewal after Forty*. New York : Dacapo Press. 2000. Merriam.
Schol, John Rolland(1995). *What Works : Planning for Community Change and Development through the Church*. Boston University School of Theology : Project Thesis.
Studer, S.(2016). Volunteer Management : Responding to the Uniqueness of Volunteers. *Nonprofit and Voluntary Sector Quarterly, 45*(4), 688-714
Studer, S., & von Schnursbein, G.(2013). Organizational Factors Affecting volunteers : A

Literature Review on Volunteer Coordination. *VOLUNTAS : International Journal of Voluntary and Nonprofit Organizations*, *24*, 403-440.

Thoits, P. A., & Hewitt, L. N.(2001). Volunteer work and Well-being. *Journal of Health and Social Behavior*, 115-131.

Zelinski, E. M., & Gilewski, M. J.(2003). Effects of Demographic and Health Variables on Rasch Scaled Cognitive Scores. *Journal of Aging and Health*, *15*(3), 435-464.

3. 기타

경기도평생교육진흥원(2016).
국민건강보험공단(2018).
보건복지부(2019). 통계연보.
보건복지부(2012). 요양보호사 표준교재.
파인뉴스(2019. 12. 29).
환경부(2018).
http://blog.daum.net/by3951
http://blog.daum.net/jhs7788
http://blog.naver.com/khy7985/110076267526
http://blog.daum.net/vip1234/7752187
http://blog.daum.net/한국고령사회교육원
http://blog.naver.com/PostView/두꿈학교
http://blog.naver.com/sohwakhayng
http://cafe.daum.net/bandibullee
http://cafe.daum.net/byp2001
http://cafe.daum.net/crestcell
http://cafe.daum.net/eduhue
http://cafe.daum.net/ewelfare
http://cafe.daum.net/KSSTM
http://cafe.daum.net/tntedu
https://100.daum.net/encyclopedia/view/b23p2626a
https://100.daum.net/encyclopedia
https://search.daum.net/search/백과사전
https://search.daum.net/어학사전

https://terms.naver.com/지식백과
https://tip.daum.net/question
https://kordi.or.kr
http://theologia.kr/board_edu/56974
jwnoin.org
seoulks.ekfem.or.kr
www.ask.re.kr
www.eswn.kr
www.gimposenior.org
www.jnoinjob.or.kr
www.koreapeople.co.kr
www.ksu.or.kr
www.me.go.kr
www.noinjob.or.kr
www.noinboho.org
www.redcross.or.kr
www.1365.go.kr

찾아보기

ㄱ

ㄴ

ㄷ

ㅁ

ㅂ

ㅅ

ㅇ

저/자/약/력

■ **임구원**

단국대학교 대학원 행정학 박사
성균관대학교 사회복지학과 대학원 박사수료
전 한국노인운동지도사협회장
한국사회복지인력개발원장
재)한국산업교육원 사회복지센터 소장
신사종합사회복지관 실장
문경대학교 사회복지학과 교수
건양사이버대학교 입학홍보처장
현 사)한국지역사회발전학회 상임이사
건양사이버대학교 노인복지학과 교수

〈주요 저서〉
부동산개발론, 홍익재출판사, 2003.
사회복지학개론(공저), 유풍출판사, 2004.
새벽의 건설자들(공저), 한겨레신문사, 2005.
인간관계론(공저), 교문사, 2009.
사회복지실천기술론(공저), 양서원, 2010.
사회복지법제론(공저), 학현사, 2010.
노인복지론(공저), 교문사, 2010.
지역사회복지론(공저), 정민사, 2011.
기독교사회복지개론, 한솔문화사, 2016.
지역사회교육론, 공동체, 2019.

노인교육론

|저자| 임구원

|1판 1쇄| 발행 2023년 9월 5일

|발행인| 김동훈
|발행처| **공동체**

|주소| 경기도 고양시 일산동구 호수로 358-39, 동문타워 1차 905호(백석동)
|전화| 031)814-3000(대표)
|팩스| 031)814-3100
|홈페이지| http://www.compub.co.kr
|전자우편| compub@naver.com
|출판등록| 2005년 10월 6일
|등록번호| 제396-2005-36호

|ISBN| 979-11-6725-484-9
정가 20,000원